澳門基礎教育公平問題——

A Study of Educational Equity of Basic Education in Macao— An Analysis of PISA 2006 Scientific Literacy Survey Data

PISA 2006 數據分析研究

本書經政大出版社思源人文社會科學博士論文獎評選委員會審查
獲「第三屆思源人文社會科學博士論文獎心理與教育學門首獎」

政大出版社
Chengchi University Press

陳敬濂 ———— 著

國家圖書館出版品預行編目（CIP）資料

澳門基礎教育公平問題：PISA 2006 數據分析研究 /
陳敬濂著. -- 初版. --臺北市；政大出版社出版：
政大發行, 2015.6
　面；　公分
　ISBN　978-986-6475-71-9(平裝)

1.教育政策　2.教育評量　3.澳門特別行政區

526.92　　　　　　　　　　　　　104011381

澳門基礎教育公平問題——
PISA 2006 數據分析研究

著　　者｜陳敬濂

發 行 人　周行一
發 行 所　國立政治大學
出 版 者　政大出版社
執行編輯　朱星芸
地　　址　11605台北市文山區指南路二段64號
電　　話　886-2-29393091#80626
傳　　真　886-2-29387546
網　　址　http://nccupress.nccu.edu.tw

經　　銷　元照出版公司
地　　址　10047台北市中正區館前路18號5樓
網　　址　http://www.angle.com.tw
電　　話　886-2-23756688
傳　　真　886-2-23318496
郵撥帳號　19246890
戶　　名　元照出版有限公司

法律顧問　黃旭田律師
電　　話　886-2-23913808

封面設計　萬亞雰
排　　版　亞印文件科技股份有限公司
印　　製　亞印文件科技股份有限公司
初版一刷　2015年6月
定　　價　260元
I S B N　9789866475719
G P N　1010401053

政府出版品展售處
‧國家書店松江門市：104台北市松江路209號1樓
　電話：886-2-25180207
‧五南文化廣場台中總店：400台中市中山路6號
　電話：886-4-22260330

目次

表目次.. vi

圖目次.. viii

縮寫.. ix

1 引言 1

1.1 研究背景   1

1.2 研究動機   4

1.3 研究目的   6

1.4 研究問題   6

1.5 研究重要性   6

1.6 研究整體架構及流程   7

1.7 研究限制   11

1.8 名詞釋義   12

2 文獻探討 15

2.1 教育公平的內涵及定義   15

2.2 教育公平研究的回顧   19

    2.2.1 PIRLS 2001 關於教育公平的研究結果   22

    2.2.2 PISA 2003 關於教育公平的研究結果   24

2.3 研究教育公平時所涉及的 SES 和 ESCS   27

    2.3.1 SES 的概念和測量方法   28

    2.3.2 PISA 2006 中 ESCS 建構的內涵   28

2.4 Douglas Willms 倡議促進教育公平的干預政策   35

    2.4.1 全面性干預政策(以全體學生為本的政策取向)   36

    2.4.2 社經導向干預政策(以學生社經地位為本的政策取向)   37

    2.4.3 補償性干預政策(以補救學生家境狀況為本的政策取向)   38

    2.4.4 表現性干預政策(以學生表現為本的政策取向)   39

    2.4.5 融合性干預政策(以學生融合為本的政策取向)   40

2.5 本章總結   41

3 研究設計和方法 43

3.1 研究對象及取樣   43
3.2 PISA 2006 科學素養評核框架與精練水平   46
3.3 ESCS 與科學素養表現依存關係圖的意義及功用   48
3.4 中介變項檢驗的意義及其對分析教育公平時的重要性   49
3.5 利用 HLM 進行教育公平數據分析的變項   51
3.6 利用 SEM 進行教育公平數據分析的模型及變項   53
   3.6.1 家庭及電腦教育資源對學生科學素養的影響   53
   3.6.2 利用 Ajzen 計劃行為理論構面優化概念模型   55
   3.6.3 學習動機與自我效能感的內在關係   57
   3.6.4 關聯模式的建構及其內涵   59
   3.6.5 變項的測量及其信度   62
3.7 解答四組研究問題的研究設計   66
   3.7.1 問題一研究設計和方法的闡述   66
   3.7.2 問題二研究設計和方法的闡述   67
   3.7.3 問題三研究設計和方法的闡述   67
   3.7.4 問題四研究設計和方法的闡述   68
3.8 本章總結   69

4 ESCS與科學素養表現的依存關係 71

4.1 ESCS 對科學素養表現的預測力   71
   4.1.1 OECD 整體 ESCS 對科學素養表現的預測力   72
   4.1.2 澳門 ESCS 對科學素養表現的預測力   73
   4.1.3 在57個國家/經濟體中澳門 ESCS 對科學素養表現的預測力   75
4.2 PISA 2006 教育公平的9個國家/經濟體科學素養表現的 ESCS 坡度線   76
   4.2.1 科學素養表現的 ESCS 坡度線高度和斜率   76
   4.2.2 科學素養表現的 ESCS 坡度線長度和曲線性指數   78
4.3 澳門科學、數學和閱讀素養表現的 ESCS 坡度線   80
4.4 本章總結   81

5 PISA 2006科學、數學和閱讀素養表現 83

5.1 在57個國家/經濟體中澳門的科學、數學和閱讀素養表現   83
5.2 PISA 2006 教育公平的9個國家/經濟體科學、數學和閱讀素養表現   85
   5.2.1 科學素養的三個子量尺表現分析   85
   5.2.2 科學素養六個精練水平表現分析   86
5.3 本章總結   87

6 澳門教育公平中的不公平現象 **89**

  6.1 澳門學校科學素養表現差異 89

  6.2 澳門學校 ESCS 對學校科學素養表現的影響 90

    6.2.1 學校之內學生 ESCS 對學生科學素養表現的影響 91

    6.2.2 學校之間學校 ESCS 對學校科學素養表現的影響 93

  6.3 學校之內和學校之間 ESCS 對科學素養表現的綜合模型分析 95

  6.4 本章總結 96

7 影響澳門ESCS與科學素養表現關係的學校類別因素 **99**

  7.1 學校之內和學校之間 ESCS 與科學素養表現的依存關係 99

  7.2 澳門主流學校 ESCS 與科學素養表現的依存關係 101

    7.2.1 非國際學校之內和之間 ESCS 與科學素養表現的依存關係 101

    7.2.2 中文答題學校之內和之間 ESCS 與科學素養表現的依存關係 105

  7.3 本章總結 109

8 學校ESCS與學校科學素養表現的中介效果分析 **111**

  8.1 學校階層可能的中介變項 114

  8.2 學校資源環境對學校 ESCS 與學校科學素養表現的影響 115

    8.2.1 學校科學實驗室設備對 ESCS 與科學素養表現的影響 115

    8.2.2 合資格科學科教師對 ESCS 與科學素養表現的影響 117

  8.3 學校家長選校考慮對學校 ESCS 與學校科學素養表現的影響 118

    8.3.1 學校家長認同學校有高學業成就標準對學校 ESCS 與學校科學素養表現的影響 119

    8.3.2 學校家長滿意學校的紀律風氣對學校 ESCS 與學校科學素養的影響 121

    8.3.3 學校家長滿意學校教育學生對學校 ESCS 與學校科學素養的影響 123

  8.4 學校收生政策對學校 ESCS 與學校科學素養表現的影響 125

    8.4.1 學校考慮學業記錄收生對學校 ESCS 與學校科學素養表現的影響 125

  8.5 本章總結 127

9 澳門學生階層教育公平的深入檢視 129

9.1 家庭及電腦教育資源影響關聯模式適配度評鑑 130
　9.1.1 描述統計與模式估計方法 130
　9.1.2 違反估計的檢查 131
　9.1.3 模式整體適配度評鑑 134
　9.1.4 模式內在結構適配度評鑑 135
　9.1.5 整合模式的效果分析 139
9.2 家庭及電腦教育資源影響 SEM 模型對教育公平的啓示 140

10 研究總結及建議 143

10.1 研究問題一的結果 144
　10.1.1 澳門透過 ESCS 對科學素養表現的預測力最低 144
　10.1.2 澳門學生素養表現不俗，但未見卓越 145
10.2 研究問題二的結果 146
　10.2.1 澳門學校之間存在著教育不公平的現象 146
　10.2.2 澳門主流類別學校教育不公平現象突出 146
10.3 研究問題三的結果 147
　10.3.1 兩項完全中介變項對促進澳門教育公平的啟示 147
10.4 研究問題四的結果 148
　10.4.1 家庭及電腦教育資源有效提高學生科學素養表現 148
10.5 達到澳門教育公平的可行政策 149
　10.5.1 表現性干預政策：培養澳門高質素的人才 149
　10.5.2 全面性干預政策 151
　10.5.3 以全面性干預政策取代社經導向和補償性干預政策 155
10.6 提高澳門教育品質的可行政策 158
　10.6.1 增加學校實驗室設備 158
　10.6.2 增加合資格的科學科教師 159
10.7 本書的創新和貢獻 160
　10.7.1 對教育公平的認識方面 160
　10.7.2 概念化方面 161
　10.7.3 方法論方面 161

10.8 結論及未來研究建議 162

    10.8.1 檢視政策建議是否進一步改善澳門的教育公平 163

    10.8.2 檢視抗逆學生的學業成功如何促進澳門的教育公平 163

參考書目 165

中文書目 165

英文書目 170

附錄 179

附錄1 學生問卷——父母最高學歷 179

附錄2 學生問卷——父母主要職業 180

附錄3 PISA 2006 教育公平的9個國家/經濟體父母教育程度相應教育年期 181

附錄4 ISCO-88 職業聲望表對應的 ISEI 182

附錄5 OECD 整體 ESCS 與科學素養表現(可能值2-5)關係散點圖 200

附錄6 澳門學生 ESCS 與科學素養表現(可能值2-5)關係散點圖 202

附錄7 芬蘭學校 ESCS 與科學素養表現依存關係圖 204

附錄8 SEM 模式2至5之適配度指標 205

附錄9 SEM 模式2至5之路徑圖及標準化係數 207

附錄10 SEM 模式2至5潛在變項之信度與平均變異數抽取量 209

附錄11 SEM 模式1至5的標準化殘差矩陣 211

附錄12 參與 PISA 2006 澳門學校的科學(或理科)每週時數 213

附錄13 2000 至 2012 年澳門施政報告有關德育的內容 214

表目次

表2-1	PISA 2003 參與國家/經濟體的素養表現	24
表2-2	ISCO-88 職業聲望分類表	32
表2-3	PISA 2006 中 HOMEPOS 相關的問卷項目	34
表3-1	澳門15歲學生的取樣和受試人數	44
表3-2	澳門受試15歲學生的年級分布	44
表3-3	PISA 2006 澳門學校的特徵	45
表3-4	PISA 2006 科學素養六個精練水平的文字描述	47
表3-5	HLM 模型中所使用的變項名稱	52
表3-6	HLM 模型中學生階層所使用的變項及其描述性統計	52
表3-7	HLM 模型中學校階層所使用的變項及其描述性統計	53
表3-8	SEM 適配度指標	62
表3-9	家庭及電腦教育資源影響關聯模式涉及變項的信度	62
表3-10	建構 X1 之學生問卷項目	63
表3-11	建構 X2、X3 之學生問卷項目	63
表3-12	建構 Y1、Y2 及 Y3 的學生問卷項目	64
表3-13	建構 Y4、Y5 的學生問卷項目	65
表4-1	OECD 整體 ESCS、$ESCS^2$ 對科學素養表現的迴歸分析	73
表4-2	澳門整體 ESCS、$ESCS^2$ 對科學素養表現的迴歸分析	74
表4-3	PISA 2006 教育公平的9個國家/經濟體的 ESCS 與科學素養關係	77
表4-4	PISA 2006 教育公平的9個國家/經濟體的坡度線長度和曲線性指數	79
表4-5	澳門 ESCS、$ESCS^2$ 對數學、閱讀和科學素養表現的迴歸分析	81
表4-6	澳門 ESCS、$ESCS^2$ 對科學素養三個子量尺表現的迴歸分析	81
表5-1	PISA 2006 素養表現結果	84
表5-2	PISA 2006 教育公平的9個國家/經濟體的科學素養表現	85
表5-3	PISA 2006 教育公平的9個國家/經濟體的科學素養三個子量尺表現	86
表5-4	PISA 2006 教育公平的9個國家/經濟體的科學素養各精練水平百分比	87
表6-1	澳門科學素養表現的 HLM 零模型分析	90
表6-2	ESCS、$ESCS^2$ 對科學素養表現的 HLM 隨機效果模型分析	92
表6-3	ESCS 對科學素養表現的HLM隨機效果模型分析	93
表6-4	澳門學校 ESCS、$ESCS^2$ 對科學素養表現的平均數為隨機效果的 HLM 模型分析	94
表6-5	學生 ESCS 及學校 ESCS、$ESCS^2$ 對科學素養表現的 HLM 綜合模型分析	95
表7-1	非國際學校的學生 ESCS、$ESCS^2$ 對科學素養表現的迴歸分析	102
表7-2	39所非國際學校之 HLM 零模型分析	102
表7-3	聚焦39所非國際學校 HLM 綜合模型分析結果	103
表7-4	澳門39所非國際學校 ESCS 對科學素養表現隨機效果 HLM 二階層模型分析	103
表7-5	中文答題學校學生 ESCS、$ESCS^2$ 對科學素養表現的迴歸分析	105

表7-6	中文答題學校之零模型分析	106
表7-7	聚焦31所中文答題學校 HLM 綜合模型分析結果	106
表7-8	澳門31所中文答題學校 ESCS 對科學素養表現隨機效果 HLM 二階層模型分析	107
表8-1	學校科學實驗室設備的中介效果檢定	116
表8-2	以 HLM 分析學校科學實驗室設備對學校科學素養的預測力	117
表8-3	合資格的科學科教師的中介效果檢定	118
表8-4	學校家長認同學校有高的學業成就標準的中介效果檢定	120
表8-5	以 HLM 分析學校家長認同學校有高的學業成就標準對學校科學素養的預測力	121
表8-6	學校家長滿意學校的紀律風氣的中介效果檢定	122
表8-7	以 HLM 分析學校家長滿意學校的紀律風氣對學校科學素養的預測力	123
表8-8	學校家長滿意學校教育學生的中介效果檢定	124
表8-9	以 HLM 分析家長滿意學校教育學生對學校科學素養的預測力	125
表8-10	學校考慮學業記錄收生的中介效果檢定	126
表8-11	以 HLM 分析學校考慮學業記錄收生對學校科學素養的預測力	127
表9-1	家庭及電腦教育資源影響關聯模式各變項之積差相關係數矩陣	130
表9-2	家庭及電腦教育資源影響關聯模式各子模式標準化估計值與顯著性考驗摘要	132
表9-3	模式1的適配度指標	134
表9-4	模式1潛在變項之信度與平均變異數抽取量	136
表9-5	模式1至5潛在變項間的參數估計	137
表9-6	家庭及電腦教育資源影響關聯模式潛在變項之解釋量	139
表9-7	家庭及電腦教育資源影響整合模式各潛在變項對科學素養表現的影響效果	140

圖目次

圖1-1　研究整體架構及流程　8

圖2-1　PIRLS 2001閱讀素養表現與家庭 SES 的關係圖　23

圖2-2　PISA 2003 高數學素養表現國家之 ESCS 對數學素養表現的關係　26

圖2-3　PISA 2003 澳門學生、學校之內和學校之間數學素養表現與 ESCS 依存關係　27

圖2-4　PISA 2006 的 ESCS 組成結構圖　29

圖2-5　國際教育學術領域分類 (ISCED) 總體架構　30

圖2-6　全面性干預政策對學習表現的影響　37

圖2-7　社經導向干預政策對學習表現的影響　38

圖2-8　補償性干預政策對學習表現的影響　39

圖2-9　表現性干預政策對學習表現的影響　40

圖2-10　融合性干預政策對學習表現的影響　41

圖3-1　PISA 2006 科學素養評核框架　46

圖3-2　檢驗學校階層教育公平的中介變項圖　49

圖3-3　家庭及電腦教育資源透過自我效能感影響科學素養表現概念模型　54

圖3-4　Ajzen 計劃行為理論構面和影響路徑圖　55

圖3-5　家庭及電腦教育資源影響概念模型　59

圖3-6　家庭及電腦教育資源影響關聯模式　61

圖4-1　OECD 整體 ESCS 與科學素養表現(可能值1)關係散點圖　72

圖4-2　澳門學生 ESCS 與科學素養表現(可能值1)關係散點圖　74

圖4-3　PISA 2006 參與57個國家/經濟體科學素養表現與 ESCS 對科學素養表現預測力
關係圖　75

圖4-4　PISA 2006 教育公平的9個國家/經濟體科學素養表現的 ESCS 坡度線　80

圖4-5　PISA 2006 澳門學生三項素養和科學素養子量尺表現的 ESCS 坡度線　80

圖7-1　澳門學生、學校之內和學校之間 ESCS 與科學素養表現的依存關係圖　100

圖7-2　澳門39所非國際學校 ESCS 與科學素養表現依存關係圖　104

圖7-3　澳門31所中文答題學校 ESCS 與科學素養表現依存關係圖　108

圖8-1　影響教育公平之學校階層中介變項研究架構　114

圖9-1　家庭及電腦教育資源影響關聯模式之結構模式和測量模式參數示意圖　131

圖9-2　模式1之路徑圖及標準化係數(PV1SCIE)　135

圖9-3　家庭及電腦教育資源影響整合模式之路徑圖及標準化係數　139

縮寫

CEPA	Closer Economic Partnership Arrangement (內地與澳門關於建立更緊密經貿關係的安排)
CULTPOSS	Cultural Possessions (文化財產)
ESCS	Economic, Social and Cultural Status (社經文化地位)
HEDRES	Home Educational Resources (家庭教育資源)
HLM	Hierarchical Linear and Nonlinear Modeling (階層線性模型)
HOMEPOS	Household Possessions (家庭資產指標)
ICT	Information Communication Technology (資訊和通訊技術)
NCLB	No Child Left Behind Act (不讓一個孩子掉隊法案)
OECD	The Organization for Economic Co-operation and Development (經濟合作及發展組織)
PIRLS	Progress in International Reading Literacy Study (全球學生閱讀素養進展評估計劃)
PISA	Programme for International Student Assessment (學生能力國際評估計劃)
PV	Plausible Value (可能值)
SEM	Structural Equation Modeling (結構方程模式)
SES	Socio-Economic Status (社經地位)

第1章
引言

1.1　研究背景

　　自 1553 年葡萄牙入居澳門以來，澳門葡國政府 (意謂 1553 年至 1999 年 12 月 19 日澳門在葡萄牙殖民地時期的政府機構，下稱澳葡政府) 對教育一向採取被動態度。政府主要關注葡萄牙人的教育，其餘的私立學校無論在學校環境建設、聘請教師和收生政策等各方面，政府積極不干預，私立學校擁有高度的自治權，辦學團體只需向政府登記便可辦學。私立學校主要由宗教組織、社會熱心人士，又或是民間社團開辦，政府辦學只為輔助性質 (貝磊、古鼎儀、單文經，2005)。此時期之華人基礎教育主要由私立學校提供，私立學校亦成為澳門基礎教育的中流砥柱 (蘇朝暉，2000)。1999 年澳門回歸中國，雖然澳門政府銳意進行教育改革，尤其著意減少學校之間的差距、提高教育品質及促進教育公平，但私立學校由於長期自治，教育品質存在著相當大的差異；再者，澳門最高法律效力的《中華人民共和國澳門特別行政區基本法》(以下簡稱《基本法》)，第 122 條規定：「……澳門特別行政區各類學校均有辦學的自主性，依法享有教學自由和學術自由。」(澳門特別行政區，1999：23)，因此，澳門學校的收生政策極為自主，加上澳門自開埠至今四百多年來，基礎教育從幼稚園直至高中畢業，均沒有設置統一的公開考試 (張國祥、鍾健、陳敬濂，2007)，在這種情況下，澳門家長為子女選擇學校時，難有客觀數據作參考。家長選校一般依靠社會人士對學校的「口碑」——例如其他家長對學校的認同或對學校的滿意程度，作為考慮條件。澳門家長在學校間存在差異、學校收生自主，以及沒有客觀評估數據的現實環境下為子女選校，有可能造成教育不公平的現象。

　　然而，澳門回歸畢竟給予教育改革前進的動力 (蔡昌、古鼎儀，2001)。1987 年 4 月 13 日中葡雙方簽署的「中葡聯合聲明」(Sino-Portuguese

Joint Declaration) 明確規定:「葡萄牙政府將於 1999 年 12 月 20 日把澳門主權交還中國」,從此掀起了澳葡政府的教育改革序幕。在這時期,政府通過立法釐定與學校的關係 (黃素君、單文經、黃逸恆,2007),並於 1991 年 8 月制訂了第一部教育制度法律《澳門教育制度》(第 11/91/M 號法律)。該法律共分 10 章 56 條,全面闡釋澳門教育制度的範圍,這是澳門教育有法可依的開始。澳門回歸以後,澳門特別行政區政府於 2006 年更通過了《澳門非高等教育制度綱要法》(第 9/2006 號法律,以下簡稱《綱要法》)。為了配合澳門未來教育的發展,《綱要法》對《澳門教育制度》進行了較大的修改和變革,如:重新界定了教育的目標、設立教育發展基金、免費教育的發展與教育品質的保證等,讓澳門教育改革進入另一個里程碑 (蘇朝暉、郭曉明,2006)。此外,澳門政府對私立學校發放津貼,無論在金額和範圍都有逐年增加的趨勢。政府亦頒布法令推行具體的實施,如免費教育津貼制度。此制度主要針對以簽約形式加入免費教育網的私立學校。1995 年,政府頒布第 29/95/M 號法令,於 1995/1996 學年開始為幼兒教育第三年級及小學各級學生提供 7 年傾向性免費教育 (意謂學生除免繳學費外,仍需繳交補充服務費);其後於 1997/1998 學年,進一步推行從幼兒教育第三年到初中三年級的 10 年傾向性免費教育;於 2006/2007 學年起,更推行全面性的免費教育制度,即學生除免繳學費外,亦毋需繳付補充服務費;到 2007/2008 年度,澳門已達成從幼兒教育第一年到高中三年級的 15 年免費教育,即以簽約形式加入免費教育網的私立學校和公立學校的基礎教育的學費全免。此外,政府亦透過學費津貼制度,資助沒有加入免費教育網的私立學校,以減輕沒有加入免費教育網學校的家長在學費方面的支出。

澳門政府不但在免費教育制度跨越一大步,更銳意推動教育公平的政策,積極提高教育品質 (澳門教育暨青年局,2011a)。《綱要法》第二章教育制度的原則和目標中,基本原則的第一、四和七項規定:「所有人不論其國籍、血統、種族、性別、年齡、語言、宗教、政治或思想信仰、文化程度、經濟狀況或社會條件,均依法享有受教育的權利」、「政府提供條件,使受教育者在入學和學習成功方面有均等機會」及「致力培養有能力面向世界和未來的各種人才,以迎接日趨緊密的全球聯繫所帶來的挑戰和機遇」(澳門特別行政區,2006)。上述條文明確顯示回歸後的澳門政府對促進教育公平和提高教育品質的重視。其中「所有人不論其經濟狀況或社會條件……,政府

提供條件，使受教育者在入學和學習成功方面有均等機會」所展示的正是本書的教育公平內涵與定義所在。

教育立法不但加強了教育當局和學校的關係，且對澳門教育品質的提高起著重大的作用，而免費教育及學費津貼制度更令澳門基礎教育在教育公平上增添曙光。但是澳門學校之間似乎存在教育公平的問題，黃素君 (2011) 指出澳門基礎教育在三個方面存在教育不公平：

(1) **資源上的弱勢**：主要是指澳門政府在是以簽約形式加入免費教育網的私立學校推行免費教育津貼制度時，受班級人數的多少影響資助金額的多寡，讓學校資源出現差異而造成教育不公平的現象。

(2) **數字上的弱勢**：是指免費教育津貼制度推行初期，曾一度引發家長為子女轉校的熱潮，雖然這熱潮對中產家庭背景的家長沒有太大影響，但是高社經背景的家長仍然可以選擇心儀的學校讓子女就讀。

   回歸後，澳門出生率驟降，學生人數銳減。澳門政府雖然引入小班教學，但較高社經背景的學生有集中就讀於某些學校的傾向；加上澳門家長為子女選校，在沒有客觀數據情況下，只能依靠社會人士的口碑和家長本身對學校的觀感認同和對學校的滿意程度而定。這便促使了家長讓子女集中就讀某些心儀的學校，出現學校間學生人數差異較大，較高社經地位 (Socio-Economic Status, 以下簡稱 SES) 的學生都集中在一些模範較大的學校。

(3) **政策上的弱勢**：由於歷史因素，澳門學校先有澳葡政府的積極不干預政策，後有最高法律效力的《基本法》賦予學校有行政及財政等的自主權時期，學校在收生政策上享有自治權，學校收生極為自主，對教育公平造成較大的威脅。

因此，研究者嘗試從以上三個面向，考量潛在的教育不公平。本書的研究焦點，是學校資源環境、學校家長選校考慮和學校收生政策這三項可能影響澳門基礎教育公平的因素，並參考 PISA 2006 的國際報告中對參與國家 / 經濟體在學校和學生階層的教育公平有初步圖表分析 (OECD, 2007a: 200-210)，以 PISA 2006 評估計劃驗證在學校和學生階層中可能存在的教育不公平的現象。

1.2　研究動機

　　回歸後的澳門在教育改革展現出強大的生命力，很多教育工作者提出了不同的教育改革方案，引導澳門教育政策的發展，但教育政策的制訂必須有科學的基礎。因此，建基於客觀、精確的測量工具及方法的國際比較教育有其必要性。由 OECD 策劃的 PISA 評估計劃，是繼第三次國際數學與科學研究 (The Third International Mathematics and Science Study, TIMSS) 之後，全球進行的一項大型學生學習質量評估計劃，是現時世界上主要的國際比較教育研究項目之一，具有客觀、精確的測量方法。PISA 評估計劃的目的是瞭解完成義務教育學生的基礎能力，探究影響他們學習的因素，以及評比各參與國家／經濟體的教育品質和教育公平等問題。澳門在 2003 年開始參與了該項計劃，也是澳門直至 2012 年止，唯一參與的國際比較教育計劃。因此，PISA 評估計劃對探討促進教育公平和提高教育品質提供了一個可靠的平臺。

　　教育公平是當今教育發展的重要議題。多個國家積極提出對教育公平的追求：美國於 1965 年頒布的《中小學教育法》(Elementary and Secondary Education Act)，其中的一項重點是關注入學與公平，2001 年的《不讓一個孩子掉隊》法案 (No Child Left Behind Act, 簡稱 NCLB)，其要點就是關注教育公平的問題，期望縮小成績優異與欠佳的學生、非少數民族學生與少數民族學生之間的學業成績差距 (薛二勇、方展畫，2007)；中國國家主席胡錦濤於 2007 年 8 月 31 日全國優秀教師代表座談會上明確指出：「要把促進教育公平作為國家基本教育政策」，國務院總理溫家寶於 2007 年 3 月 5 日在第十屆全國人大第五次會議上，指出「教育公平是重要的社會公平」，而《國家中長期教育改革和發展規劃綱要 (2010-2020 年)》更明確將「教育公平」作為國家基本教育政策 (中華人民共和國，2010)。中美兩國不謀而合地強調教育公平的重要。因此，如何促進澳門教育公平這個議題，不容忽視。

　　PISA 2006 國際報告結果顯示，澳門在 57 個國家／經濟體中屬於教育公平的地區之一。但澳門土生土長市民的感知並不如此：有些學校的學習環境較理想，家長為子女選校，並非選擇就近居所的學校讓子女入讀，反而千方百計要讓子女入讀心儀的學校；學校的收生政策也似乎針對不同社經文化地

位 (Economic, Social and Cultural Status, 以下簡稱 ESCS) 背景的學生。這些感知促使研究者對澳門基礎教育的公平性存疑。相對同樣屬於教育公平的芬蘭，當地家長選校的態度卻有不同。芬蘭家長對任何一所學校同樣有信心，他們只會為子女選擇就近居所的學校，而不需為子女選擇學校而煩惱 (陳之華，2009)。正因兩地家長截然不同的選校心態，讓研究者不免思考澳門教育的公平所在。為此，認為有需要探討 PISA 評估計劃中教育公平的定義，須審視澳門基礎教育在 PISA 計劃中之所以屬於教育公平的原因，並引用 PISA 2006 學生、學校和家長調查數據，探索澳門基礎教育可能存在的教育不公平的現象，尋找癥結所在，期望研究結果可供教育當局參考，進一步完善澳門基礎教育的教育公平。

　　教育追求公平，但國家/地區素養表現低下，教育公平只會淪為平庸，不利高質素人才的培養，因此，教育公平必須建立在高品質教育的前提之上 (〈PISA 成績下滑教育響警號〉，2012)。「澳門必須著力培養各類人才，人才是各項事業發展之本。不斷提升澳門競爭力，最關鍵的支撐因素是人才」(〈胡錦濤在澳門〉，2009) 。廣納人才，培養高素質的公民以迎接急速變化的社會，提升澳門區域及國際市場上的競爭力，正是澳門社會和所有教育工作者的共識。

　　隨著 1999 年澳門回歸中國，於 2002 成功將澳門的歷史城區申報為世界文化遺產，澳門政府在中國的支持下，於 2003 年 10 月簽署了首階段的《內地與澳門關於建立更緊密經貿關係的安排》(Closer Economic Partnership Arrangement, 簡稱 CEPA)；於 2011 年 3 月與廣東省人民政府簽訂了《粵澳合作框架協議》，在區域上推動了粵澳的更緊密合作；加上中國國家科技部同意在澳門設立兩家國家重點實驗室，隨著 2011 年 1 月「中藥質量研究國家重點實驗室」和「模擬與混合信號超大規模集成電路國家重點實驗室」於澳門揭幕，讓澳門對高質素人才的需求劇增，而培養高質素的本地人才，澳門的教育必須朝著高品質的發展。再者，隨著科技進步及全球化進程加快，幾乎所有地區的教育改革，均強調學生必須具備高的科學素養 (Liu, 2009)，因此，本書正好利用 PISA 2006 的科學素養調查數據探究澳門基礎教育的教育公平問題。

1.3　研究目的

基於上述研究的背景與動機，本書引用 PISA 2006 評估計劃中澳門 15 歲學生及其家庭的背景資料，這些學生所就讀的學校的學與教情況，以及他們在關鍵素養所取得的成績，以便瞭解澳門在回歸中國期間基礎教育的教育公平是否存在著問題。本書若發現澳門基礎教育存在著教育不公平現象，研究者希望深入探討問題所在，並提出可行的政策以消弭這些教育不公平現象，供教育當局、學校和家長作參考，讓澳門的學生不會因 ESCS 差距導致學習差距，並補償由 ESCS 差異導致的學習差距。

1.4　研究問題

根據上述研究動機與目的，本書的四組問題如下：

(1) 澳門為何在 PISA 評估計劃中屬於教育公平的基礎教育體系？將澳門與其他在 PISA 2006 評估計劃被認為是教育公平的基礎教育體系進行比較，他們在關鍵素養表現的差異為何？

(2) 澳門基礎教育在回歸前後是否存在著教育不公平的客觀證據？當聚焦某主流類別學校時，澳門的教育公平情況如何？

(3) 在學校階層中，當考慮學生 ESCS 和學校 ESCS 的影響之後，在學校資源環境、學校家長選校考慮和學校收生政策這三項因素中，有什麼中介變項能有效解釋學校 ESCS 與學校科學素養表現的關係？

(4) 在學生階層中，學生的家庭教育資源，包括電腦教育資源，如何透過學生的學習與心理過程影響學生科學素養表現？

1.5　研究重要性

澳門在 PISA 2006 評估計劃中屬於教育公平的地區，這一項發現與澳門土生土長市民的感知存在落差。本書期望在掌握 PISA 計劃中教育公平的內涵後，尋找癥結所在。研究引用 PISA 2006 學生、學校和家長調查數據，運用階層線性模型 (Hierarchical Linear and Nonlinear Modeling, 以下簡稱 HLM)

和結構方程模式 (Structural Equation Modeling, 以下簡稱 SEM)，從學校階層和學生階層因素剖析澳門基礎教育的公平性，經客觀、精確驗證的研究結果可供教育當局參考，進一步完善澳門基礎教育的教育公平。

1.6　研究整體架構及流程

　　本書的研究思路：首先擬定研究目的和研究問題、進行文獻探討及整理；再利用 PISA 2006 學生、學校和家長調查數據，瞭解 PISA 2006 評估計劃中的教育公平定義及內涵，探討在 PISA 2006 評估計劃中澳門基礎教育屬於教育公平的原因，並分析 PISA 2006 評估計劃中教育公平的國家 / 經濟體在關鍵素養表現的差異；然後透析澳門基礎教育可能存在的教育不公平現象。透過 ESCS 與關鍵素養表現的依存關係進行分析，探討澳門基礎教育在回歸前後是否存在著教育不公平的客觀數據，並進一步聚焦於澳門某主流類別學校，深入瞭解澳門的教育公平情況；接著透過學校資源環境、學校家長選校考慮和學校收生政策三類可能影響澳門基礎教育公平的因素，利用 HLM 中介變項分析，檢驗學校階層三類因素能否完全或部分中介學校 ESCS 對學校科學素養表現影響，揭示影響澳門教育公平的問題所在；繼而透過 SEM 分析，瞭解學生階層家庭及電腦教育資源如何透過學生的學習與心理過程影響學生科學素養表現，審視學生家庭及電腦教育資源對教育公平的影響；最後，引用 Douglas Willms (2006; 2010) 的政策分析方法，建議如何改善澳門的教育公平。本書整體架構及流程如圖 1-1 所示。

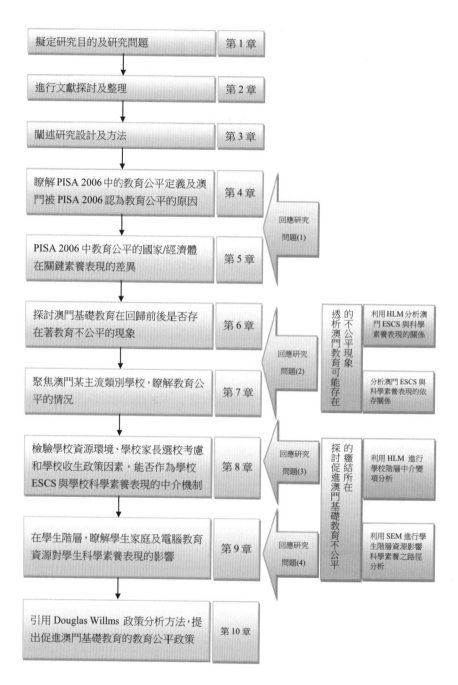

圖 1-1 研究整體架構及流程

　　第 1 章為「引言」，闡述研究動機、研究背景、研究目的、研究問題、研究的重要性、研究整體架構及流程、研究限制，並交待了本書有關名詞的釋義。

　　第 2 章為「文獻探討」。首先，為配合研究目的，有必要探討教育公平的不同觀點，並確定本書認同的教育公平定義；其次，是回顧教育公平的研究，並嘗試從 PISA 和 PIRLS(Progress in International Reading Literacy Study, 以下簡稱 PIRLS) 計劃針對全球有關教育公平的研究作探討；然後，分析教育公平所涉及到的 SES 或 ESCS 建構及其意涵；最後，探討有關 Douglas Willms (2006; 2010) 所倡議促進教育公平的可行政策，藉以建立具體研究的概念框架。

　　第 3 章為「研究設計和方法」，主要指出本文在哪些章節具針對性地回應了本書的四組問題。首先述及欲達到研究目的之各種統計分析方法，然後描述有關解答研究問題的設計，最後說明 PISA 2006 評估計劃的研究對象及取樣、PISA 科學素養的評核框架及科學素養的精練水平。

　　第 4 章為「ESCS 與科學素養表現的依存關係」，重點回應研究問題 (1) 的上半部分：「澳門為何在 PISA 評估計劃中屬於教育公平的基礎教育體系？」透過 ESCS 對科學素養表現預測力 (Impact of ESCS on scientific literacy performance)，以及科學素養表現的 ESCS 坡度線 (即將學生 ESCS 為橫座標，學生科學素養表現為縱座標，計算兩者的線性迴歸關係)，分析參與國家 / 經濟體教育公平的問題，從而闡述 PISA 對教育公平的定義。探討澳門在 PISA 評估計劃中被認為是教育公平基礎教育體系的原因，並借助 PISA 2006 教育公平的 9 個國家 / 經濟體作比較分析。這 9 個國家 / 經濟體的科學素養表現都高於 OECD 平均，但其學生 ESCS 與學生科學素養表現的相關強度都低於 OECD 平均。這 9 個國家 / 經濟體分別是：芬蘭、香港、加拿大、愛沙尼亞、日本、澳洲、韓國、澳門、瑞典。

　　第 5 章為「PISA 2006 評估計劃的科學、數學和閱讀素養表現」，這章是回應研究問題 (1) 的下半部分：「將澳門與其他在 PISA 2006 評估計劃被認為是教育公平的基礎教育體系進行比較，他們在關鍵素養表現的差異為何？」分析澳門 15 歲學生在 PISA 2006 評估計劃中科學、數學和閱讀素養及科學素養的三個子量尺表現，並從 15 歲學生科學素養表現比較包括澳門在內 9 個被 PISA 認為教育公平的國家 / 經濟體的測試結果，瞭解澳門在這

9 個教育公平的國家 / 經濟體中的教學效能。

　　第 6 章為「澳門教育公平中的不公平現象」主要回應研究問題 (2) 的上半部分:「澳門基礎教育在回歸前後是否存在著教育不公平的客觀證據?」這一章運用了科學的方法驗證澳門學校之內和之間可能存在的教育公平問題,主要利用 HLM 分析澳門 15 歲學生 ESCS 與科學素養表現的關係。首先,是 HLM 零模型的分析;其次,分析學校 ESCS 對學校科學素養表現變異的預測力,並瞭解學校 ESCS 對學校科學素養表現的影響,從而探討澳門學校會否存在著錄取較高 ESCS 背景學生的學校有較高的科學素養表現。分析時,會考慮澳門學校之內學生 ESCS 對學生科學素養表現是否存在顯著影響,以及這些因素會否對澳門基礎教育公平造成影響。

　　第 7 章為「影響澳門 ESCS 與科學素養表現關係的學校類別因素」。本章承接第 6 章並回應研究問題 (2) 的下半部分:「當聚焦某主流類別學校時,澳門的教育公平情況如何?」在不披露參與 PISA 2006 的澳門學校名稱的前提下,集中探討學校之間的教育不公平的問題。本章以 ESCS 與科學素養表現的依存關係圖為切入點,透過考慮澳門某些主流類別學校在 ESCS 與科學素養表現的依存關係圖中分布情況,並分析這些主流類別學校之間的學校科學素養表現的 ESCS 坡度線斜率。重點剖析當聚焦澳門某些主流類別學校時,學校之間的教育公平會否出現變化,以及這些主流類別學校會否對澳門學校之間的教育公平構成威脅。

　　第 8 章為「學校 ESCS 與學校科學素養表現的中介效果分析」,探討影響澳門學校階層基礎教育不公平的癥結所在,並回應研究問題 (3):「在學校階層中,當考慮學生 ESCS 和學校 ESCS 的影響之後,在學校資源環境、學校家長選校考慮和學校收生政策這三項因素中,有什麼中介變項能有效解釋學校 ESCS 與學校科學素養表現的關係?」檢驗學校資源環境、學校家長選校考慮和學校收生政策這三項因素,能否有效成為學校 ESCS 與學校科學素養表現的中介影響機制。利用 HLM 進行中介變項分析,檢驗這三項因素能否完全或部分中介學校階層學校 ESCS 對學校科學素養表現影響。本章的意義在於若能發現中介變項,並實施這些中介變項所描述的內容,就能消弭澳門學校階層教育不公平的現象,從而為教育當局提供促進澳門教育公平的可行政策。

第 9 章為「澳門學生階層教育公平的深入檢視」,探討澳門學生階層教育不公平癥結所在,並回應研究問題 (4):「在學生階層中,學生的家庭教育資源,包括電腦教育資源,如何透過學生的學習與心理過程影響學生科學素養表現?」。本章聚焦於學生階層,探討學生的家庭及電腦教育資源對學生科學素養的影響路徑及影響效果,以揭示家庭及電腦教育資源對學生科學素養表現的作用機制。本章借用計劃行為理論為起步點,在學生階層利用 SEM 探討澳門 15 歲學生家庭及電腦教育資源對學生科學素養表現的影響,藉此揭示上述變項造成的教育不公平現象,從而為教育當局、學校、家長提出可行的政策措施以完善澳門基礎教育的教育公平。

第 10 章為「研究總結及建議」,綜合本書的結果,提出促進澳門基礎教育的教育公平和提高教育品質的可行政策。引用 Douglas Willms (2006; 2010) 政策分析方法,提出促進澳門基礎教育的教育公平措施,補償學校因學校 ESCS 差距而導致學校科學素養表現的差距,以及補償學生因家庭及電腦教育資源差距而導致學生科學素養表現的差距,以消弭學校及學生階層教育不公平的現象,促進澳門基礎教育的教育公平;其次提出達到高教育品質的可行的措施,讓澳門未來的基礎教育不單能達到國際水準的教育公平,且有高品質的教育水平。

1.7 研究限制

本書主要應用 PISA 2006 評估計劃的數據作研究分析,在研究中有以下三個限制:

(1) **研究樣本的限制**:PISA 計劃主要針對 15 歲的中學生,未能對中學其他年齡組別或小學階段作進一步分析。

(2) **研究變項的限制**:影響學生科學素養表現的因素很多,本書根據研究背景分析可能導致教育不公平的主要因素以探討教育公平的問題,主要針對 PISA 2006 評估計劃中的學生 ESCS 與學生科學素養表現之間的關係,以及可能影響學校 ESCS 與學校科學素養表現關係之中介變項影響機制。

(3) **研究方法的限制**:本書是以 PISA 2006 評估計劃的資料,包括:學

生素養表現測試的結果，學生問卷、家長問卷和學校問卷的調查數據。由於 PISA 2006 評估計劃的資料收集是針對全球教育公平和教育效能的議題而設計，應能解答本書提出的問題。因此，不會輔以其他研究方法，如訪談或追蹤研究等的資料蒐集。

1.8 名詞釋義

茲就研究所要探討的重要變項及有關名詞，作以下概念性及操作性的定義：

教育公平 (Educational Equity)

本書對教育公平的定義是：公平地對待每一個人，讓每一個人不因 ESCS 差距而導致學習差距，重視補償由 ESCS 差距導致的學習差距。本書將以 PISA 2006 評估計劃為切入點，集中分析 ESCS 對科學素養表現的影響，並探討可能出現在學校 ESCS 與學校科學素養表現關係的中介變項，從而提出補償學生因 ESCS 差距而導致學習差距的改善措施。此外，在學生階層中分析家庭及電腦教育資源對學生科學素養表現的影響路徑，提出補償學生因家庭及電腦教育資源差距而導致學生科學素養表現的差距的改善措施。有關不同學者對教育公平的定義見第 2 章第 2.1 節。

經濟合作及發展組織 (OECD)

經濟合作及發展組織 (The Organization for Economic Co-operation and Development, 簡稱 OECD) 其前身為創立於 1948 年之「歐洲經濟合作組織」(Organization for European Economic Co-operation, 簡稱 OEEC)。組織於 1960 年改名，1961 年 9 月 30 日於法國巴黎正式宣告生效，創會會員國有 20 個，主要位於北美與西歐，現已擴展至亞洲與太平洋等地區。該組織在 2006 年擁有 30 個會員國，其中大部分為工業先進國家，其國民生產毛額占世界三分之二。OECD 是全球性的研究組織，目的是進行經濟以及和國家發展相關議題的研究，以探討世界發展的趨勢，研究結果可作為提供各國制定政策的依據，同時提升各成員國人民的生活水平，保持經濟財政的相對穩定，並幫助開發中的國家改善經濟狀況，以促進全球經濟持續增長及健全發展。OECD 所出版的研究報告和統計數據受到各國很大的重視，探討的內容

包括經濟發展、教育科技革新等課題。其中，PISA 評估計劃就是探討教育多方面的問題，其中包括教育公平等課題。

學生能力國際評估計劃 (PISA)

由 2000 年 OECD 發起以 15 歲中學生為測試對象的學生能力國際評估計劃 (Programme for International Student Assessment, 簡稱 PISA)，自後每三年進行一次評估。計劃的研究重點是測試參與計劃的 OECD 各成員國，其接近完成義務教育最後階段的 15 歲學生是否具備在未來生涯發展所須的知識與技能。PISA 評估計劃是以閱讀素養、數學素養和科學素養作為主要測試領域，三項素養組成一個測試循環核心，三年為一循環。在每個循環評核週期裡，測試的三分之二內容會用作對其中一個領域進行深入測試，即每一循環皆具其研究重點：PISA 2000 研究以閱讀素養為重點；PISA 2003 以數學素養為研究重點；而 PISA 2006 則以科學素養為重點，而數學和閱讀素養為副 (陳敬濂、薛寶嫦、張國祥，2008)。

社經地位 (SES)

SES 反映個人的社會階層和知識水平，包括個人教育程度、職業、資產和收入等。有關 SES 建構在第 2 章第 2.3.1 節中有詳細的闡述。

社經文化地位 (ESCS)

PISA 評估計劃中將 SES 擴充成社經文化地位 (Economic, Social and Cultural Status, 簡稱 ESCS)，其核心意義跟 SES 大致相同，PISA 評估計劃中的 ESCS 主要是反映學生父母的社會地位、經濟狀況及文化背景。學生 ESCS 由三個構面組成，這三個構面主要反映了：父母的教育程度、父母職業分數及家庭財產指數。有關這三個構面的詳細探討請參閱第 2 章第 2.3.2 節。本書主要借用 ESCS 與科學素養表現的關係來探討教育公平的問題。

科學素養 (Scienific Literacy)

教育學者將英文 "Literacy" 一詞翻譯為「素養」。從 1950 年代科學素養 (Scientific literacy) 作為口號流行於西方科學教育界，它表達了科學教育改革的理想目標，與「科學為大眾」(Science for All) 具有相同或類似的意義 (魏冰、謝金技、施達明、陳溢寧、阮邦球、李銘源，2009：13)。因此，科學素養不是一門專業教育，是面向所有或大多數學生的教育 (魏冰，2006：

1)。PISA 評估計劃將之定義為「應用科學的知識，確定問題和得出基於證據的結論，以便理解和幫助作出關於自然世界的決定，或者通過人類的活動作出改變自然決定的能力」(OECD, 2000: 10)。其對基礎教育的啟示是，不在於學生掌握了多少科學概念，牢記了多少科學名詞或術語，而在於能否有效地運用科學知識來分析有關科學議題 (魏冰，2008)。有關 PISA 2006 科學素養評核框架與精練水平在第 3 章第 3.2 節中有詳細的闡述。

第 2 章

文獻探討

本章針對研究的相關資料並加以彙整，主要圍繞四個範疇：首先，為配合研究目的，所以有必要探討不同學者對教育公平的觀點，並釐清本書所涉及的教育公平內涵及其定義；其次，是回顧教育公平的研究，針對探討 PIRLS 2001 和 PISA 2003 計劃有關教育公平的研究結果；然後，分析教育公平所涉及到的 SES 及 ESCS 的建構原理和方法；最後，探討 Douglas Willms (2006; 2010) 倡議的五種有關減低教育不公平的可行政策。藉由以上四個範疇的文獻探討，期望有助建立具體研究的概念框架。

2.1　教育公平的內涵及定義

教育公平含有一種價值判斷，是涉及多學科、多層面、多因素的教育議題。不同學者對教育公平的看法不盡相同，單從中國知識資源總庫 (China National Knowledge Infrastructure, 簡稱 CNKI) 中可以發現中國不同學者對教育公平的不盡相同的定義：

(1) 在未實現教育普及階段前，教育公平是指每個人都應享有受教育的機會，實現入學機會均等；在已經實現教育普及的階段，教育公平則是指人人都應享有較高品質的教育 (徐廣宇，1996)。

(2) 教育公平在不同歷史發展階段有著不同的內涵。最早的教育公平是指人人享有平等的接受規定年限的教育權利和機會，即義務教育的權利和機會均等，當然這仍是它現今的重要含義 (吳剛平、章曉琴，1999)。

(3) 教育公平是指社會成員不分階級、不分民族、不論智力高低一律享有均等受教育的權利，教育公平就是要確保具有相同條件的人享有均等的受教育機會 (蕭利宏，2000)。

(4) 教育公平是指教育資源的公平分配，含意有三：(i) 能力相同的青少年不論其性別、種族、地區和社會階層皆有相等接受非強迫性教育的機會；(ii) 社會各階層成員對非強迫性教育，皆有相等的參與比例；(iii) 社會各階層的青年，具有相等的機會獲取學術的能力 (苗慶紅，2001)。

(5) 教育公平是社會公平的一種表現，有兩個含意：(i) 相同的社會成員對教育資源實際享有的平等狀態，表現為社會成員對教育資源在數量和質量上平等地占有；(ii) 是對這種平等狀況的評價，是指按照社會確認的標準或原則對社會成員之間教育資源占有狀況進行的評價 (郭彩琴，2002)。

(6) 教育公平主要是指教育權利的公平和接受教育機會的均等，其實質是教育機會的均等。而機會均等從絕對意義上，就是人們在相同的約束條件下，具有平等競爭的權力 (沈有祿，2004)。

(7) 教育公平一般是指教育主體 (學生、教師、學校) 及其行為之間等的利害交換的社會關係度量和評價，教育公平是在承認人的差異性前提下，強調每個人的所求或所得應與他的素質、才能和貢獻相應。按學生天賦和後天的努力程度的不同慎重分配教育機會，亦即因材施教 (宋寧娜，2004)。

(8) 教育公平是指每個公民及其子女具有接受教育的平等權利，這種權利的核心部分：(i) 是平等獲得接受各種教育機會的權利；(ii) 是每個人的學習潛能得到充分開發的權利，真正實現人力資源的全面發展 (楊金土，2004)。

(9) 教育公平在中國普遍是指：(i) 起點均等論，指入學機會均等；(ii) 過程均等論，指教育條件均等；(iii) 結果均等論，強調學業成就機會均等 (黃靜宜、傅瓊，2004；梅汝莉，2005)。

(10) 教育公平是指國民在教育活動中的地位平等和公平地占有教育資源，是社會公平價值在教育領域的延伸和體現。概括起來，教育公平主要包括教育權利平等和教育機會均等兩個方面 (王洛忠，2005)。

(11) 教育公平是指學生享受的教育資源公平、教育機會公平、教育過程公平 (王敏，2005)。

(12) 教育公平即是指教育機會平等，不包括教育過程和教育結果平等。

過程和結果不平等體現了個人能力、抱負和努力程度的差異，具有存在的合理基礎，正是由於結果的不平等和教育過程的競爭，個人學習的積極才會提高 (朱軍文、王少東，2005)。

(13) 教育公平是指每個社會成員在享受公共教育資源時受到公正和平等的對待，教育公平包括教育機會公平、教育過程公平和教育質量公平，只有做到了上述公平，才能有教育結果的公平 (周洪宇，2005)。

(14) 教育公平是指人人都能享受平等的受教育權利的機會，正如中國《教育法》的第九條即規定：「公民不分民族、種族、性別、財產狀況、宗教信仰等，依法享有平等的受教育機會 」(高厚，2005)。

(15) 在蘇州 2000 年 11 月 23-27 日召開的中國教育學會中，青年教育理念工作者專業委員會第十次年會上，將教育公平定義為：「公民能夠自由平等的分享當時、當地公共教育資源的狀態」(張小紅，2005)。

(16) 從學術研究成果和《辭海》看教育公平，可定義為社會成員具有接受教育的平等權利，它可以被當作人們對教育資源分發與受教育機會的評價 (張文武，2005)。

(17) 教育公平是指人際間教育利益關係的反映、度量和評價，教育公平不僅是對現實教育公平問題的反映，也是運用已有的教育公平標準對現實教育公平問題的度量，同時還是對現實教育公平問題的一種評價和規範 (嚴偉萍，2005)。

　　西方教育對教育公平的解釋同樣是眾說紛紜，一般學者將教育公平定義為教育機會均等 (張人杰，1989)，而較具代表是美國的 J. Coleman 和瑞典的 T. Husen。Coleman (1968) 提出了五個不同教育機會均等的定義：(1) 在學校資源的形式上對學生投入的平等；(2) 能力相當的學生在學業成就上的平等；(3) 來自不同背景的學生其學業成就上的平等 (學校必須為弱勢群體的學生扮演補償性的角色)；(4) 認定學校種族隔離在本質上即為不平等；(5) 平等的教育環境要透過學校氛圍和學校素質來測量，可見 Coleman (1968) 對這定義基本上是關注教育投入的均等、學校的種族隔離及學校的產出結果。而 Husen (1975) 認為教育公平主要指教育機會均等，包括：(1) 教育起點的平等；(2) 教育過程的平等；以及 (3) 教育結果的平等。

　　中外學者對教育公平的定義，儘管並不一致，但不難發現一些共通點。Rawls (2003) 於 *A Theory of Justice* 一書中，對教育公平提出兩個原則：(1)

平等自由原則，即平等地對待所有人，是一種橫向的、平均性的公平，用於
處理公民的政治權利；(2) 差別原則，即有區別地對待不同的人是一種縱向
的、不均等的公平，它突出了在不公平的社會現實中，為處境不利者提供機
會或利益的補償性。

　　用社會學的觀點來闡述，「公平」主要表現在機會均等上，因此從教育
社會學的角度研究教育公平，有學者將教育公平與教育機會均等 (equality
of educational opportunity) 交換使用 (尤琛，2007)。楊瑩 (1994) 在《教育機
會均等——教育社會學的探討》一書中指出，臺灣過半數的學者以 1965 年
OECD 對教育機會均等的詮釋作為依據，加以深入論述合成至少三種含意：
(1) 能力相同的青年，不論性別、種族、地區或社會階層差距，皆有均等的
機會，接受非強迫性的教育；(2) 社會各階層的青年，對於非強迫性的教
育，具有均等的參與率；(3) 社會各階層的青年，具有均等的機會，以獲得
學術進修的基本學力。而中國學者楊東平 (2006) 在《中國教育公平的理想
與現實》一書中則指出：「教育機會均等」是教育公平的核心問題，並指出
20 世紀末，有關教育公平的理念，超越了形式平等的階段，重視補償由於
社會經濟及文化的差異導致的學習差距，追求學業成就的實質平等機會。

　　要真正理解教育公平這一詞，就要釐清「平等」(equality) 和「公平」
(equity) 的分別。這兩個詞的詞意相近，據《現代漢語詞典》的解釋，「平
等」是指：「人們在社會、政治、經濟、法律等方面享有相等的待遇」，而
「公平」是指：「處理事情合情合理，不偏袒一方面」。「平等」是強調某種
「同」有同一尺度，重視數量、程度和品質的一致性；「公平」則含有某種
「異」，即前提是承認有差異，含有的價值判斷比「平等」抽象，具道德意
味、倫理性和歷史性。「公平」不代表「平等」，反之亦言，「多勞多得」正
好說明這一概念 (楊東平，2006)。

　　綜觀上述學者的看法，本書對教育公平的定義是：「公平地對待每一個
人，讓每一個人不因 ESCS 而導致學習差距」。本文對教育公平的研究將運
用 PISA 2006 的數據，集中分析學生階層和學校階層 ESCS 對科學素養表現
的影響，並探討影響學校 ESCS 與學校科學素養表現的中介變項，從而提出
補償學生學習差距的改善政策。

2.2　教育公平研究的回顧

本節回顧華人地區及西方關於教育公平的研究。下面先闡述華人地區的情況：

在理論分析方面，郭彩琴 (2004) 從哲學角度，考察了西方新自由主義及新保守主義教育公平理論的特點，指出並不存在普遍適用及永恆不變的教育公平理論，各地應以現實緯度構建教育公平政策。曹考元 (2005) 以 Cooper 的教育公平論及政治哲學的自由主義論出發，從「個人教育資源取得的正當性」及「政府教育資源分配的公平性」兩面向進行分析，揭示了公平與自由的不必然衝突之邏輯關係；闡述教育資源取得及運用的合理性在教育公平上的意義，以及或因教育實質內容可能導致的不公平。師東海 (2011) 透過政治學的視角，對教育公平展開理論研究，試圖構建關於教育公平問題的政治學理論基本框架體系。翁文艷 (2001) 則從倫理學、經濟學及法學角度闡述教育公平的意義。

在比較和政策研究方面，樂先蓮 (2007) 從個體、學校和社會三個層面對高經濟開發國家當前面臨的教育公平問題及其解決策略進行分析，指出這些國家存在入學機會不均、教育過程和教育結果不均等問題，其城鄉、區域和階層間也存在教育不均問題，而且仍有為數不少的薄弱學校。王雪梅、張玉霞和陳立峰 (2007) 以美國、英國、日本、法國為例，介紹了高經濟開發國家對教育公平所作的努力；同一研究亦介紹及評價了聯合國教科文組織 (United Nations Educational, Scientific and Cultural Organization, UNESCO) 和世界銀行對推進教育公平作出的貢獻。薛二勇、方展畫 (2007) 對美國教育補償性政策進行闡述。劉寶存、楊秀治 (2005) 分析了西方社會選校制度的沿革及其利弊，指出選校制度在一定程度上提高了教育的質量和效率，但對教育公平產生了消極影響。此外，王一兵 (2003) 認為發展中國家現行高等教育政策存在嚴重的社會公平問題，將造成貧富之間接受高等教育機會的差距進一步擴大。趙萍 (2007) 以教育公平為切入點，回顧了比較教育研究對教育公平問題的認識發展過程，並結合聯合國教科文組織的有關文獻和行動，剖析了該組織推動教育公平的內在邏輯。

針對中國的研究方面，楊東平 (2000) 的分析指出中國在教育公平的問

題在於：(1) 東中部與西部地區教育差別加大；(2) 農村教育問題尚需改善；(3) 社會階層逐漸分化，弱勢群體和貧困學生問題突出；(4) 女性教育和少數民族教育發展不均衡等方面。楊東平 (2000) 及郭彩琴 (2004) 皆認為導致中國教育機會不均的原因包括：(1) 教育資源配置的失衡；(2) 重點學校制度加劇了教育不公；(3) 教育政策中的「城市取向」；(4) 高等教育入學機會不公。Cheng、Lin、Lin 和 Zhu (2008) 以浙江省的實證數據分析教育財政改革對教育公平的影響，發現教育財政改革促進水平公平 (horizontal equity) (即相同地位者受相同對待)，而垂直公平 (vertical equity) (即不同地位者受相同對待) 則未有顯著改善。師東海 (2011) 在構建理論框架的基礎上，對中國教育公平問題進行實證考察分析，並分別從教育權利、教育資源和教育權力三個方面展開討論。

研究者亦對國外教育公平研究或政策進行整理，綜述如下：

McMahon (1978; 1980) 指出財富分配不均，必然造成教育機會在不同區域的不公平現象，McMahon 亦從教育經濟學角度提出教育水平公平概念，指收入和社會地位相若者，受到相若的教育機會時所體現的公平性，然而 McMahon (1978) 以稅項及教育支出的觀點進行分析，發現美國社會存在水平式的教育不公平現象。Cooper (1980) 運用政治哲學的理論討論教育公平問題，在三個方面闡析了教育公平的相關議題：(1) 公平和卓越在教育資源分配與教育政策或措施上的體現，包括學校與教育資源的分配、學生分流機制、入學標準與教育機會均等問題；(2) 探究教育公平與個人背景的關係，後者包括父母對子女的栽培、SES 及社會階層等；(3) 知識、文化及課程在教育公平中所扮演的角色。值得注意，Cooper 認為公平與卓越是緊扣在一起的，不提倡卓越等同於反對公平。

政策方面，美國在 21 世紀面對的最大教育挑戰之一，是縮減學生在標準化測試 (standardized tests) 中的成就差距，而針對縮減不同種族學業表現差異的政策，1965 年的《中小學教育法》(Elementary and Secondary Education Act, 簡稱 ESEA) 及 2001 年頒布的《不讓一個孩子掉隊》(No Child Left Behind Act, 簡稱 NCLB) (Kim & Sunderman, 2005)，該法案通過績效責任 (accountability)、靈活性 (flexibility) 以及選擇 (choice) 來消除學業成績差距，以保證沒有一個兒童落後 (NCLB, 2001)，為達到教育結果公平；該法案要求 2013/2014 學年起，所有學校及學生在閱讀和數學課都必須達到

相同的學業標準，也就是通過標準化閱讀和數學測驗 (NCLB, 2001)。另一方面，Wößmann (2008) 則通過對歐洲教育和培訓政策的分析，說明這些國家如何兼顧教育公平和教育效能，其中，這些國家尤其關注劣勢學生在低年級的教育需要。該研究進一步指出，以教育產出為導向的教育改革 (output-oriented reforms) 有助於同時實現教育公平及提高教育效能。

此外，西方有大量從教育政策和體制差異角度出發的研究，分析學生和學校表現間的教育不公平現象 (Alegre & Ferrer, 2009)。如 OECD (2007a)指出結構越鬆散的教育體系，SES 可以解釋的學生學業表現之變異越高。此外，公私校體制的資源分配 (Dronkers & Robert, 2008)、學校網絡的多元化 (如學校宗教取向、專門化的學校體系、強制就近入學還是自主入學等) (Gammarnikow & Green, 2003)、家長選校規範及自主度 (West, 2006) 等，亦會對學校學生分布及教育公平產生影響。再者，Ready、Lee 和 Welner (2004)討論教育公平與學校組織架構的關係，並分析學校規模、學校學生過多及學校中的學校 (schools-within-schools) 等對教育公平的影響，並分析了上述三個因素對不同階層學生學業表現的作用，其結果發現，學校規模宜維持在600-900 人，建立新學校乃改善學校學生過多問題的合宜方式。該研究亦指出如何建立校內學習群組，可以改善校內階層分化的問題。

至於應用大型國際調查數據進行分析的研究，以 Duru-bellat 和Suchaut (2005) 為例，他們通過對 PISA 測試數據的分析，指出各國家 / 經濟體的教育公平只屬程度上的不同，任何對學生入學的限制、按特定要求 (如學業表現) 分班及學校分流制度等，均未改善平均水準甚至高水準學生的表現，同時加劇了教育系統的不公平。Alegre 和 Ferrer (2009) 以 PISA 2006 的數據分析影響 32 個 OECD 經濟體教育公平的學校因素，發現義務教育中的私校體制、學校對收生的自主性、學生入讀學校的公共規範或形式等，均會加劇學校中社會性分化現象。

總括而言，教育公平乃中西方學術界所關注的議題。如文獻所述，研究者發現華人地區的研究多屬理論分析、比較教育或政策研究分析，且側重於教育經濟學範疇的公平性討論；國外當前的研究則主要關注入學機會、教育條件及學業成功機會的公平。其中，Cooper (1980) 和 Wößmann (2008)皆強調教育公平和教育卓越兼顧的重要性或可行性。Duru-bellat 和 Suchaut (2005)、Alegre 和 Ferrer (2009) 則以 PISA 數據分析了西方經濟體教育公平

的現況、問題及改進措施；亦有部分學者探討了學校因素對教育公平的影響 (Alegre & Ferrer, 2009; Dronkers & Robert, 2008; Gammarnikow & Green, 2003; Ready, Lee & Welner, 2004; West, 2006)。本書則以上述文獻為基礎，試以 PISA 2006 數據分析澳門教育公平的實況，作為澳門教育追求公平和品質的政策參考依據。

以下應用 PIRLS 2001 和 PISA 2003 評估計劃有關教育公平的結果進行探討，由於澳門沒有參與 PISA 2000 評估計劃，因此本書只能展示 PISA 2003 的結果，並以 PIRLS 2001 的相關數據作參考分析，而 PISA 2006 評估計劃有關教育公平的結果將於第 4 章作詳細分析。

2.2.1　PIRLS 2001 關於教育公平的研究結果

PISA 不是唯一的國際評估計劃，早於 1959 年，在聯合國教科文組織的推動下，國際教育成就委員會成立，國際教育成就評鑑協會 (International Association for the Evaluation of the Educational Achievement, IEA) 在 1964 年就舉行了第一次國際數學研究 (First International Mathematics Study, FIMS)，有 19 個國家參加。隨後 IEA 也舉行了多次的國際性測試，如 1988 年 IEA 舉辦的國際性教育進展評鑑 (International Assessment of Educational Progress, IAEP)；於 1980 年又舉行了第二次國際數學成就調查 (Second International Mathematics Study, SIMS)，共有 24 個國家參與；IEA 綜合科學和數學的研究於 1995 舉行了第三次國際數學與科學教育成就研究 (Third International Mathematics and Science Study, 以下簡稱 TIMSS)；以後，IEA 每 4 年進行相關的研究，遂改名為 Trends in International Mathematics and Science Study，簡稱仍為 TIMSS，習慣上稱為 TIMSS 1995、TIMSS 1999、TIMSS 2003 和 TIMSS 2007。至 TIMSS 2007 共有 67 個國家 / 經濟體參與 (Martin, Mullis & Chrostowski, 2004)。可見，IEA 有 40 多年的國際評量歷史 (Ruddock et al., 2004)。

此外，IEA 於 2001 年舉辦了第一輪全球學生閱讀素養進展評估計劃 (Progress in International Reading Literacy Study, PIRLS)，有 35 個國家 / 經濟體參加。PIRLS 的研究對象是各國的小學四年級學生，目的是研究世界各國或地區就讀小學四年級兒童的閱讀素養。PIRLS 第一輪調查於 2001 年實施，其結果於 2003 年公布，有關 PIRLS 對教育公平的研究主要針對家庭

SES 和閱讀素養表現之間的關係變化。圖 2-1 是參與 PIRLS 2001 的國家 / 經濟體的 SES 與閱讀素養的關係，從這些 SES 的坡度線，可以看到無論那一個國家 / 經濟體，家庭的 SES 與閱讀素養表現都存在著正相關——即學生的 SES 越高，相對地其閱讀素養表現越高。這個結果與多項研究的結果一致 (Japel, Normand, Tremblay & Willms, 2002; Sameroff, Seifer & Elias, 1982)。PISA 2006 評估計劃中 ESCS 與科學素養表現的關係與這點一致 (見第 4 章)。

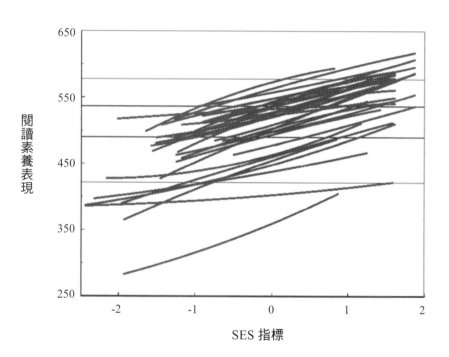

資料來源：Mullis, Martin, Gonzalez & Kennedy (2003)。

圖 2-1　PIRLS 2001 閱讀素養表現與家庭 SES 的關係圖

2.2.2 PISA 2003 關於教育公平的研究結果

PISA 2003 評估計劃焦點集中於數學素養，以及解難能力。參與 PISA 2003 評估計劃有 41 個國家 / 經濟體，包括 30 個 OECD 成員國和 11 個非 OECD 成員國家 / 經濟體。澳門屬參與計劃的非 OECD 經濟體，對就讀 39 所學校 (其中 37 所私立及 2 所公立學校) 的 6,992 名學生進行隨機抽樣，抽取了當中的 1,250 名學生進行測試。結果顯示澳門學生表現不俗 (見表 2-1)，數學素養表現位列第 9、科學素養表現位列第 7、而閱讀素養表現位列 15 (OECD, 2004)。

表 2-1　PISA 2003 參與國家 / 經濟體的素養表現

科學素養表現			數學素養表現			閱讀素養表現		
國家/經濟體	平均值	標準誤	國家/經濟體	平均值	標準誤	國家/經濟體	平均值	標準誤
芬蘭	548.23	1.92	香港	550.38	4.54	芬蘭	543.46	1.64
日本	547.64	4.14	芬蘭	544.29	1.87	南韓	534.09	3.09
香港	539.50	4.26	南韓	542.23	3.24	加拿大	527.91	1.75
南韓	538.43	3.54	荷蘭	537.82	3.13	澳洲	525.43	2.13
列支敦士登	525.18	4.33	列支敦士登	535.8	4.12	列支敦士登	525.08	3.58
澳洲	525.05	2.10	日本	534.14	4.02	紐西蘭	521.55	2.46
澳門	524.68	3.03	加拿大	532.49	1.82	愛爾蘭	515.48	2.63
荷蘭	524.37	3.15	比利時	529.29	2.29	瑞典	514.27	2.42
捷克	523.25	3.38	澳門	527.27	2.89	荷蘭	513.12	2.85
紐西蘭	520.90	2.35	瑞士	526.55	3.38	香港	509.54	3.69
加拿大	518.75	2.02	澳洲	524.27	2.15	比利時	506.99	2.58
瑞士	512.98	3.69	紐西蘭	523.49	2.26	挪威	499.74	2.78
法國	511.23	2.99	捷克	516.46	3.55	瑞士	499.12	3.28
比利時	508.83	2.48	冰島	515.11	1.42	日本	498.11	3.92
瑞典	506.12	2.72	丹麥	514.29	2.74	澳門	497.64	2.16
愛爾蘭	505.39	2.69	法國	510.80	2.50	波蘭	496.61	2.88
匈牙利	503.28	2.77	瑞典	509.04	2.56	法國	496.19	2.68
德國	502.34	3.64	奧地利	505.61	3.27	美國	495.18	3.22
波蘭	497.78	2.86	德國	502.99	3.32	丹麥	492.32	2.82
斯洛伐克	494.86	3.71	愛爾蘭	502.84	2.45	冰島	491.75	1.56
冰島	494.75	1.47	斯洛伐克	498.18	3.35	德國	491.36	3.39
美國	491.26	3.08	挪威	495.19	2.38	奧地利	490.69	3.76
奧地利	490.98	3.44	盧森堡	493.21	0.97	拉脫維亞	490.56	3.67
俄羅斯	489.29	4.14	波蘭	490.24	2.5	捷克	488.54	3.46
拉脫維亞	489.12	3.89	匈牙利	490.01	2.84	匈牙利	481.87	2.47
西班牙	487.09	2.61	西班牙	485.11	2.41	西班牙	480.54	2.6
義大利	486.45	3.13	拉脫維亞	483.37	3.69	盧森堡	479.42	1.48

(續) 表 2-1　PISA 2003 參與國家 / 經濟體的素養表現

科學素養表現			數學素養表現			閱讀素養表現		
國家/經濟體	平均值	標準誤	國家/經濟體	平均值	標準誤	國家/經濟體	平均值	標準誤
挪威	484.18	2.87	美國	482.88	2.95	葡萄牙	477.57	3.73
盧森堡	482.76	1.50	俄羅斯	468.41	4.2	義大利	475.66	3.04
希臘	481.02	3.82	葡萄牙	466.02	3.4	希臘	472.27	4.1
丹麥	475.22	2.97	義大利	465.66	3.08	斯洛伐克	469.16	3.12
葡萄牙	467.74	3.46	希臘	444.91	3.9	俄聯邦	442.2	3.94
烏拉圭	438.37	2.90	塞爾維亞 / 黑山	436.87	3.75	土耳其	440.97	5.79
塞爾維亞 / 黑山	436.37	3.50	土耳其	423.42	6.74	烏拉圭	434.15	3.43
土耳其	434.22	5.89	烏拉圭	422.21	3.28	泰國	419.91	2.81
泰國	429.06	2.70	泰國	416.98	3.00	塞爾維亞 / 黑山	411.74	3.56
墨西哥	404.9	3.49	墨西哥	385.22	3.64	巴西	402.80	4.58
印尼	395.04	3.21	印尼	360.16	3.91	墨西哥	399.72	4.09
巴西	389.62	4.35	突尼西亞	358.74	2.54	印尼	381.59	3.38
突尼西亞	384.69	2.56	巴西	356.02	4.83	突尼西亞	374.63	2.81

資料來源：整理自 OECD (2004)。

　　圖 2-2 展示了 PISA 2003 數學素養平均表現高於 OECD 平均的 7 個國家 / 經濟體 (香港、澳門、芬蘭、加拿大、日本、澳洲、冰島)。圖中最值得注意之處有：(1) 澳門 ESCS 與數學素養表現的坡度線其斜率最平緩，可見澳門的 ESCS 對數學素養表現的影響最低，初步顯示出澳門教育公平的現象；(2) 澳門的 ESCS 指標處於較低的水平，範圍為 -0.25 至 0.5 之間。雖然如此，在這 7 個國家 / 經濟體中，若將澳門與其他國家 / 經濟體的坡度線相比，除香港外，在相同 ESCS 指標上，澳門的數學素養精練水平都處於較高的位置，即在相同 ESCS，澳門 15 歲的中學生的素養表現有明顯優勢。

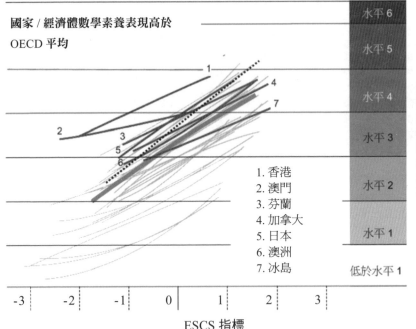

資料來源：OECD (2003: 179)。

圖 2-2　PISA 2003 高數學素養表現國家之 ESCS 對數學素養表現的關係

　　圖 2-3 展示了參與 PISA 2003 的 39 所澳門學校及全體 ESCS 與數學素養表現的關係。由於澳門全體學生 (圖 2-3 的實線) 或學校之內 (圖 2-3 的幼虛線)，其數學素養表現的 ESCS 坡度線屬於低坡度，說明澳門教育公平的現象。若再看代表澳門學校之間的 ESCS 坡度線 (圖 2-3 中的粗虛線)，坡度線明顯陡峭，而這部分位於 ESCS 指標較低的 -1.8 至 -0.5 間，即較低 ESCS 的學校的數學素養表現較低，可見教育平中存在不公平的現象，這點與 PISA 2006 的評量結果一致 (見第 7 章)，這也是本書分析 PISA 2006 評估計劃重要參照。當考慮圖中大小不同的圓點時 (圖 2-3 中每個圓點代表不同的學校，圓點的面積越大代表接受抽樣測試的學校學生人數越多)，不難發現數學素養表現較低的學校都集中在 ESCS 指標較低的水平，換言之，只要家長能選中及其子女被取錄於某一所 ESCS 較高的學校，其子女就能得到較高或中等的數學素養表現。由此，發現 PISA 2003 計劃中學校家長選校考慮或學校收生政策可能對教育公平有重要的影響。

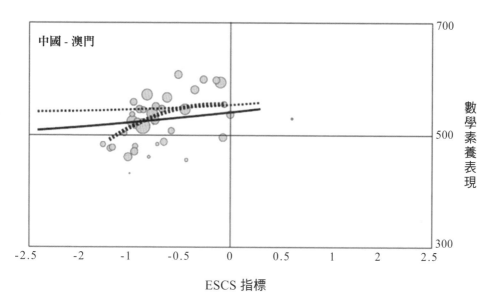

中國 - 澳門

ESCS 指標

數
學
素
養
表
現

資料來源：OECD (2003: 202)。
註：——：澳門全體學生數學素養的 ESCS 坡度線
    ····：澳門學校之內數學素養的 ESCS 坡度線
    ▪▪▪▪：澳門學校之間數學素養的 ESCS 坡度線

圖 2-3　PISA 2003 澳門學生、學校之內和學校之間數學素養表現與 ESCS 依存關係

2.3　研究教育公平時所涉及的 SES 和 ESCS

上述的 PIRLS 及 PISA 兩項重要的全球性國際評估計劃，它們都分別以 SES 或以 ESCS 作為研究教育公平的切入點，這亦為研究者提供了分析澳門教育公平問題的方向。自 Coleman 於 1966 年發表的《教育機會均等》(Equality of Educational Opportunity，也稱 Coleman Report) 報告以來，較多學者都相信 SES 與學生學業成就存在著中等至高度強度的關係。Sirin (2005) 曾對 1999 年至 2000 年期間多份有關 SES 與學生學業成就的報告結果進行綜合分析，亦發現 SES 與學生學業成就有中等至低度的關係。由於本書是透過 PISA 2006 探究澳門基礎教育的教育公平問題，故必須深入瞭解 SES 和 ESCS 的內涵。

2.3.1　SES 的概念和測量方法

　　SES 反映個人的社會階層和知識水平，包括個人的教育程度、職業、資產和收入等。學者對 SES 的定義有不同的看法，Kohn (1979) 認為 SES 是反映個人在社會中的權力與民望等重要階層差 。Emda 和 Bati (1995) 指出社會權力不平均、以及資源的優劣勢造成社會結構階層化，SES 是用來指出個人在階層性的社會結構中位置的指標。簡茂發 (1984) 則認為種族、膚色、信仰、文化、聲望、財富、管教、親子等因素，都可涵蓋在 SES 之內。

　　由於 SES 是複雜而非單一變化的實體，學者對 SES 所採用的測量方法並不一致。茲將各學者較常用來測量 SES 的方法，分述如下：

(1) **聲譽評定法**：此法適用於小社區，由社區知名人士或熟悉該社區者評估被訪者的 SES。此法於大城市或國家較難實行，美國 1940 年代的 Yankee Study 即為此法的代表 (張華葆，1987)。

(2) **主觀測量法**：是憑著被訪者的個人感覺，自行決定其所屬的 SES 高低，如：被訪者認為自己是屬於高、中或低 SES，優點是能直接從被訪者得知 SES，無需進行分類編碼。但結果受到被訪者的自我知覺或自我形象所影響，被訪者常不能確知自己所屬的 SES，或常把自己設定在中間的水平 (林義男、王文科，1998)。

(3) **客觀測量法**：用客觀事實來衡量被訪者的 SES，用以區分 SES 的指標，其包括：資產、收入、消費、教育、社區、職業等，但一般以教育、收入所得、職業為主。此種方法是藉著指標或量尺去區分 SES，具有客觀性、大大減低個人偏見 (林義男、王文科，1998)。

　　PISA 評估計劃正是採用客觀測量法，藉指標或量尺來評估學生家庭的 ESCS (PISA 評估計劃以 ESCS 代替 SES，詳見下一節)，因而減少個人偏見，令研究結果更有效度。

　　此外，White (1982) 曾對 70 個最常用的 SES 指標進行分析，結果發現家長的職業、教育程度、家庭收入、家居品質是最常被用來作為 SES 的指標。而由於學童在求學時期未有經濟基礎，所以 Demo 和 Savin-Williams (1983) 認為對未成年的學童則應該以家長的 SES 來測量。

2.3.2　PISA 2006 中 ESCS 建構的內涵

　　參考 OECD (2005)、OECD (2009a)，以及 OECD (2009b) 等多份有關

PISA 的技術報告，PISA 評估計劃在不同的循環周期對 ESCS 指標的組成都不盡相同，這是由於社會經濟勞動市場改變和數據分析工具進步的緣故。PISA 評估計劃亦因此以 ESCS 代替 SES，兩者實質意義相差不大，但測量的內涵就有所不同。PISA 期望透過這些演變更能反映學生家庭的 ESCS。

PISA 2006 的 ESCS 主要是由三個部分組成：(1) 家長最高教育程度相應教育年期 (The higher parental education expressed as years of schooling, 以下簡稱 PARED)；(2) 父或母最高國際職業社經指標 (Highest international socio-economic index of occupational status of father or mother, 以 下 簡 稱 HISEI)；(3) 家庭資產指標 (Household Possessions, 以下簡稱 HOMEPOS) (OECD, 2009a: 316-317)。而 HOMEPOS 是由家庭的財富 (WEALTH)、文化財產 (Cultural Possessions, 以下簡稱 CULTPOSS) 和家庭教育資源 (Home Educational Resources, 以下簡稱 HEDRES) 以及家庭中書籍的擁有量組成。圖 2-4 展示了 PISA 2006 的 ESCS 建構內涵。

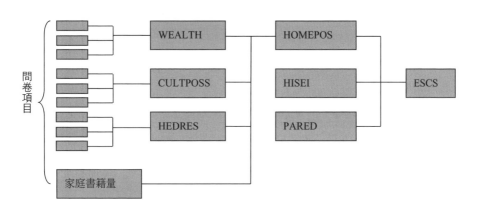

圖 2-4　PISA 2006 的 ESCS 組成結構圖

以下將對 PISA 2006 中 ESCS 三個主要部分作詳細闡述，並探討 PISA 2006 學生問卷項目內容所收集的學生 ESCS 資料。

2.3.2.1　與家長最高教育程度相應教育年期

與家長最高教育程度相應教育年期 (PARED) 由參與測試學生填寫學生問卷而得，學生回答有關父母教育的程度，然後 PISA 利用聯合國教科文組

織之國際教育學術領域分類 (International Standard Classification of Education, 以下簡稱 ISCED) 以獲得國際的教育程度，目的為了提高其可比性 (OECD, 1999)。各級別的 ISCED 後面數目字代表不同的教育程度與年限，而隨後的 英文字母 A、B 和 C 分別代表：A 是一般的課程，課程設置是為了學生畢業 後進入另一階段的課程；B 是職業課程，課程設置也是為了學生畢業後進入 另一階段的課程；C 的課程設置是為了學生畢業後進入勞動市場，ISCED 的 總體架構及學生修讀課程轉移型式如圖 2-5。

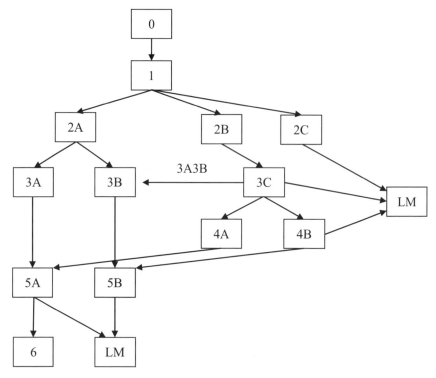

資料來源：UNESCO (1999)。
註：LM 代表勞動市場 (Labor Market)。

圖 2-5　國際教育學術領域分類 (ISCED) 總體架構

PISA 將 ISCED 中學生父母的教育程度分為：

(0) ISCED=0, 表示沒有小學畢業；

(1) ISCED=1, 表示小學畢業；

(2) ISCED=2, 表示初中畢業；

(3) ISCED=3B or 3C, 表示職業學校畢業或職業預備學校畢業；

(4) ISCED=3A or 4, 表示高中畢業或非高等教育的中等教育；

(5) ISCED=5B, 表示高等專業證書；

(6) ISCED=5A or 6, 表示學士或碩士畢業。

由於各地相對應的教育程度術語不同，所以學生被要求根據國家 / 經濟體標準術語來評定其父母最高的教育程度。例如，ISCED=5A 在澳門 PISA 2006 代表「學士」，但在美國代表「學士學位」、「研究生證書課程」、「碩士學位課程」或「第一專業證書課程」。父母的教育程度是由學生問卷中的 ST06、ST07、ST09 和 ST10 四條問題而得，其中兩條描述父親另有兩條平行的問題描述母親 (見附錄 1)。

從學生填寫的答案得出母親教育程度 (MISCED) 和父親教育程度 (FISCED)，取家長其中一方較高的教育程度作為父母親最高教育程度 (HISCED)，然後按 HISCED 得出其相對應的 PARED (OECD, 2009a: 305) (見附錄 3)。

2.3.2.2　父或母最高國際職業社經指標

父或母最高國際職業社經指標 (HISEI) 是指父親或母親所從事的最高職業級別。PISA 按照國際勞工組織 (International Labour Organization, 以下簡稱 ILO) 的國際標準職業分類 1988 年版 (1988 International Standard of Classification of Occupations, 以下簡稱 ISCO-88) 進行編碼 (ILO, 1990)，再將父母職業代碼類別轉換成國際職業社會經濟指標 (International Socio-economic Index of Occupational Status, 以下簡稱 ISEI) (Ganzeboom, Graaf & Treiman, 1992)，ISEI 給予每個職業一個指標分數。

學生父母的職業是透過學生問卷的 ST05a、ST05b、ST08a 和 ST08b 獲得，四條題目全屬開放性。其中兩條描述父親，另外兩條平行的問題描述母親 (見附錄 2)。學生的回答結果會被編成 4 位數字的 ISCO-88 代碼，再將代碼轉換成 ISEI 指標。獲得母親職業經濟指標 (BMMJ) 和父親職業經濟指標 (BFMJ)，再取這兩指標中最高者為最高國際職業社經指標 (HISEI)。ISEI 指標越高即代表職業社會地位有更高的水平。ISEI 指標最低是 16 分，最高是 90 分 (見附錄 4)。

ISCO-88 將職業分九大類，4 位數字的 ISCO-88 中第一個數字代表這九

大類的職業，每大類分不同組別或項目，全數共有 542 項，分別由編碼的第二、三和四個數字代表。表 2-2 展示了 PISA 2006 的 ISCO-88 職業聲望表的分類，及其相對職業類別的教育程度。

表 2-2　ISCO-88 職業聲望分類表

	職業類別	所需的教育程度	職業項目	數目
1	立法機構成員、高級官員、經理	不一定	立法機構成員、高級官員、中小型企業經理、總經理、商人	45
2	專業人士	不低於學士學位	工程師、醫生、律師、會計師、高/中等教育專業人員	75
3	技術員及輔助專業人員	相應修讀高等專科教育程度	工程技術員、小幼教師、護士、繪圖員、保險業經紀	94
4	文員	相應初中教育、高中教育、職業培訓、職業技術程度	辦公室文員、秘書、接待員、出納員、諮詢文員	32
5	服務生及售貨員	相應初中教育、高中教育、職業培訓、職業技術程度	旅遊服務生、美容師、警察、保安、廚師、侍者、銷售員	33
6	漁農業熟練工人	相應初中教育、高中教育、職業培訓、職業技術程度	花農、漁夫、動物飼養員、動物訓練員	28
7	工藝及相關工人	相應初中教育、高中教育、職業培訓、職業技術程度	手工藝師、建築工人、木匠、成衣工人、麵包師	97
8	機器設備操作工及組裝工	相應初中教育、高中教育、職業培訓、職業技術程度	機械操作人員、司機、裝配員	92
9	非技術性工作	相應於小學教育程度	清潔工人、家庭雜工、流動小販、建築雜工、搬運工人	46

資料來源：整理自 ILO (1990)。

　　上述九類工作中，每一類別都有不同的職業數目，介乎 28 至 97 種。雖然由第 1 類至第 9 類職業聲望層次有漸減的情況，但 ISEI 指標最高不一定出現在第 1 類中。例如：在第 2 類中，編號為 2422 代表「法官」的職業最高是 90 分。而最低的 16 分雖然在第 9 類較多，但仍然可以在其他類別發現。例如，在第 6 類中，編號為 6200 代表「非市場導向農業及漁業工人」的職業，也是 16 分 (見附錄 4)。

2.3.2.3　家庭資產指標

　　PISA 2006 家庭資產指標 (HOMEPOS) 主要由三項目組成，包括：(1) 財富 (WEALTH)：是指學生家中擁有的物件和資源，例如：有屬於自己的房間、可以連上的互聯網等；(2) 文化財產 (CULTPOSS)：是指學生家中具備古典的文學讀物 (如：紅樓夢)、詩、詞集、藝術作品 (如：油畫) 等；(3) 家庭教育資源 (HEDRES)：是指學生家中擁有用來學習的書桌、安靜學習的地方、可以用來做功課的電腦、對功課有幫助的書籍和字典等。此外，HOMEPOS 還包括學生家中書籍的擁有量。

　　因此，HOMEPOS 是指學生家中 WEALTH、CULTPOSS 和 HEDRES，以及擁有家庭書籍數量組合而成。HOMEPOS 所組成的數據資料來自學生填寫的問卷，涉及三條題目，分別是：(1) 在你家中有下列哪些東西 (ST13) ？學生需選出「是」或「否」作答；(2) 在你家中下列物品的數量有多少 (ST14) ？學生需從「沒有」、「一個」、「二個」或「三個或以上」選其一；(3) 你的家中有多少本書 (ST15) ？填寫時要求學生不要將雜誌、報紙或學校教科書計入其中，學生在六項中任選其一包括：「0-10 本書」、「11-25 本書」、「26-100 本書」、「101-200 本書」、「201-500 本書」或「500 本書以上」。雖然 ST15 分了六項，但 PISA 在分析時統整為：「0-25 本書」、「26-100 本書」和「多於 100 本書」三類作分析。問卷相關的內容如表 2-3 所示。表中的「＊」號代表內容所代表的構面。如 WEALTH 是由十一項的小題目組成。

　　為了更能貼切各地的實際情況以反映學生家庭資產的狀況，WEALTH 其中三條是國家 / 經濟體特定的財富項目，澳門的三個特定項目分別是：遊戲機、數位相機和 MP3 播放機。

表 2-3　PISA 2006 中 HOMEPOS 相關的問卷項目

題號	問卷項目	財富 WEALTH	文化財產 CULTPOSS	家庭教育資源 HEDRES	家庭財產 HOMEPOS
ST13	在你家中有下列哪些東西？				
ST13Q01	用來學習的書桌			*	*
ST13Q02	屬於你自己的房間	*			*
ST13Q03	安靜學習的地方			*	*
ST13Q04	可以用來做功課的電腦			*	
ST13Q05	教育方面的電腦軟體			*	*
ST13Q06	可以連上互聯網	*			*
ST13Q07	自己專用的計算機			*	*
ST13Q08	古典文學讀物(例如：紅樓夢)		*		*
ST13Q09	詩、詞集		*		*
ST13Q10	藝術作品(例如：油畫)		*		*
ST13Q11	對功課有幫助的書籍			*	*
ST13Q12	字典			*	*
ST13Q13	洗碗機	*			*
ST13Q14	DVD 或 VCR 播放器	*			*
ST13Q15	〈國家/經濟體系特定財產項目 1〉	*			*
ST13Q16	〈國家/經濟體系特定財產項目 2〉	*			*
ST13Q17	〈國家/經濟體系特定財產項目 3〉	*			*
ST14	在你家中下列物品的數量有多少？				
ST14Q01	行動電話	*			*
ST14Q02	電視	*			*
ST14Q03	電腦	*			*
ST14Q04	汽車	*			*
ST15	你的家中有多少本書？				*

資料來源：OECD (2009a: 316)。

　　可見，由 PARED、HISEI 和 HOMEPOS 三項指標組合而成的 ESCS，不能直接從 PISA 問卷調查中取得，只能利用學生家庭背景等項目取得近似數據。PISA 在設計問卷時，也考慮問題背後想要分析的內容，有些問題設計成簡單項目，為的是要得學生的性別和就讀年級等。但 PISA 有更多的題目設置是為了將多個簡單項目組成一個綜合的指標，這些指標不能直接測量，需要經過比例量尺建構過程才能得出有用的指標。因此，PISA 將指標分為簡單指標 (Simple Index) 和比例指標 (Scale Index) 兩大項。簡單指標

是指直接的算術轉換或對一項或多項分類重新編碼，如將學生的性別使用「1」代表女，「2」代表男，是直接的算術轉換；如由 ISCO-88 編碼為 ISEI 指標，是對一項或多項分類重新編碼。以上兩者均屬簡單指標。比例指標是將多個項目評分轉為量尺建構而成，比例指標是一個潛在特徵的估計值，這些估計值是經過應用項目反應理論 (Item Response Theory, 以下簡稱 IRT) 將二分 (Dichotomous) 評分或多於兩分的李克特 (Likert) 評分轉為量尺，PISA 是利用 ACER ConQuest 統計軟體進行 IRT 分析。

PISA 對指標的量化採用了加權極大似然估計 (Weighted Maximum Likelihood Estimation, 以下簡稱 WLE) (Warm, 1989)。量化的步驟是：首先用每個 OECD 成員國家的學生的等組子樣本估計項目參數，然後通過錨定得出的項目參數計算所有學生和學校的估計值，最後再對指標進行標準化，使 OECD 成員國的學生總體的 ESCS 的指標平均值為 0，標準差為 1。在標準化過程中，所有成員國家都賦予相同的權重。ESCS 為負值時，學生的 ESCS 與參與 PISA 的 OECD 國家／經濟體學生的 ESCS 平均值比較時水平較低，反之亦然。

此外，PISA 沒有對受測試學生進行追縱研究，只利用 IRT 對在各測試循環的共通項目進行共同試題等化 (Common Item Test Equating) 的研究，以便檢視模型的參數在統計上是否存在顯著差異 (張國祥，2006)。因此，加強了 ESCS 在各循環中的可比性。

2.4　Douglas Willms 倡議促進教育公平的干預政策

本書探討澳門基礎教育的教育公平問題，會提出不同干預政策，一方面提升學生的學習表現，另一方面減低教育不公平的現象，讓學生不會因為 ESCS 的差距而導致學習的差距。

消弭教育不公平現象的干預政策有不同的種類，不同的學者自有其不同的見解。其中，PISA 以 Willms (2006) 的發現為基礎，分析學生及所屬學校的教育品質和教育公平 (OECD, 2007a: 170)。該研究報告進一步根據 Willms (2006) 的干預性政策，建議各個國家／經濟體視乎自身 ESCS 情況、及其與素養的關係而採取應對措施，例如：不考慮學生背景下，針對低表

現學生進行各類補救或預防性教育活動；或針對低 ESCS 學生，輔以教育資源或經濟上的補助等 (OECD, 2007a)。事實上，已有具影響力的研究使用 Willms (2006) 的理論架構進行與教育社經政策相關的分析和討論，如 OECD (2007a; 2010b) 解釋 ESCS 對教育產出的影響，試圖解釋各國家 / 經濟體存在差異的原因，同時給予合宜的政策建議；Willms (2010) 探討學校 ESCS 因素對學生教育產出的作用及其應對策略；以及 OECD (2011) 提出幫助學生對抗低 ESCS 逆境的政策建議等。

本書以 PISA 2006 數據，應用 ESCS 對科學素養的影響來探討教育公平的問題，因此，有必要對 Willms (2006) 的理論及干預性政策作深入分析，探討 Willms 干預性政策對澳門教育公平的政策啟示，以至其在澳門實施的可行性 (詳見第 10 章)。

Douglas Willms 倡議促進教育公平的五種干預政策是以學生 ESCS 和學生學習表現作為基礎，現扼要論述如下 (Willms, 2006; 2010)。

2.4.1　全面性干預政策 (以全體學生為本的政策取向)

全面性干預政策目的是改變學校結構來提升孩子的學習環境。例如，在美國有研究顯示，全面性干預政策可以是縮小學校的規模，增強師生良好的關係，也可以減少學生紀律的問題。此外，全面性干預政策還可以是加強家校合作，如推動家長參與學校活動，並發動家長成為志願者，以及讓家長參與學校管理等。全面性干預政策大多是改變教師的教學方法，讓教師定期接受教學方法、評估方法、課堂管理等在職培訓，或加強學校教育系統的責任制等項目。

全面性干預政策試圖提高所有學生的學習成績，一般涉及改變課程的內容和教學技巧，甚至學校和教室的學習環境。有學者解釋 PISA 2000 測試結果，認為全面性干預包括：推出課程改革、減少班級人數、調整幼稚園入學年齡、增加閱讀指導時間等 (OECD, 2004)。圖 2-6 中虛線表示成功實施全面性干預政策後所產生的影響及結果。

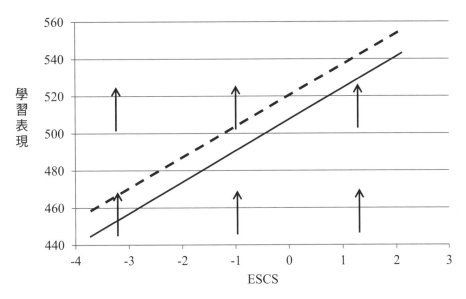

圖 2-6　全面性干預政策對學習表現的影響

2.4.2　社經導向干預政策（以學生社經地位為本的政策取向）

　　社經導向干預政策是透過提供一個專業課程或附加教學資源，以改善 ESCS 較低學生之學習表現為目標。這政策特點在於提供這些課程是基於學生家庭的 ESCS 或其他與 ESCS 相關的因素，而不是學生本身的認知能力。為新移民、少數民族或來自低 ESCS 家庭的學生提供特別的教學資源，甚至是學前教育，以提高 ESCS 較低的學生的學習表現，是典型的例子。圖 2-7 中的虛線表示了這類政策想要產生的影響及達到的學習表現結果。

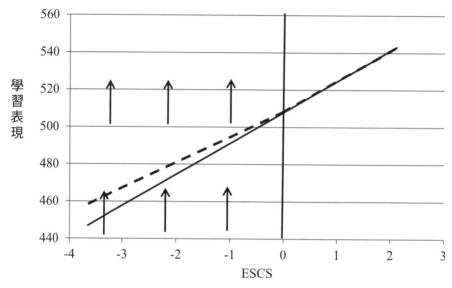

圖 2-7　社經導向干預政策對學習表現的影響

2.4.3　補償性干預政策（以補救學生家境狀況為本的政策取向）

　　補償性干預政策也是為低 ESCS 背景的學生提供額外的經濟資源，與上述的社經導向干預政策的對象一樣，它不是為能力低的學生，而是為來自低 ESCS 家庭的學生而設的干預政策。它的重點是要為來自低 ESCS 家庭的學生改善經濟環境，而不是提供一門專業課程或額外的教育資源。向貧困家庭提供經濟援助是一個好例子，很多國家都是透過這項干預政策，為來自低 ESCS 家庭的學生提供免費午餐等。

　　然而，補償性干預政策與其他干預政策之間的區別有時不太明顯。例如，按學校 ESCS 狀況來為校內的學生提供補助，但那些資金可能被學校挪用作社經導向干預、表現性干預、或全面性干預，圖 2-8 的虛線表示了補償性干預政策想要產生的影響及其想要達到的學習表現結果。值得一提的是，這干預政策只是簡單地將國家 / 地區低 ESCS 學生人數減少，沒有對學習過程有所干預，所以學生的學習表現的平均值理論上只能稍有提高而已。

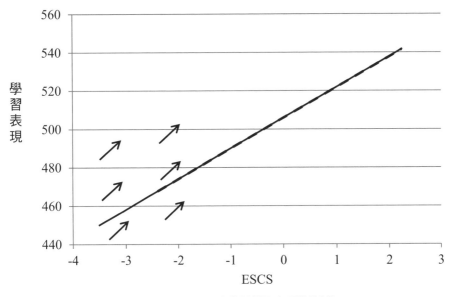

圖 2-8　補償性干預政策對學習表現的影響

2.4.4　表現性干預政策（以學生表現為本的政策取向）

　　表現性干預政策是根據學習表現向學生提供專門課程或額外教學資源。例如，在大多數的學制裡，學校會透過特殊教育課程向有特別需要的學生提供額外支援。部分學校會提供學前課程，對象是一些在入讀幼稚園或小一時便有學習困難的學生。亦有部分學校會向一些就讀小學而未能跟上學習進度的學生提供「補底」教育。

　　表現性干預政策的部分目的是要透過減低行為偏差來提升學生的學習能力，特殊教育也被介定為表現性干預政策，對象通常是有某些行為偏差的學生，而不單是學業成績低的學生。

　　在中學階段，表現性干預政策也會向學業成績優異或有天份的學生提供資優教育。一般來說，將學生分流入讀不同課程計劃都可視作表現性干預政策。因為希望使課程和教學與學生的學習能力及表現相配。留級也是可視為表現性干預政策的一種，因為讓學生留級決定的依據是他們的學習表現。不過，仍有很多案例，留級不代表將課程修改或增加額外教學資源，因而就不符合表現性干預政策的定義，圖 2-9 的虛線表示了這類政策想要產生的影響及欲達成的學習表現結果。

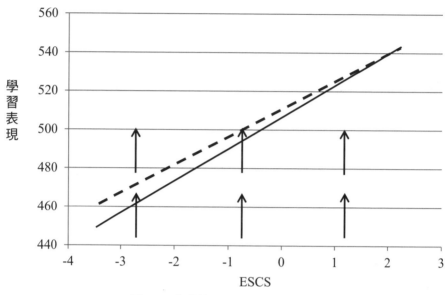

圖 2-9　表現性干預政策對學習表現的影響

2.4.5　融合性干預政策 (以學生融合為本的政策取向)

　　融合性干預政策是將邊緣化的學生帶進主流學校和教室。通常將一些殘障學生帶入普通的班級，而不是將他們隔離至特殊班級或學校。融合性干預政策其對象更廣地包括任何被隔離的學生，如殘障學生、少數裔族，以及來自低收入家庭的學生。一些融合性干預政策嘗試減低學校 ESCS 差距，如以公共汽車接送學生和在低 ESCS 地區內合併學校。其他融合性干預政策會試圖在校內減少班別之間的排斥，如將殘障學生融入在正規的班級，圖 2-10 的虛線表示了這類政策想要產生的影響及其結果。

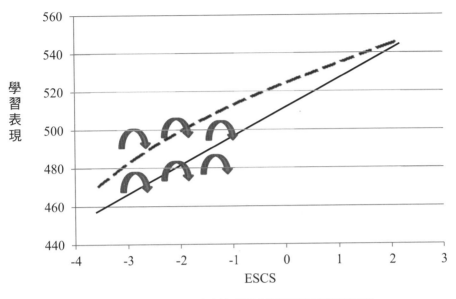

圖 2-10　融合性干預政策對學習表現的影響

　　綜合而言，政策採用者可因應各自的情況而訂定不同的措施使教育公平的政策得以落實執行。哪些政策內容能夠促使澳門實現教育公平？這正是結合本書結果和澳門實際情況希望討論的議題。

2.5　本章總結

　　本章先就教育公平的內涵及其相關研究進行文獻回顧，發現教育公平仍是學術界的重要議題，歐美等國一直致力降低教育不公平對學生的影響 (Kim & Sunderman, 2005; Wößmann, 2008)，美國 NCLB 法案的目標更指向收窄學生教育結果的差異以取得教育結果的公平 (NCLB, 2001)。PIRLS 及 PISA 等國際大型研究亦針對教育公平問題進行分析，亦有學者通過 PISA 數據，指出各經濟體的教育公平問題 (Alegre & Ferrer, 2009; Duru-bellat & Suchaut, 2005)。此外，研究者亦闡述了 SES 及 ESCS 的概念與計量方式，說明以 ESCS 分析澳門教育公平的合理性及理論依據。最後，本章探討了 Willms (2006; 2010) 教育公平干預政策各個取向的內涵，作為本書第 10 章討論及建議內容的參考依據。

第 3 章

研究設計和方法

　　本章所闡述的是為研究目的而選用的之設計及方法，描述有關研究問題的設計，說明澳門在 PISA 2006 評估計劃的研究對象及取樣、PISA 評估計劃科學素養的評核框架及科學素養的精練水平，並說明 ESCS 與科學素養表現的依存關係圖及中介變項兩者對本書的重要性和意義，及研究所涉及的相關模型和變項，這章亦指出本書在哪些章節具針對性的回應了研究的問題。

3.1　研究對象及取樣

　　PISA 2006 評估計劃從 57 個參與國家 / 經濟體的 3,200 萬名 15 歲中學生中，隨機抽樣約 400,000 名學生參與測試，其中有 30 個 OECD 成員國和 27 個非 OECD 成員國，地理覆蓋面涵蓋了 2006 年世界經濟總額的 90%。

　　澳門是從 43 所中學 (2005/2006 年度澳門共有中學 47 所，但當中有一所是特殊學校，一所是沒有 15 歲中學生的中學，一所是只為少數學生開辦的高中職業課程的學校，另一所則為開辦藝術表演教育的舞蹈學校，以上 4 所學校均不在取樣範圍之內，所以受試學校只有 43 所) (澳門教育暨青年局，2006)。共 6,648 名 1990 年出生學生中隨機取樣 4,929 名，包括 2,426 名男生和 2,503 名女生，年齡介乎 15 歲 3 個月至 16 歲 2 個月；受試學生實為 4,760 名，其中 2,320 名男生和 2,440 女生，回應率有 96.57%(見表 3-1)，顯示完成的取樣有高度代表性，能代表澳門 15 歲中學生人口。

表 3-1　澳門 15 歲學生的取樣和受試人數

	澳門取樣		
	男生	女生	總數
15 歲學生的取樣人數	2,426	2,503	4,929
15 歲學生的受試人數	2,320	2,440	4,760
回應率(%)			96.57

資料來源：張國祥、薛寶嫦 (2007：11)。

　　從 OECD 的數據顯示，澳門有 13.3% 學校受試學生人數不足 20 名。如表 3-2 所示，在接受測試的 4,760 學生中，他們年級的分布由初一年級至高二年級不等，主要就讀初三年級 (33.42%) 和高一年級 (36.51%)，仍有部分正在就讀初一年級 (8.21%) 和初二年級 (21.18%)。

表 3-2　澳門受試 15 歲學生的年級分布

年級	澳門取樣	
	人數	%
7(初一)	391	8.21
8(初二)	1,008	21.18
9(初三)	1,591	33.42
10(高一)	1,738	36.51
11(高二)	32	0.67
總數	4,760	100

資料來源：張國祥、薛寶嫦 (2007：11)。

　　澳門在 PISA 2006 評估計劃的學校取樣分三維度劃分，即 (1) 按辦學團體學校類型；(2) 按學校課程；(3) 按學校授課語言劃分，表 3-3 顯示了取樣學校的特徵。

表 3-3　PISA 2006 澳門學校的特徵

分層變項	澳門學校數目	澳門15歲學生人數	學校取樣數目	學校測試數目	學生取樣人數	學生測試人數
學校類型						
1. 公立學校	4	266	2	2	247	230
2. 私立入網學校	32	5,386	32	32	3,864	3,734
3. 私立學校	9	996	9	9	818	796
修讀課程						
1. 文法或國際課程	41	6,346	40	40	4,656	4,510
2. 技術或職業先修課程	4	302	3	3	273	250
教學語言						
1. 中文	33	5,456	31	31	3,908	3,763
2. 英文	7	398	7	7	396	391
3. 葡文	1	42	1	1	46	45
4. 中文和英文	3	601	3	3	432	418
5. 中文和葡文	1	151	1	1	147	143
總數	45	6,648	43	43	4,929	4,760

資料來源：張國祥、薛寶嫦 (2007：10)。

註：[1] 2005/2006 年度澳門共有中學 47 所，但當中有一所是特殊學校，一所是沒有 15 歲學生的中學，2 所學校均不在取樣範圍之內，所以 PISA 2006 取樣中學只有 43 所。

　　　[2] 進行學生取樣之前，澳門 15 歲學生人數之中有 42 名以葡萄牙語為教學語言。正式取樣期間有 4 名新生加入該校，故最終取樣人數為 46 名學生。

　　可見，澳門主流學校以私立學校、文法或國際課程學校或以中文為教學語言的學校為主，其中文法或國際課程學校中只有 3 所為國際課程的學校。

　　此外，PISA 2006 評估計劃中共有 13 本試題冊，每位學生都被隨機分配其中一本進行測試，並需用兩個小時完成。PISA 2006 評估計劃對每位學生樣本依據所屬不同學校、所做不同試題冊及學生問卷收集到的資料進行統計分析。由於每位接受測試的學生即使完成獲分派的試題冊，亦只是做了整項評估計劃的部分題目而已，所以學生的素養表現需借助 Rasch 模型

對試題進行評分。它是以機率的概念應用 IRT 來解釋學生表現，根據學生得分結果，經 Rasch 數學模式的驗證之後進行運算，推估學生的表現 (余民寧，1992)。經過這個分析學生會得到代表其得分數的曲線，在曲線上隨機取若干點作為學生分數的可能值 (Plausible Value, 以下簡稱 PV)。而 PISA 2006 評估計劃在得分曲線上隨機取了五點作為學生科學素養表現的五個可能值 (OECD, 2005)，這些可能值在 PISA 2006 的數據庫中以 PV1SCIE、PV2SCIE、PV3SCIE、PV4SCIE 和 PV5SCIE 共五個可能值代表每一位學生的科學素養表現得分。因此，在分析學生科學素養表現時不能單以其中一個可能值作分析，須透過「重複程式」(Replicate) 進行統計分析，才能利用結果進行比較。

3.2　PISA 2006 科學素養評核框架與精練水平

　　PISA 2006 評估計劃的焦點是科學素養，是指學生在科學中應用知識和技能的能力。重點在：過程的掌握 (包括：識別科學議題、科學地詮釋現象和運用科學證據)、概念的理解和在不同情景中運用科學的能力 (張國祥、薛寶嫦、陳敬濂、鍾健，2007)。PISA 2006 科學素養評核框架如圖 3-1 所示。

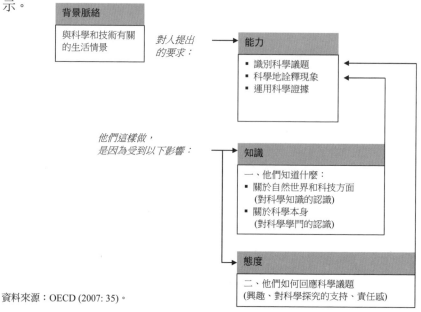

資料來源：OECD (2007: 35)。

圖 3-1　PISA 2006 科學素養評核框架

　　PISA 2006 把科學養素表現的平均分設定為 500，標準差為 100 (OECD, 2004)，再按科學素養表現的高低把學生分為六個等級，表 3-4 是每一等級的各個精練水平的文字描述。

表 3-4　PISA 2006 科學素養六個精練水平的文字描述

水平	學生於各個水平所能做的典型事項是什麼？
6	在水平 6，學生能夠一致地將他們對科學知識及對科學學門的認識加以辨識、解釋，以及應用於各種不同複雜的生活情景中。他們能夠連繫不同解釋和資訊來源，從中得到可供運用的證據，並以此作為決定的依據。他們能清晰地和一致地展示高層次的科學思考和推理，同時願意運用他們對科學的理解作為立論點，以解決一些他們不熟悉的科學和技術問題。達致此水平的學生能夠於個人、社會或全球性的情景中，運用科學知識和提出論點，以支持自己所提出的建議和決定。
5	在水平 5，學生能夠辨識眾多複雜生活情景中科學的組成部分，同時在這些情景中應用科學概念和對科學學門的認識，以及比較、選擇和評鑑合適的科學證據以回應眾多的生活情景。達致此水平的學生能夠運用其發展良好的探究能力，合宜地將知識加以連繫，並對不同的情景帶有批判性的洞察力。他們能夠根據證據建立解釋，以及透過批判分析建立論點。
4	在水平 4，學生能夠有效地處理情景和議題，而這些涉及明確現象的情景和議題，皆是需要他們參照科學和技術所扮演的角色。他們能夠選擇和整合眾多源於科技範疇的解釋，並將這些解釋直接與生活情景中的各個不同層面加以連繫。達致此水平的學生能夠反思他們的行動，並能夠運用科學知識和證據傳達決定。
3	在水平 3，學生能夠在一系列的情景脈絡下，清晰地辨識那些引用科學表述的議題。他們能夠選取事實和知識以解釋現象，能運用簡單的模型或探究策略。達致此水平的學生能夠從不同學科範疇解釋和運用科學概念，並能夠直接援引應用。他們能利用事實發表簡短的陳述和作出基於科學知識的決定。
2	在水平 2，學生擁有足夠科學知識，為熟悉的脈絡情景提供可能的解釋，又或根據簡單的探究得出結論。他們有能力進行直接論證，以及對科學探究結果或科技問題的解決作出文字的說明。
1	在水平 1，學生擁有的科學知識甚為有限，只能應用於少數熟悉的情景中。在提供證據的前提下，他們只能提出顯而易見的、以及明確地與給定證據相關的科學解釋。

資料來源：OECD (2007: 35)。
註：若未能達致素養量尺的最低水平 (水平 1)，則會被評定為「低於 1」的水平。

3.3　ESCS 與科學素養表現依存關係圖的意義及功用

　　由於研究者從澳門的學校資源環境、學校家長選校考慮和學校收生政策三類因素出發，抱著審慎的科學態度質疑澳門被 PISA 視為教育公平的地區之一的結果，尤其學校之間的教育公平最為值得探討。因此，本書在探討澳門教育公平的問題時，設法利用 HLM 將澳門全體學生的 ESCS 與科學素養表現的依存關係圖分解成全體學生、學校之內和學校之間 ESCS 與科學素養表現的依存關係圖，並將這三個層面的關係同時繪出，以逐步深入瞭解澳門教育公平的問題 (見圖 7-1)。

　　「ESCS 與科學素養表現依存關係圖」的橫座標代表 ESCS 的取值範圍，縱座標代表科學素養表現的高低水平，三條線分別代表：澳門全體學生 ESCS 與學生科學素養表現的依存關係 (即澳門全體學生科學素養表現的 ESCS 坡度線)；澳門學校之內學生的 ESCS 與學生科學素養表現的依存關係 (即澳門學校之內科學素養表現的 ESCS 坡度線)；澳門學校之間的學校 ESCS 與學校科學素養表現的依存關係 (即澳門學校之間科學素養表現的 ESCS 坡度線)。三條坡度線的長度都是其代表的 ESCS 的第 5 個至第 95 個百分位數之間的取值範圍。其中所謂的 ESCS 坡度線，即將 ESCS 設為橫座標，科學素養表現為縱座標，然後計算並描繪兩者的迴歸的關係。如圖中43 個圓點代表參與 PISA 2006 測試的澳門 43 所學校，圓點大小表示受測試學校的學生人數多少。

　　從 ESCS 與科學素養表現的依存關係圖，可檢視澳門學校之內和學校之間 ESCS 與科學素養表現的依存關係，及全體學生 ESCS 與科學素養表現的依存關係；更可作三個不同層次的坡度線的直接比較，從中發現這三個層次的教育公平情況；更可從大小不同的圓點瞭解澳門參與 PISA 2006 的學校規模、學校 ESCS 分布和學校科學素養表現的水平。本書會從這關係圖為切入點，分析澳門學校之間的教育公平問題，從而深入探討澳門基礎教育是否存在教育不公平的現象。

　　有鑑於此，ESCS 與科學素養表現的依存關係圖對本書非常重要，並藉此圖於第 7 章進行詳盡分析，在不披露參與 PISA 2006 的澳門學校名稱的原則下，以 ESCS 與科學素養表現的依存關係圖為切入點，透過觀察澳門某主流類別學校在圖中的分布，分析這些主流類別學校之間的科學素養表現

的 ESCS 坡度線斜率。探討當聚焦澳門某主流類別學校時，學校之間的教育
公平會變得如何？這些主流學校類別會否對澳門學校之間的教育公平構成威
脅？

3.4　中介變項檢驗的意義及其對分析教育公平時的重要性

中介變項 (mediating variable) 是解釋自變項與依變項之間關係的變項，
中介變項反映一種機制，自變項會透過這個機制對依變項產生影響。中介變
項檢驗需符合四個條件 (見圖 3-2)：
(1) 自變項能顯著地預測依變項 (透過路徑 A)；
(2) 中介變項能顯著地預測依變項 (透過路徑 B)；
(3) 自變項能顯著地預測中介變項 (透過路徑 C)；
(4) 中介變項介入自變項對依變項之迴歸模式時，若自變項對依變項的
　　預測力 (路徑 A 的回歸係數) 降低至零，此時，中介變項可取代自
　　變項，則為「完全中介」；若自變項對依變項的預測力 (路徑 A 的回
　　歸係數) 降低而顯著地不為零，即自變項對依變項之效應部分透過
　　中介變項對依變項產生影響，此為「部分中介」(Baron & Kenny,
　　1986)。

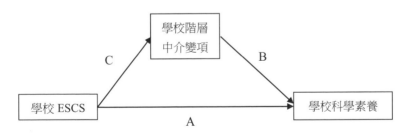

圖 3-2　檢驗學校階層教育公平的中介變項圖

中介變項檢驗在本書中充當重要一環，本書將於第 8 章以中介變項檢
驗為切入點，嘗試以學校 ESCS 為自變項，學校科學素養表現為依變項，期
望在學校階層中發現 PISA 2006 數據存在上述中介模式的機制，根據圖 3-2
思路之中介變項檢驗的四個步驟會在第 8 章的前言闡述清楚。本書如果發現
中介變項，意味影響教育公平的學校 ESCS 能被中介變項部分或完全代替，

相等於學校 ESCS 能夠透過這中介變項來影響學校科學素養表現。中介變項檢驗對教育公平分析的重要性不言而喻:有效處理這些中介變項所描述的內容,就能有效減低或消除學校 ESCS 對學校科學素養表現的影響,亦即能有效消弭教育不公平的現象。

本書在學校階層探討中介變項時,是基於黃素君 (2011) 指出澳門教育存在三個方面的不公平為出發點 (見第 1 章 1.1 節),及研究者對澳門教育情況的熟悉,本書以三個方向為出發點,期望從這些方向找尋中介變項的機制,三個方向共六個有待中介變項檢驗的假設闡述如下:

(1) **學校資源環境**:澳門有些學校的學習資源及環境較為理想,而學校資源環境是學校實施高品質教育的一項重要因素,如果沒有充足的資源環境學校是難以推動有效能的教育。而澳門學校以私立為主,在資源和環境上出現參差。因此,研究假設如下:

　　假設一:「學校 ESCS 越高,學校有足夠的實驗室設備,學校的科學素養表現越高」;

　　假設二:「學校 ESCS 越高,學校有足夠條件聘請合資格的科學科教師,學校的科學素養表現越高」。

(2) **學校家長選校考慮**:澳門家長為子女選校時往往著眼於某幾所心儀學校,在沒有客觀數據下家長為子女選校,只好靠社會人士的口碑和家長本身對學校的觀感認同和對學校的滿意程度。因此,假設學校 ESCS 越高,學校有資源宣傳或吸引家長的認同和提高家長的滿意程度,較容易成為家長心儀的學校。能有效吸引高 ESCS 背景的家長選擇讓子女入讀,學校的科學素養表現越高。因此,研究假設如下:

　　假設三:「學校 ESCS 越高,家長認同學校有高學業成就標準,學校的科學素養表現越高」;

　　假設四:「學校 ESCS 越高,家長滿意學校的紀律風氣,學校的科學素養表現越高」;

　　假設五:「學校 ESCS 越高,家長滿意學校教育學生,學校的科學素養表現越高」。

(3) **學校收生政策**:澳門學校的收生政策也似乎針對不同 ESCS 的學生。由於歷史因素,澳門學校由澳葡政府的積極不干預的政策,到最高

法律效力的《基本法》第 122 條列明:「澳門原有各類學校均可繼續
開辦。澳門特別行政區各類學校均有辦學的自主性,依法享有教學
自由和學術自由」(澳門特別行政區,1999)。澳門學校在收
生政策上一直享有自治權,收生極為自主。因此,研究假設如下:
假設六:「學校 ESCS 越高,學校有條件選擇收取素養表現高的學生
入讀,學校的科學素養表現越高」。

3.5　利用 HLM 進行教育公平數據分析的變項

　　PISA 2006 評估計劃首先以學校為取樣單位,再以學生為取樣對象。由
於澳門學校規模大小不一,因此對每所學校學生的取樣人數各有不同,有必
要對數據作適當分析。從數據結構分析,學生是隸屬學校,收集的資料具有
從屬的關係,是典型學生嵌套於學校中的例子,亦即是學生屬於某所學校,
從數據結構來看學生代表數據結構的第一層,而學校就是數據結構的第二層
(Arnold, 1995: 5)。本書資料存在階層的隸屬關係,也就是巢狀結構。在分析
具有巢狀結構的資料時,若應用傳統線性模型,只能分析單一層次的資料,
無法瞭解多個層次各變項之間有何交互作用(張雷、侯傑泰,2002:5)。
近年多位學者包括 Raudenbush (1992)、Goldstein (1995; 2003)、Raudenbush
& Bryk (2002) 等提出使用 HLM 來解決上述的兩個難題。因此,本書借用
HLM 進行分析。

　　為達到研究目的,在第 6 至第 8 章都借用 HLM 進行分析:在第 6 章探
討澳門學校科學素養表現的差異,以及學生 ESCS 和學校 ESCS 在學生階層
及學校階層分別對學生科學素養表現和學校科學素養表現的影響;在第 7 章
將焦點集中某主流類別學校進行分析,以「ESCS 與科學素養表現的依存關
係圖」為切入點瞭解教育公平的情況,以便將澳門全體學生、學校之內和學
校之間的三個階層三條反映教育公平的坡度線一併考慮分析;在第 8 章詳盡
分析學校階層影響學校 ESCS 與學校科學素養關係的中介變項,檢驗上一節
六項中介變項假設後探討影響澳門教育公平問題的癥結。以上各章均使用
HLM 進行研究。因此,HLM 模型涉及的變項及其描述性統計可見表 3-5 至
表 3-7。

表 3-5　HLM 模型中所使用的變項名稱

階層	變項名稱	變項說明
學生階層	ESCS	社經文化地位
	ESCS^2	社經文化地位的平方
	PV1SCIE	科學素養表現的可能值 1
	PV2SCIE	科學素養表現的可能值 2
	PV3SCIE	科學素養表現的可能值 3
	PV4SCIE	科學素養表現的可能值 4
	PV5SCIE	科學素養表現的可能值 5
	PA03Q02	家長認同學校有很高的學業成就標準
	PA03Q04	家長滿意學校的紀律風氣
	PA03Q07	家長滿意學校在教育學生方面做得很好
	W_FSTUWT	學生階層取樣加權指數
學校階層	ESCS_MEAN	學校社經文化地位
	ESCS_MEAN^2	學校社經文化地位的平方
	N_IN_SC	非國際學校
	CHI_P_SC	中文答題學校
	SC14Q01	缺乏合格的科學科教師
	SC14Q07	學校科學實驗室設備不足
	SC19Q02	學校考慮學業記錄收生(包括入學試成績)
	PA03Q02_MEAN	學校家長認同學校有很高的學業成就標準
	PA03Q04_MEAN	學校家長滿意學校的紀律風氣
	PA03Q07_MEAN	學校家長滿意學校在教育學生方面做得很好
	W_FSCHWT	學校階層取樣加權指數

表 3-6　HLM 模型中學生階層所使用的變項及其描述性統計

變項	平均值	標準差	最小值	最大值
ESCS	-0.91	0.88	-3.75	2.45
ESCS^2	1.60	1.78	0.00	14.09
PV1SCIE	509.45	78.96	210.22	739.30
PV2SCIE	509.82	78.73	197.16	781.54
PV3SCIE	509.29	79.30	221.41	795.62
PV4SCIE	509.45	78.78	190.08	738.65
PV5SCIE	509.31	79.60	214.88	775.95
W_FSTUWT	1.35	0.74	1.00	5.16

註：學生樣本數目 = 4,760。

表 3-7　HLM 模型中學校階層所使用的變項及其描述性統計

變項	平均值	標準差	最小值	最大值
ESCS_MEAN	-0.77	0.62	-1.70	0.73
ESCS_MEAN^2	0.98	0.70	0.00	2.89
N_IN_SC	0.91	0.29	0.00	1.00
CHI_P_SC	0.72	0.45	0.00	1.00
SC14Q01	1.81	0.93	1.00	4.00
SC14Q07	2.19	0.85	1.00	4.00
SC19Q02	2.11	0.88	1.00	4.00
PA03Q02_MEAN	2.19	0.18	1.83	2.50
PA03Q04_MEAN	2.05	0.18	1.65	2.41
PA03Q07_MEAN	2.10	0.12	1.83	2.39
W_FSCHWT	1.00	0.00	1.00	1.00

註：學校樣本數 = 43。

3.6　利用 SEM 進行教育公平數據分析的模型及變項

　　SEM 是線性方程的組合，這些組合可以按所假設的原因和結果變項的方式來研究現象的意義 (余桂霖，2011)。本書審視學生階層中有否影響學生科學素養表現的學生 ESCS 因素，因此，研究者擬根據文獻建立概念模型，配合 PISA 2006 數據庫中學生階層變量，聚焦於家庭教育及電腦資源，即家庭教育資源 (HEDRES)、家中能否上網，以及家庭電腦數目等變項分析影響學生科學素養表現的影響。基於此，先在本章節根據文獻詳述如何建構有關的概念模型，報導涉及其中的變項，再在本書第 9 章利用 SEM 根據概念模型分析家庭及電腦教育資源影響學生科學素養表現的學習與心理過程，從而揭示學生階層中有否存在著教育不公平的證據。

3.6.1　家庭及電腦教育資源對學生科學素養的影響

　　為探究家庭及電腦教育資源對學生科學素養表現的直接或間接影響，本章節首先探討資源和學業成就的關係。回顧相關文獻，Llorens、Schaufeli、Bakker 和 Salanova (2004) 應用 SEM，發現自我效能感信念 (efficacy beliefs) 是任務型資源 (task resources) 運用和學業參與 (academic engagement) 的中介變項，而學業產出亦能反過來增強受試者的自我效能感信念，這研究之自我效能感信念修訂自 Bandura (1986; 1997) 之自我效能感 (self-efficacy)，在 PISA 2006 中的「科學自我效能感」和「ICT 及其高任務自我效能感」亦是以此原型概念化的。楊淑萍和林煥祥 (2010) 指出，擁有完整經濟資源或文

文化資源家庭的學生，在 PISA 評量中的科學素養、對學習科學的興趣、參與程度等，均顯著優於其他的同儕。該研究亦建議多提供經濟及文化資源給弱勢的家庭與學校。此外，周新富 (2008) 發現家庭資源 (包括家庭經濟資本、家庭文化資本及家庭社會資本) 對學生學業成就起顯著作用，並且家庭資源越高，學生學業成就越高。郭宛靈 (2010) 透過 PISA 2006 芬蘭數據的研究亦指出，家庭資源 (包括教育設備、文化資源及科技產品) 對學生科學態度及科學素養表現產生影響，其中，家庭資源越豐富，學生科學素養越高；科學態度越正向，科學素養表現也越高。Mok 和 Cheng (2001) 指出資訊科技是促進學習者動機的重要因子；再者，學生取得資訊科技的能力多寡，是學習者取得學習資源的數量、有關資源的呈現方式、以及取得資源的難易程度的重要參數。Papanastasiou 和 Ferdig (2006) 指出，學生經常使用電腦進行電子通訊和電子寫作等活動，傾向取得較為高的數學素養表現。Papanastasiou、Zembylas 和 Vrasidas (2003) 通過對 PISA 2000 進行分析，發現考慮 SES 的影響後，在家中經常使用電腦的美國學生，較可能取得高的科學素養表現。

　　綜括而言，學生的家庭教育資源及其在家中使用的電腦資源，均對學生的科學素養表現產生正面影響，自我效能感則可能是上述兩者的中介變項。基於這些發現，研究者訂出的概念模型，如圖 3-3 所示。

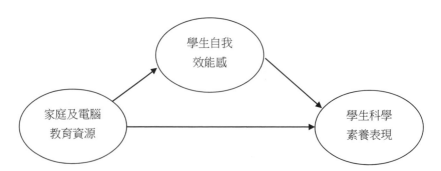

圖 3-3　家庭及電腦教育資源透過自我效能感影響科學素養表現概念模型

3.6.2　利用 Ajzen 計劃行為理論構面優化概念模型

　　基於上述研究文獻回顧，自我效能感可能成為家庭及電腦教育資源，及科學素養表現的中介變項。同時，針對自我效能感的眾多理論及研究中，研究者認為 Ajzen (1991) 計劃行為理論能進一步完善概念模型 (圖 3-3)。一方面，在眾多行為研究中，計劃行為理論是較具影響力和實用性的理論之一，其應用涵蓋環境行為、社區發展、醫療、疾病預防、健康、教育、管理及休閒與運動等行為 (張千培，2006；楊文佳，2011；楊惠真，2006)。另一方面，OECD 亦以 Ajzen (1991) 計劃行為理論及其相關研究為起始點，試圖引用 PISA 問卷數據對與數學學習有關的行為和表現進行解釋 (OECD, 2010a) 。PISA 專家組曾對 2011 年以前的素養測試框架進行再概念化，探究以 Ajzen 模型分析上幾輪測試 (即 PISA 2000、PISA 2003、PISA 2006 和 PISA 2009) 及問卷數據的內在關係的可行性；同時，PISA 專家組亦嘗試以計畫行為理論改進新一輪測試 (即 PISA 2012) 的問卷設計框架。有鑑於此，本書先探討 Ajzen (1991) 計劃行為理論的本質，以及牽涉其中的建構內涵與 PISA 2006 數據庫可使用的變項的吻合程度，檢視此理論可否成為回答本書問題四所需驗證的關聯模式的參考依據。

　　Ajzen (1985) 是在理性行為理論的基礎上，提出計劃行為理論的。該理論從認知及動機層面出發，試圖預測或解釋人類的行為。計劃行為理論由五個構面組成，分別為「態度」、「主觀規範」、「知覺行為控制」、「行為意圖」及「行為」，如圖 3-4 所示。

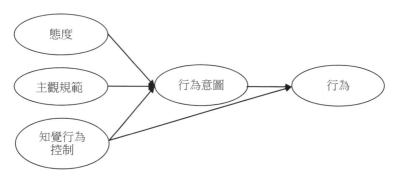

資料來源：Ajzen (1991: 182)。

圖 3-4　Ajzen 計劃行為理論構面和影響路徑圖

　　圖 3-4 中，「態度」是建立於個人對特定對象所反映出來的一種持續性的喜歡或不喜歡的傾向 (Ajzen & Fishbein, 1980)。「主觀規範」是指個人採用特定行為時所感受到的社會壓力，可以理解為由個人知覺到其重要參考群體 (reference group) 認為他是否應實行該行為的壓力之規範信念 (normative beliefs)，以及個體就該行為對重要參考群體的依從動機 (motivation to comply) 共同構成 (張千培，2006)。「行為意圖」是個體是否實行某項行為的立即決定因子，當個體對某項行為的「行為意圖」愈強烈，他實行此行為的可能性愈高 (Ajzen, 1991)。「知覺行為控制」是指個體知覺到完成某行為或某事件的難易程度 (Ajzen, 1985)。Ajzen 和 Madden (1986) 進一步指出「知覺行為控制」可以直接對行為產生影響，也可以透過「行為意圖」間接地對行為產生作用。對於後者，即使個體對某行為持著正面的態度，且重要的參考群體也支持他實行這樣的行為，但如果個體認為自己缺乏資源和機會去實行這項活動，那麼他對實行此行為的意圖也會降低。目前所使用「知覺行為控制」與 Bandura 在 1982 年所提出的「自我效能感」的概念相似 (林秀惠，2004)。張千培 (2006) 進一步指出：「知覺行為控制」是計畫行為理論的最主要預測因子。再者，Bandura (1986; 1997) 認為個體的自我效能感取決於四方面的因素：成就實現 (performance accomplishments)、間接學習 (vicarious learning)、言語說服 (verbal persuasion) 及情意激勵 (emotional arousal)。簡言之，個體對完成特定行為或任務的自信心，以及個人對該行為或任務過去的實踐經驗與目前所掌控資源的評估，均為影響個體自我效能感的因素。

　　計劃行為理論發展至今，已廣泛應用於行為研究之上，當中也不乏在教育研究上的應用，如 Crawley (1990) 以計劃行為理論解釋及預測中、小學科學教師使用探究式教學法的意圖。Haney、Czerniak 和 Lumpe (1996) 採用計畫行為理論檢視哪些因素對教師執行州立科學能力模式的行為意圖。Armitage 及 Conner (2001) 的後設分析 (meta-analysis) 顯示：主觀規範對行為意圖的預測力在態度、主觀規範及知覺行為控制中，是最弱的一個構面，更有研究者把主觀規範從模型中剔除。值得注意，楊文佳 (2011) 曾利用澳門 PISA 2003 數據庫中的「數學焦慮感」、「教育自我期望」、「數學自我效能感」、「數學學習興趣」、「數學工具性學習動機」與「初中留級狀況」等建構對應計劃行為理論的五個構面，並運用 SEM 進行統計分析，其結果顯示計

劃行為理論適用於分析澳門 PISA 2003 數據，五個構面對「初中留級狀況」
的預測力達 21.9%。

　　必須指出，PISA 2006 數據庫資料其實未有完全按照 Ajzen (1991) 計劃
行為理論建立，但是仍有部分變項仍適用於計劃行為理論的核心部分的，例
如 OECD (2010a) 建議使用自我效能感建構知覺行為控制，學生對特定學科
的內在及外在動機可用於建構行為意圖構面，素養表現則視為教育產出。因
此，在考慮自我效能感對科學素養表現的影響上，研究者參考計劃行為理論
「知覺行為控制」、「行為意圖」及「行為」三者的關係及影響路徑，作為建
構本書研究問題四關聯模式的重要依據。

3.6.3　學習動機與自我效能感的內在關係

　　研究問題四的焦點乃家庭及電腦教育資源對科學素養的影響，上兩章
節的探討也發現了家庭及電腦教育資源、自我效能感、學習動機、及科學
素養表現之間的關係。因此，有必要進一步釐清這些變項，尤其是自我效
能感與學習動機的內在聯系，方能成功建立回應研究問題四的關聯模式。

　　科學教育改革的核心部分是改善學生的動機，包括內在和外在機動
(National Research Council, 1996; 2000)。學習科學的內在動機，即學生對
特定科學科目或議題的興趣和享受感，對學生的學習成就十分重要 (Hidi,
Ainley, Berndorff & Del Favero, 2006; Osborne, Simon & Collins, 2003)。
Ryan 和 Deci (2000) 亦指出，內在動機與個體對特定行為的興趣和享受感
有關。具科學學習興趣的學生認為學習科學是有意義的活動 (Glaser-Zikuda,
Fusz, Laukenmann, Metz & Randler, 2005)，學生對學習的興趣和自我規管
(self-regulation)，則有助於其習得未來學習和工作所需的技巧和能力 (Hidi &
Ainley, 2008)。

　　外在動機則與行為附帶的具體結果有關 (Ryan & Deci, 2000)。學習科學
的外在動機，如工具性學習動機 (instrumental motivation)，是預測學生課程
選擇、工作選擇和學習成就的重要因子 (Hassan, 2008; House, 2009)。一旦學
生得知科學對其未來學習和工作十分重要，則他們將被外在動機驅使而學習
科學 (OECD, 2009a)。Niemiec 和 Ryan (2009) 進一步指出，具內在動機的學
生比外在動機者學得更好也更具創意，因為他們更願意把時間和精力投放於
學習上。Darrell、Patricia 和 Katrice (1999) 則指出，意識到數學及科學技能

對未來工作的重要性，是取得相關領域成功的重要因素，這種心理上的覺醒會進而促進學生對數學和科學學習的興趣。

　　與學習動機有關的研究方面，Areepattamannil、Freeman 和 Klinger (2011) 考慮學生和學校層次的社會人口統計變項後，發現動機對科學學習和科學成就有顯著的預測力。其中，自我效能感、自我概念和科學享受感等動機信念 (motivational beliefs) 能正向預測科學成就。另外，Compeau (1995) 認為電腦自我效能感 (computer self-efficacy) 是個體知覺到自身使用電腦完成特定任務的能力，這不是指完成簡單電腦操作的自我肯定，而是個體認為自己能運用這些能力實現更艱深的任務，如使用套裝軟體進行數據分析，運用文書處理軟體進行郵件合併 (mail merge) 等。該研究指出，在較少支援和協助的狀況下，擁有高電腦自我效能感的個體仍具有勝任特定電腦任務的自信 (Compeau, 1995)。在基於電腦和基於網絡的教學環境中，電腦自我效能感是影響個體表現的最主要和最顯著的變項之一 (Hill & Hannafin, 1997)。電腦自我效能感可直接，或透過對成果的期望間接地對學生使用電腦的情意產生影響 (Compeau, 1995)。再者，Levine 和 Schmidt (1998) 指出，學生使用電腦的經驗是使用電腦的態度和信心的重要預測因子；可以想像，學生在家中使用電腦的經驗將對他們使用電腦的態度產生影響。

　　另一方面，學生的自我信念是動機的重要組成元素，且能影響學生自身的學習動機、自我學習策略和學習成就 (Bandura, 1986; Pajares, 2008)。Wang、Oliver 和 Staver (2008) 指出，科學自我信念，包括自我效能感和自我概念，還有科學成就，是科學素養主要成份。值得注意，科學自我效能感是指學生知覺自己能在特定科學任務、科學課程和科學相關活動中取得成功的自信心 (Britner & Pajares, 2006; OECD, 2009a)，科學自我概念則是學生知覺到自身科學能力的體現 (Bong & Skaalvik, 2003)，如 PISA 2006 學生問卷中的一項：「對我而言，學習高等科學科（或理科）課題是容易的」；科學自我效能感則更具延展性 (Bong & Clark, 1999)。擁有高科學自我效能感的學生，傾向於有系統地運用有效的認知和自我規控策略 (Pintrich & DeGroot, 1990)，如 PISA 2006 學生問卷中的一項：「讓你獨自進行下列的任務，你認為容易認知到報紙所載的健康議題報告背後的科學問題嗎？」故科學自我效能應能影響學生的科學成就 (Hidi et al., 2006; House, 2008; Yoon, 2009)。

　　總括而言，「科學自我效能感」及「電腦自我效能感」二者皆為影響學

生動機及科學素養表現的因素；其中，電腦自我效能感是指具備完成一定難度的 ICT/ 電腦任務的自信心。因此，在建立學生階層教育公平關聯模式時，本書將加入「ICT 及其高任務自我效能感」這建構，作為研究家庭及電腦教育資源因素對科學素養表現的影響的構面。

3.6.4　關聯模式的建構及其內涵

　　根據上述探討，研究者發現家庭及電腦教育資源對科學素養、科學自我效能感、電腦自我效能感 (即 PISA 2006 數據庫中「ICT 及其高任務自我效能感」) 產生影響，後二者則是學習興趣、動機和學業成就的重要預測變項，同時學習興趣和動機亦能有效解釋學生學業成就；另外，研究者根據 Darrell、Patricia 和 Katrice (1999) 的發現，同時為與家庭及電腦教育資源作對比，本書加入了與學習心理有關的構面：對理科的重視程度，修訂後之概念模型見圖 3-5，簡名為「家庭及電腦教育資源影響概念模型」。

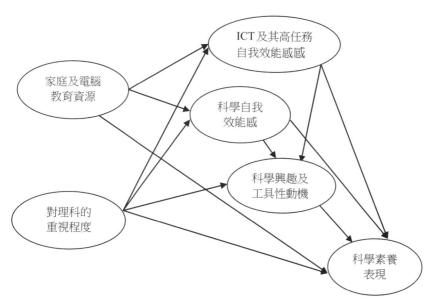

圖 3-5　家庭及電腦教育資源影響概念模型

　　根據家庭及電腦教育資源影響概念模型及考慮 PISA 2006 數據庫中可用作統計分析的變項，得到研究者用作考究學生階層教育公平之「家庭及電腦

教育資源影響關聯模式」(見圖 3-6)。圖中 Lv1-Lv6 為潛在變項，而 X1-X3
和 Y1-Y10 為觀察變項。此有待驗證的關聯模式是基於對教育公平的思考所
導的，研究者試圖分析 ESCS 建構蘊含的「家庭及電腦教育資源」(Lv1) 對
「ICT 及其高任務自我效能感」(Lv3) 和「科學自我效能感」(Lv4) 的關係，
並瞭解如何透過它們影響學生的「科學素養表現」(Lv6)，又或間接透過
「科學興趣及工具性動機」(Lv5) 影響「科學素養表現」(Lv6)。

　　關聯模式在教育公平上的意義為何？研究者認識到澳門學生的「家庭及
電腦教育資源」越高 (Lv1)，其在家中設有 ICT 或電腦設備的可能性越大，
利用電腦或相關設備上網的機會也較多，因而直接或間接地提昇「科學素養
表現」(Lv6)。此外，為了增加關聯模式中「家庭及電腦教育資源」(Lv1) 影
響的對比性，還加入學生「對理科的重視程度」(Lv2)，以比較其與「科學
素養表現」(Lv6) 影響之關係。

　　圖 3-6 的家庭及電腦教育資源影響關聯模式的觀察變項為：X1= 家庭教
育資源 (HEDRES)；X2= 學好科學是重要的 (ST36Q01)；X3= 學好數學是重
要的 (ST36Q02)；Y1= 自信能完成網路 ICT 任務 (INTCONF)；Y2= 自信能
完成高水平 ICT 任務 (HIGHCONF)；Y3= 科學的自我效能感 (SCIEEFF)；
Y4= 科學的普遍興趣 (INTSCIE)；Y5= 科學的工具性動機 (INSTSCIE)；Y6=
科學素養表現估計值 1(PV1SICE)；Y7= 科學素養表現估計值 2(PV2SICE)；
Y8= 科 學 素 養 表 現 估 計 值 3(PV3SICE)；Y9= 科 學 素 養 表 現 估 計 值
4(PV4SICE)；Y10= 科學素養表現估計值 5(PV5SICE)。還需指出，由於構
建家庭教育資源 (HEDRES) 的問卷問題 (詳見表 3-10)，含有家庭是否擁有
「可以用來做功課的電腦」及「教育方面的電腦軟體」兩個選項，故此，本
書會把 Lv1 定性為「家庭及電腦教育資源」。

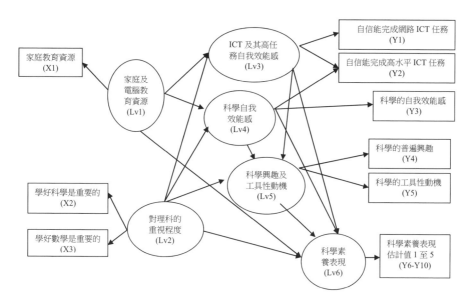

註：由於構建家庭教育資源 (HEDRES) 的問卷問題 (詳見表 3-10)，含有家庭是否擁有「可以用來做功課的電腦」及「教育方面的電腦軟體」兩個選項，故，本書會把 Lv1 定性為「家庭及電腦教育資源」。

圖 3-6　家庭及電腦教育資源影響關聯模式

　　研究者擬採用 SEM 來檢定家庭及電腦教育資源影響關聯模式，藉此檢定與 ESCS 有關的家庭及電腦教育資源對科學素養表現的影響路徑及影響效果。模式的檢定是以 LISREL 8.8 進行，並以 Jöreskog 和 Sörbom (1993)第 8 版「結構方程模式語法」(LISREL 8: Structural equation modeling with the SIMPLIS command language) 檢定本章所提出的關聯模式。模式適配指標則參考 Fan、Thompson 和 Wang (1999)、Bentler (1982)、Bollen (1989)、Jöreskog 和 Sörbom (1993)、McDonald 和 Marsh (1990)，以及吳明隆 (2006)的建議，整理如表 3-8 所示：

表 3-8　SEM 適配度指標

統計檢定量	適配的標準或臨界值
卡方值(χ^2)	顯著性機率值 $p > 0.05$
適配度指數(GFI)	>0.90
調整後適配度指數(AGFI)	>0.90
均方根近似誤差(RMSEA)	<0.05
標準化均方根殘差值(SRMR)	<0.05
正規化為 1 之適配度指數(NFI)	>0.90
相關適配度指數(RFI)	>0.90
增值適配度指數(IFI)	>0.90
Tucker-Lewis 指數(TLI/NNFI)	>0.90
比較適配指數(CFI)	>0.90
CN 值	>200

3.6.5　變項的測量及其信度

參與 PISA 2006 測試的學生都需要填寫一份學生問卷，需時約 35 分鐘。學生問卷與家庭及電腦教育資源影響關聯模式所涉及變項的信度見表 3-9。

表 3-9　家庭及電腦教育資源影響關聯模式涉及變項的信度

變項名稱	信度
自信能完成網路ICT任務(INTCONF) (Y1)	0.83
自信能完成高水平 ICT 任務(HIGHCONF) (Y2)	0.80
科學的自我效能感(SCIEEFF) (Y3)	0.80
科學的普遍興趣(INTSCIE) (Y4)	0.79
科學的工具性動機(INSTSCIE) (Y5)	0.91
家庭教育資源(HEDRES) (X1)	0.50
科學素養(PVSCIE) (Y6-Y10)	0.89

資料來源：OECD (2009a: 217, 318, 320, 324, 339)。

除每名學生的科學素養表現的 5 個可能值外，本書所使用之變項均取自 PISA 2006 學生問卷的有關項目，各變項的建立可參考 PISA 2006 技術報告 (OECD, 2009a)，現逐一針對這些變項闡釋如下：

　　「家庭教育資源」(X1) (Home educational resources, HEDRES) 建構自表
3-10 所示的問卷項目，乃 PISA 2006 把這些項目的評分轉換為特定的量尺後
獲得的數據。也就是說，這些項目分數是對一個潛在特徵的估計值，而這些
估計值是應用項目反應理論，將原有的項目評分轉換為量尺後得到的結果，
所採用的問卷項目見表 3-10。

表 3-10　建構 X1 之學生問卷項目

項目	家庭教育資源 (X1)
問卷問題一：在你家中有下列哪些東西？	
用來學習的書桌	●
安靜學習的地方	●
可以用來做功課的電腦	●
教育方面的電腦軟體	●
自己專用的計算機	●
對功課有幫助的書籍	●
字典	●

資料來源：OECD (2009a: 316)。

　　「學好科學是重要的」(X2) (Self - Do well Science) 和「學好數學是重
要的」(X3) (Self - Do well Math) 建構自表 3-11 所示的項目，兩者均為四點
李克特 (Likert) 量表 (非常重要、重要、不太重要及完全不重要)。

表 3-11　建構 X2、X3 之學生問卷項目

項目	學好科學是重要的 (X2)	學好數學是重要的 (X3)
問卷問題三：一般來說，你認為對你而言學好以下科目有多重要？		
科學科（或理科）科目	●	
數學科目		●

　　「自信能完成網路 ICT 任務」(Y1) (Self-confidence in ICT Internet tasks
PISA 2006, INTCONF)、「自信能完成高水平 ICT 任務」(Y2) (Self-confidence
in ICT high level tasks PISA 2006, HIGHCONF) 及「科學的自我效能感」
(Y3) (Science self-efficacy PISA 2006, SCIEEFF) 建構自表 3-12 所示的有關項
目。三者都是通過項目反應理論，把問卷項目的評分轉換為特定的量尺後所
獲得的數據。

表 3-12　建構 Y1、Y2 及 Y3 的學生問卷項目

項目	自信能完成網路 ICT 任務 (Y1)	自信能完成高水平 ICT 任務 (Y2)	科學的自我功效感 (Y3)
問卷問題四：在電腦上，你能將以下每項任務做得多好？			
線上閒談	●		
使用軟體去尋找和清除病毒		●	
編輯數位照片或其他繪圖影像		●	
建立一個資料庫(例如：使用微軟 Access)		●	
在互聯網路尋找資料	●		
從互聯網下載檔案或程式	●		
將檔案連到一個電子郵件訊息中作附件	●		
使用文字處理器(例如：編寫學校論文)		●	
使用電子試算表繪製圖表		●	
建立一個簡報(例如：使用微軟 PowerPoint)		●	
建立一個多媒體簡報(包含聲音、圖片、視訊)		●	
電子郵件的書寫和發送	●		
製作一個網頁		●	
問卷問題五：讓你獨自進行下列的任務，你認為容易嗎？			
認知到報紙所載的健康議題報告背後的科學問題			●
解釋為什麼地震在某些地方發生的頻率比另外一些地方多			●
描述抗生素在疾病治療中所扮演的角色			●
識別出與垃圾處理有關的科學問題			●
預測一個生態環境的改變將會怎樣影響某些物種的生存			●
說明食品標籤上的科學資訊			●
討論新證據如何能引導你改變你對火星上可能有生命的理解			●
識別出兩個酸雨成因的解釋哪一個較好			●

資料來源：OECD (2009a: 322, 337-338)。

表 3-13　建構 Y4、Y5 的學生問卷項目

項目	科學的普遍興趣 (Y4)	科學的工具性動機 (Y5)
問卷問題六：對於以下的陳述，你同意的程度有多少？		
自然科學和技術的進步，通常會改善人們的生活條件	●	
自然科學是重要的，因為它幫助我們瞭解周遭的自然界事物	●	
自然科學和技術的進步，通常有助於改善經濟	●	
對社會而言，自然科學是有價值的	●	
自然科學和技術的進步，通常會帶來社會效益	●	
努力學好科學科（或理科）是值得的，因為這些科目對我未來想從事的工作有幫助		●
我在科學科（或理科）所學的東西對我來說是重要的，因為我未來的學習需要這些知識		●
我學習科學科（或理科），因為我知道它對我有用		●
對我來說，學習科學科（或理科）是值得的，因為這些科目對我的前途有幫忙		●
我將從科學科（或理科）中學習到許多幫助我獲得工作的東西		●

資料來源：OECD (2009a: 320, 324)。

「科學的普遍興趣」(Y4) (General interest in learning science PISA 2006, INTSCIE) 和「科學的工具性動機」(Y5) (Instrumental motivation in science PISA 2006, INSTSCIE) 建構自表 3-13 所示的有關項目。兩者都是通過項目反應理論，把問卷項目評分轉換為特定量尺後得的數據。另一方面，接受 PISA 測試的學生只完成全部試題中的一小部分，因此 PISA 採用 Rasch 模型對試題進行評分，而 PISA 素養表現並非學生的真實分數，而是估計值。OECD (2009b) 指出：Rasch 模型是以機率來解釋測試學生的能力與其測驗項目反應之間的關係，即根據測試學生的答題情況和試題難度，通過數學模式驗證及換算，以估計受試學生的可能能力範圍。數據經過處理之後，研究者會得到一條代表學生分數分布的曲線，再從這條曲線上隨機抽取五點作為學生素養表現的估計值，這些估計值就是所謂的可能值。再者，根據 OECD (2009b) 的建議，對可能值進行統計分析時，須對五個可能值的統計量 (如平均、標準差、百分比、相關係數) 逐一處理後進行平均處理。因此，研究者進行 SEM 的統計分析時，會先以五個可能值各自建構相應的模

式，然後把五個模式所涉及的統計量對應地進行平均處理，才得到最後的整合模式。最後指出，澳門 PISA 2006 科學素養表現的信度為 0.89 (OECD, 2009a)，檢定 SEM 時是會引用此資料。

3.7　解答四組研究問題的研究設計

研究者為了透析澳門基礎教育可能存在的教育不公平的現象，設置了四組的研究問題，以下就第 1 章 1.4 節提出的四組研究問題作研究設計的闡述。

3.7.1　問題一研究設計和方法的闡述

研究問題一：「澳門為何在 PISA 評估計劃中屬於教育公平的基礎教育體系？將澳門與其他在 PISA 2006 評估計劃被認為是教育公平的基礎教育體系進行比較，他們在關鍵素養表現的差異為何？」本書將於第 4 和第 5 章進行討論和分析以回應研究問題一，其研究設計和方法如下：

為探討澳門被 PISA 評估計劃中被認為是教育公平的原因。本書於第 4 章借助 PISA 2006 教育公平的 9 個國家 / 經濟體作比較分析，這 9 個國家 / 經濟體的科學素養表現都高於 OECD 平均，同時其學生 ESCS 與學生科學素養表現的相關強度都低於 OECD 平均，這 9 個國家 / 經濟體分別是：芬蘭、香港、加拿大、愛沙尼亞、日本、澳洲、韓國、澳門、瑞典。從 ESCS 對科學素養表現預測力，及科學素養表現的 ESCS 坡度線，兩者同時分析參與國家 / 經濟體教育公平的問題，從中闡述 PISA 對教育公平的定義。

雖然，本書著眼點為澳門基礎教育的教育公平問題，但只追求教育公平而忽略教育的品質，未能真正回應當今澳門社會的發展和對人才的需求。因此，本書將於第 5 章，分析澳門 15 歲學生在 PISA 2006 評估計劃中科學、數學和閱讀素養，以及科學素養的三個子量尺的表現，並利用 15 歲學生科學素養表現比較包括澳門在內 9 個被 PISA 認為教育公平的國家 / 經濟體的測試結果，藉此瞭解澳門在這 9 個教育公平的國家 / 經濟體的教學效能，從而認識澳門與這些國家 / 經濟體教育品質的差異。

3.7.2　問題二研究設計和方法的闡述

　　研究問題二：「澳門基礎教育在回歸前後是否存在著教育不公平的客觀證據？當聚焦某主流類別學校時，澳門的教育公平情況如何？」本書將於第 6 和第 7 章透析澳門基礎教育可能存在的不公平現象，以回應研究問題二，其研究設計和方法如下：

　　本書將於第 6 章，運用科學的方法驗證澳門學校之間的教育公平問題，利用 HLM 分析澳門 ESCS 與科學素養表現的關係。首先，是進行 HLM 零模型辨析科學素養表現在學生和學校階層的變異情況；其次，計算學校 ESCS 對學校科學素養表現的預測力，並瞭解學校 ESCS 對學校科學素養表現的影響，從而探討澳門學校會否存在著收取高 ESCS 背景學生的學校有較高的科學素養表現。分析同時亦會考慮澳門學校之內學生 ESCS 對學生科學素養表現是否存在顯著影響？是否對澳門教育公平構成威脅？

　　由於澳門設有中學課程的學校數量有限，參加 PISA 2006 評估計劃的學校亦只有 43 所，研究者為了盡量避免學生、家長或學校能識別參與 PISA 2006 的澳門學校名稱和素養表現結果，在分析時嘗試以「ESCS 與科學素養表現的依存關係圖」為切入點，透過觀察澳門某些主流類別學校在「ESCS 與科學素養表現的依存關係圖」中的分布，分析這些主流類別學校之間的科學素養表現的 ESCS 坡度線斜率，以探討學校之間的教育不公平的問題。有關內容將於第 7 章呈現。

3.7.3　問題三研究設計和方法的闡述

　　研究問題三：「在學校階層中，當考慮學生 ESCS 和學校 ESCS 的影響之後，在學校資源環境、學校家長選校考慮和學校收生政策這三項因素中，有什麼中介變項能有效解釋學校 ESCS 與學校科學素養表現的關係？」本書將於第 8 章探討影響澳門基礎教育的教育公平的癥結，以回應研究問題三，其研究設計和方法如下：

　　PISA 2006 國際報告結果顯示，澳門在 57 個國家 / 經濟體中被評定為較為教育公平的地區之一，但是澳門土生土長市民的感知並不如是：有些學校的學習環境較理想，家長為子女選校時往往著眼於某幾所心儀學校，學校的收生政策也似乎針對不同社經文化階層學生。這些感知促使研究者對澳門基礎教育的公平性存疑。因此，有需要檢驗學校資源環境、學校家長選校

考慮和學校收生政策三類因素，能否解釋由於學校 ESCS 所導致的學校科學素養表現差異，有效成為學校 ESCS 與學校科學素養表現的中介機制，利用 HLM 中介變項分析，檢驗學校階層三類因素能否完全或部分中介學校 ESCS 對科學素養表現影響。其意義在於若能發現中介機制，並實施這些中介變項所描述的內容就能消除或減低澳門學校階層教育不公平的現象，從而為教育當局提供促進澳門教育公平的可行政策。

研究從三方面探討學校階層 ESCS 對科學素養影響的中介變項，分別是：

(1) 學校資源環境──研究假設：「學校 ESCS 越高，學校就有足夠的硬體 (設備) 或軟體 (師資)，學校的科學素養表現越高」。

(2) 學校家長選校考慮──研究假設：「學校 ESCS 越高，學校有足夠條件向高 ESCS 背景的家長宣傳校況，令家長對學校認同或提高其滿意度並願意讓其子女入讀，學校的科學素養表現越高」。

(3) 學校收生政策──研究假設：「學校 ESCS 越高，學校有足夠有條件選擇高素養表現學生收取其入讀，學校的科學素養表現越高」。

3.7.4　問題四研究設計和方法的闡述

研究問題四：「在學生階層中，學生的家庭及電腦教育資源如何透過學生的學習心理過程影響學生科學素養表現？」本書將於第 9 章探討學生階層澳門教育不公平的其中癥結，以回應研究問題四，其研究設計和方法如下：

從第 2 章得知 PISA 2006 的學生 ESCS 是由家長最高教育程度相應教育年期 (PARED)、父或母最高國際職業社經指標 (HISEI)、家庭資產指標 (WEALTH)、文化財產 (CULTPOSS)、家庭教育資源 (HEDRES) 和家庭中書籍的擁有量組成 (如圖 2-4 所示)。研究問題四會聚焦於學生 ESCS 當中的家庭教育資源 (HEDRES)，並加入家中能否上網，以及家庭電腦數目，分析這 3 個變項對學生科學素養表現的影響，目的是為了提出補償學生因家庭教育及電腦資源差距而導致科學素養表現的差距的措施。只聚焦在家庭和電腦教育資源，反映研究者不是期望改變學生父母的教育年期或父母的社會地位等狀況來減少學生學習的差距。基於此，本書借用「計劃行為理論」為起步點，根據圖 3-6 之關聯模式利用 SEM 分析學生的家庭及電腦教育資源對學

生科學素養的影響路徑及影響效果，以揭示家庭及電腦教育資源對學生科學素養表現的作用機制。上述變項若果經檢定後產生不公平現象，研究者希望據此建議教育當局制定政策進一步完善澳門基礎教育的公平性。

綜合四個研究問題的結果和發現，研究者會在第 10 章就澳門基礎教育的教育公平問題作出總結，並引用 Douglas Willm 的政策分析方法，根據澳門的實際情況，提出證據為本的教育公平政策建議。

3.8　本章總結

本章先就達成研究目的所採用之設計及方法作描述，說明 PISA 2006 評估計劃在澳門的研究對象及取樣，及其科學素養的評核框架及精練水平，指出 ESCS 與科學素養表現的依存關係圖和中介變項關於教育公平的檢定兩者對本書的意義。此外，研究者亦闡述了利用 HLM 進行教育公平數據分析的變項，以及利用 SEM 進行教育公平數據分析的概念模型。最後，這章指出本書在哪些章節具針對性的回應了研究的四組問題，梳理及鋪墊本書問題的統計分析方法和範式取向。

第 4 章

ESCS 與科學素養表現的依存關係

　　本章旨在解答研究問題 (1) 的上半部分：「澳門為何在 PISA 評估計劃中屬於教育公平的基礎教育體系？」問題解答詳述如下。

　　PISA 2006 評估計劃中，是以 ESCS 對科學素養表現預測力，及從科學素養表現的 ESCS 坡度線 (即將 ESCS 為橫座標，科學素養表現為縱座標，分析兩者的迴歸的關係而得)，兩者同時分析參與國家 / 經濟體教育公平的狀況。因此，本章首先將 PISA 對教育公平的定義作闡述，探討 ESCS 對科學素養表現預測力，以及探討如何透過科學素養表現的 ESCS 坡度線來評估 PISA 2006 參與國家 / 經濟體的教育公平狀況，澳門被 PISA 評估計劃中被認為是教育公平的原因，並比照 PISA 2006 中教育公平的 9 個國家 / 經濟體的教育公平狀況分析澳門基礎教育的公平，這 9 個國家 / 經濟體的科學素養表現都高於 OECD 平均，同時其學生 ESCS 與學生科學素養表現的相關強度都低於 OECD 平均，這 9 個國家 / 經濟體分別是：芬蘭、香港、加拿大、愛沙尼亞、日本、澳洲、韓國、澳門、瑞典。

　　本章在探討「OECD 整體」ESCS 與科學素養表現的預測力之前，必須釐定「OECD 整體」和「OECD 平均」的分別，「OECD 平均」是指計算統計量時對 PISA 2006 中 30 個 OECD 成員國作平均處理，「OECD 整體」是指計算統計量時對 PISA 2006 中 30 個 OECD 成員國作為一個單一整體處理。

4.1　ESCS 對科學素養表現的預測力

　　所謂「ESCS 對科學素養表現的預測力」，是指計算 ESCS 與科學素養表現的迴歸的關係中的迴歸決定係數 (R^2) 再乘以 100，即 ESCS 解釋科學素養表現變異百分比 ($R^2 * 100\%$)。

4.1.1 OECD 整體 ESCS 對科學素養表現的預測力

　　圖 4-1，是 PISA 2006 中 OECD 整體 15 歲中學生 ESCS 與科學素養表現 (可能值 1) 的散點圖，圖中隨機抽取了 OECD 整體的 2,458 位學生 (即 1% 學生)，縱座標代表學生科學素養表現 (可能值 1)，其數值範圍均根據 OECD 平均調校標準，平均值是 500，標準差為 100，散點圖中約三分之二的點在 400 與 600 分之間。橫座標代表 ESCS，平均值是 0，標準差為 1，因此，散點圖中約三分之二的學生位於 +1 和 -1 之間 (OECD, 2007a: 182)。圖中的直線是 OECD 整體科學素養表現 (可能值 1) 的 ESCS 坡度線。如同在第 2 章第 2.3 節提到學生 ESCS 與學生科學素養表現有中等至高度的關係，可以普遍地說：PISA 2006 結果說明 OECD 整體存在著有較高 ESCS 的學生就會有較高的科學素養表現，這從科學素養表現的 ESCS 坡度線上升的趨勢可以發現，即存在教育不公平的現象；但是要真正瞭解教育公平的問題，還要理解有關科學素養表現的 ESCS 坡度線高度、斜率、長度和曲線性指標等特徵，這些特徵將於本章 4.2 節作詳細闡述。

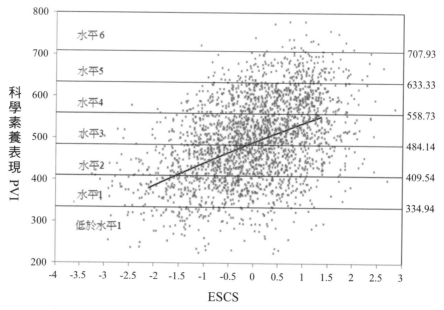

註：[1] 研究者隨機抽取了 PISA 2006 的 30 個 OECD 成員國的 2,458 名學生作為樣本。
　　[2] 圖中畫出科學素養可能值 1 與 ESCS 的關係，其餘四個可能值之關係見附錄 5。

圖 4-1　OECD 整體 ESCS 與科學素養表現 (可能值 1) 關係散點圖

　　從表 4-1 可見，OECD 整體 ESCS、$ESCS^2$ 迴歸決定係數 (R^2) 為 0.20，即 OECD 整體 ESCS 對科學素養表現的預測力有 20.0%(R^2 *100%)。此外，ESCS 對科學素養表現在統計上有顯著差異 (p<0.01)，OECD 整體 ESCS 一個單位的增加對科學素養表現就增加 44.49 分，但 $ESCS^2$ 對科學素養表現則在統計上沒有顯著差異 (p>0.05)。因此，OECD 整體 ESCS 與科學素養表現屬於線性的關係，即代表一定的 ESCS 差異與學生科學素養表現的變化大致相等。

表 4-1　OECD 整體 ESCS、$ESCS^2$ 對科學素養表現的迴歸分析

	Beta	B	標準誤
截距		495.68**	1.11
ESCS	0.444**	44.49**	0.74
$ESCS^2$	-0.013	-0.46	0.40

註：[1] **p<0.01；ESCS 中 2,572 個遺留值用 OECD 平均 0 取代。
　　[2] R^2 = 0.20。

4.1.2　澳門 ESCS 對科學素養表現的預測力

　　圖 4-2 顯示，PISA 2006 澳門學生 ESCS 與科學素養表現 (可能值 1) 的散點圖，澳門有 4,760 名 15 歲中學生參與測試，縱座標代表學生科學素養表現 (可能值 1)，橫座標代表學生的 ESCS。在澳門，學生 ESCS 指標有 14 遺留值，在進行分析時都以澳門的 ESCS 平均值代替。

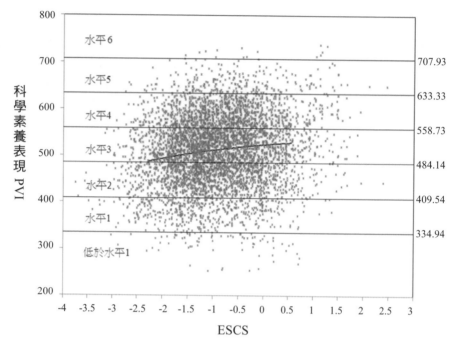

註：圖中畫出科學素養可能值 1 與 ESCS 的關係，其餘四個可能值之關係詳見附錄 6。

圖 4-2　澳門學生 ESCS 與科學素養表現 (可能值 1) 關係散點圖

　　表 4-2 可見，澳門 ESCS、$ESCS^2$ 迴歸決定係數 (R^2) 為 0.02，即 ESCS 對科學素養表現的預測力只有 2.0%(R^2 * 100%)。但 ESCS、$ESCS^2$ 對科學素養表現在統計上仍有顯著差異 ($p<0.01$；$p<0.05$)。在澳門 ESCS 每增加一個單位，對科學素養表現就增加 9.02 分。而 $ESCS^2$ 一個單位的增加，對科學素養表現的影響亦有 -2.71 分，因此，澳門科學素養表現的 ESCS 坡度線曲線性不太明顯，然而，澳門整體學生 ESCS 與科學素養表現存在非線性的關係。

表 4-2　澳門 ESCS、$ESCS^2$ 對科學素養表現的迴歸分析

	Beta	B	標準誤
截距		523.30 ***	1.75
ESCS	0.097	9.02 ***	2.48
$ESCS^2$	-0.063	-2.71 *	1.11

註：[1] *$p<0.05$；***$p<0.001$；ESCS 中 14 個遺留值用澳門平均 ESCS 取代。
　　[2] $R^2 = 0.02$。

4.1.3　在 57 個國家 / 經濟體中澳門 ESCS 對科學素養表現的預測力

　　圖 4-3 是參與 57 個國家 / 經濟體科學素養表現與 ESCS 對科學素養表現預測力關係圖，縱座標為科學素養表現，橫座標為 ESCS 對科學素養表現的預測力 (即 ESCS 解釋科學素養表現變異百分比)。普遍來說，學生科學素養表現不受 ESCS 所能預測為之教育公平。圖右上方象限的國家 / 經濟體代表學生科學素養表現高於 OECD 平均，ESCS 解釋科學素養表現變異百分比低於 OECD 平均 (14.4%)，其中包括芬蘭、香港、加拿大、愛沙尼亞、日本、澳洲、韓國、澳門、瑞典、臺灣、英國和愛爾蘭 12 個國家 / 經濟體。其中前 9 個國家 / 經濟體正是本書用作比較分析澳門教育公平的國家 / 經濟體。若以 ESCS 來解釋科學素養變異的百分比，澳門在參與評估計劃的 57 個國家 / 經濟體中是最低的，顯示澳門學生 ESCS 對素養表現的預測力是最低。正因如此，澳門被 PISA 認為是 15 歲學生基礎教育公平的地區的主要原因。

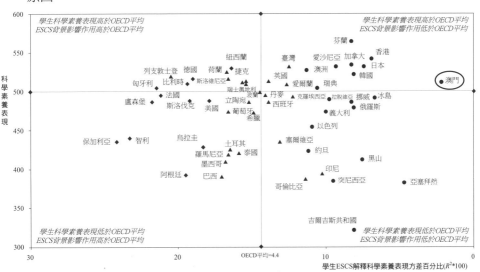

資料來源：OECD (2009a:189)。

註：◆ 學生表現與 ESCS 的關係強度高於 OECD 平均。
　　▲ 學生表現與 ESCS 的關係強度跟 OECD 平均無顯著差異。
　　● 學生表現與 ESCS 的關係強度低於 OECD 平均。

圖 4-3　PISA 2006 參與 57 個國家 / 經濟體科學素養表現
與 ESCS 對科學素養表現預測力關係圖

PISA 除了透過 ESCS 對科學素養表現的預測力，來評定參與國家／經濟體的教育公平情況，若要真正瞭解 PISA 2006 評估計劃教育公平的評定指標，還須深入分析科學素養表現 ESCS 坡度線的特徵。

4.2 PISA 2006 教育公平的 9 個國家／經濟體科學素養表現的 ESCS 坡度線

所謂「科學素養表現的 ESCS 坡度線」：即以 ESCS 為橫座標，科學素養表現為縱座標，計算兩者的迴歸的係數，透過科學素養表現的 ESCS 坡度線的高度、斜率和 ESCS 坡度線的長度及其曲線性指數等問題，來判定參與國家／經濟體的教育公平，以下就 PISA 2006 教育公平的 9 個國家／經濟體進一步瞭解教育公平的內涵。

4.2.1 科學素養表現的 ESCS 坡度線高度和斜率

表 4-3 顯示了 9 個國家／經濟體科學素養表現的 ESCS 坡度線高度、斜率和 ESCS 與科學素養表現之間的強度。假設將 9 個國家／經濟體的 ESCS 平均值等同於 OECD 平均時，從科學素養表現平均分可以知道科學素養表現的 ESCS 坡度線高度，即一個國家／經濟體科學素養表現的 ESCS 坡度線高度可作為該國家／經濟體學生整體 ESCS 與 OECD 平均相同時的科學素養表現水平。經調整平均分後澳門科學素養表現由原本的 510.84 分調整至 523.14 分，亦即是澳門科學素養表現的 ESCS 坡度線高度，由於澳門的 ESCS 平均比 OECD 平均為低，澳門 ESCS 的平均值若能提高至 OECD 平均為零的數值，則澳門的科學素養表現會增加 12.30 分 (523.14-510.84)。調整後 9 個國家／經濟體的科學素養表現比原本為高的國家／經濟體有：香港、澳門、日本和韓國，分別高出：17.59、12.30、1.93 和 0.34 分。調整後分數比原本為低的國家／經濟體有：加拿大、澳洲、芬蘭、瑞典和愛沙尼亞，分別低了：10.32、7.79、7.62、7.35 和 4.21 分。

「ESCS 與科學素養表現之間的強度」是指學生科學素養表現在多大程度上高於或低於科學素養表現的 ESCS 坡度線，表中「學生 ESCS 與科學素養表現之間強度」一欄可作解釋。這欄數據提供了學生 ESCS 解釋科學素養表現變異百分比，數字越大表示科學素養表現與學生 ESCS 相關越大，反之

亦然。9 個國家 / 經濟體全部都低於 OECD 平均 14.42%，而澳門是最低，只有 2.0%。

表 4-3　PISA 2006 教育公平的 9 個國家 / 經濟體的 ESCS 與科學素養關係

國家/地區	未調整科學素養表現平均分		假設 ESCS 與 OECD 平均的 ESCS 相等時科學素養表現平均分		學生 ESCS 與科學素養表現之間強度		ESCS 坡度線斜率	
	平均分	標準誤	平均分	標準誤	對學生表現變異解釋百分比 (R^2*100)	標準誤	ESCS 變一單位時表現差異	標準誤
芬蘭	563.32	2.02	555.70	1.84	8.28	0.87	31.14**	1.58
香港	542.21	2.47	559.80	2.92	6.89	1.26	25.86**	2.32
加拿大	534.47	2.03	524.15	1.82	8.22	0.68	33.13**	1.43
愛沙尼亞	531.39	2.52	527.18	2.41	9.33	1.12	31.37**	2.03
日本	531.39	3.37	533.32	3.14	7.43	0.95	38.79**	2.71
澳洲	526.88	2.26	519.09	1.74	11.30	0.78	43.01**	1.54
韓國	522.15	3.36	522.48	2.96	8.14	1.49	31.56**	3.13
澳門	510.84	1.06	523.14	1.78	2.00	0.49	13.33**	1.49
瑞典	503.33	2.37	495.99	2.16	10.55	0.97	38.22**	2.05
OECD 平均	500.00	0.53	499.94	0.49	14.42	0.26	39.77**	0.39

資料來源：整理自 OECD (2009b: 123)。
註：$**p<0.01$；數據沒有對 ESCS 遺留值作處理。

　　此外，ESCS 坡度線的斜率可以表示出由 ESCS 造成不公平的程度，科學素養表現的 ESCS 坡度線越陡，表示 ESCS 對學生科學素養表現影響越大，反之亦然。表中「ESCS 每變化一單位時表現差異」一欄之數值，即 ESCS 每變化一個單位會造成學生科學素養表現上的差異。9 個國家 / 經濟體的 ESCS 坡度線的斜率都為正，表示他們的 ESCS 與科學素養表現的關係是正向。OECD 平均的 ESCS 每增加一個單位時，科學素養表現增加 39.77，澳洲甚至高達 43.01 分。因此，澳洲比較不公平。而澳門是差異是最小的地區，只增加 13.33 分。

　　區分「ESCS 坡度線的斜率」和「ESCS 與科學素養表現之間的強度」是相當重要的。例如：日本和瑞典 ESCS 坡度線的斜率相當接近，分別是 38.79 和 38.22，即兩國 ESCS 每增加一個單位分別的科學素養表現就有

38.79 和 38.22 的增加。然而，在日本，ESCS 解釋科學素養表現變異百分比只有 7.43%，在瑞典，學生科學素養表現則較緊密分布在預測水平的範圍，ESCS 解釋科學素養表現變異百分比有 10.55%，可以說瑞典較日本準確預測由 ESCS 帶來的科學素養表現結果。

此外，還應注意不同 ESCS 的學生科學素養表現在不同國家 / 經濟體有不均衡的高低。要瞭解兩個處於不同 ESCS 的學生科學素養表現的差異，一個學生假定比 OECD 平均 ESCS 高一個標準差，而另一個學生假定比 OECD 平均 ESCS 低一個標準差，相差兩個標準差的兩位學生科學素養表現的差異因國家 / 經濟體而有別。在澳門這兩學生相距 26.70 分 (表 4-3 中 ESCS 坡度線的斜率的兩倍)，而其他國家 / 經濟體這兩學生相距分別由香港的 51.70 分至瑞典的 86.00 分。結果發現，其餘 8 個國家 / 經濟體假定的兩位學生科學素養表現的差距是澳門的約兩倍或以上。這再一次表明澳門被評為教育公平的原因。

4.2.2　科學素養表現的 ESCS 坡度線長度和曲線性指數

將 ESCS 第 5 個百分位數和第 95 個百分位數之間的學生作為科學素養表現的 ESCS 坡度線長度，即 ESCS 中間 90% 的學生在 ESCS 坡度線的跨度。國家 / 經濟體 ESCS 坡度線的長度代表該國家 / 經濟體 ESCS 分散的情況。ESCS 坡度線越長代表該國家 / 經濟體 ESCS 分散越廣。如表 4-4 顯示，OECD 平均的 ESCS 坡度線長度為 2.93，香港最長為 3.14，其次是澳門 2.83；最短的是日本 2.22。這表明香港的教育要面對學生 ESCS 分布的範圍比其餘國家 / 經濟體更要廣。

表 4-4　PISA 2006 教育公平的 9 個國家／經濟體的坡度線長度和曲線性指數

國家/地區	ESCS 坡度線投影的長度						曲線性指數	
	ESCS 第 5 個百分位數		ESCS 第 95 個百分位數		ESCS 第 95 和第 5 個百分位數間差異		ESCS^2 每變一單位的表現差異	標準誤
	指標	標準誤	指標	標準誤	差異	標準誤		
芬蘭	-1.04	0.03	1.48	0.02	2.52	0.03	1.89	1.56
香港	-2.17	0.04	0.98	0.08	3.14	0.09	-1.24	1.50
加拿大	-0.99	0.02	1.60	0.02	2.59	0.03	-2.57[*]	1.14
愛沙尼亞	-1.11	0.03	1.44	0.02	2.56	0.03	5.04[*]	2.20
日本	-1.08	0.02	1.13	0.01	2.22	0.02	-11.25[**]	2.49
澳洲	-1.08	0.02	1.39	0.03	2.47	0.03	-1.23	1.38
韓國	-1.32	0.05	1.30	0.04	2.62	0.07	2.51	1.77
澳門	-2.28	0.02	0.55	0.03	2.83	0.03	-2.81[**]	1.10
瑞典	-1.04	0.03	1.47	0.04	2.50	0.05	-1.49	1.84
OECD 平均	-1.43	0.01	1.50	0.01	2.93	0.01	-1.39[**]	0.28

資料來源：整理自 OECD (2009b: 123)。

註：[*]$p < 0.05$；[**]$p<0.01$；數據沒有對 ESCS 遺留值作處理。

　　圖 4-4 顯示 9 個國家／經濟體的科學素養表現的 ESCS 坡度線基本是線性的 (特別是芬蘭、香港、澳洲、韓國和瑞典)，即 ESCS 指標的增加基本上與科學素養表現的增加的比為一常數。但事實上，有些國家／經濟體 ESCS 坡度線在 ESCS 低水平時比較陡，在 ESCS 高水平時比較平緩，即 ESCS 超過某一水平後學生的科學素養表現增加不大，表中「曲線性指數」一欄為負數的國家／經濟體有：日本、澳門、加拿大、瑞典、香港和澳洲。也有些國家／經濟體系 ESCS 坡度線有相反的走勢，如：芬蘭、愛沙尼亞和韓國，亦即這些國家／經濟體在 ESCS 超過某一水平後，學生 ESCS 對科學素養表現增加率較大。

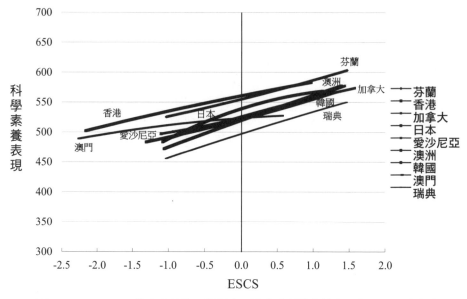

圖 4-4　PISA 2006 教育公平的 9 個國家／經濟體科學素養表現的 ESCS 坡度線

4.3　澳門科學、數學和閱讀素養表現的 ESCS 坡度線

除此以外，為了深入瞭解 ESCS 對澳門 15 歲中學生素養表現的影響，以下將對 PISA 2006 澳門三項素養和科學素養三個子量尺表現與 ESCS 的關係進行探討。結果如圖 4-5 顯示，六條分別代表三項素養和科學三個子量尺表現的 ESCS 坡度線走勢相當一致，都存著低坡度的關係。

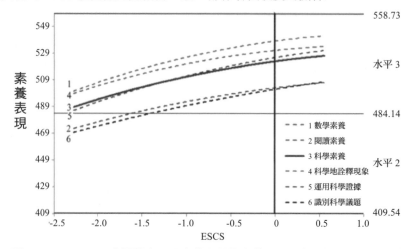

圖 4-5　PISA 2006 澳門學生三項素養和科學素養子量尺表現的 ESCS 坡度線

表 4-5 和表 4-6 顯示，無論澳門三項素養和科學素養三個子量尺表現與 ESCS、$ESCS^2$ 的決定係數 (R^2) 都介乎 0.02 至 0.03，即學生各素養和子量尺表現與 ESCS 的強度只有 2.0% 至 3.0%。因此，在澳門，ESCS 解釋三項素養和科學素養三個子量尺表現變異的百分比相當低。

表 4-5　澳門 ESCS、$ESCS^2$ 對數學、閱讀和科學素養表現的迴歸分析

	數學素養		閱讀素養		科學素養	
	B	標準誤	B	標準誤	B	標準誤
截距	538.38[**]	2.04	503.39[**]	2.09	523.30[**]	1.75
ESCS	8.87[**]	2.45	8.28[**]	2.83	9.02[**]	2.48
$ESCS^2$	-3.37[**]	1.06	-2.27[*]	1.17	-2.71[*]	1.11

註：[1] *$p<0.05$；**$p<0.01$。
　　[2] 數學、閱讀和科學素養迴歸分析之 R^2 都是 0.02。

表 4-6　澳門 ESCS、$ESCS^2$ 對科學素養三個子量尺表現的迴歸分析

	科學地詮釋現象		運用科學證據		識別科學議題	
	B	標準誤	B	標準誤	B	標準誤
截距	531.39[**]	1.83	526.08[**]	2.04	502.33[**]	1.96
ESCS	7.08[**]	2.74	11.17[**]	3.02	11.06[**]	2.93
$ESCS^2$	-3.14[**]	1.24	-2.78[*]	1.30	-1.40	1.33

註：[1] *$p<0.05$；**$p<0.01$。
　　[2] 科學地詮釋現象、運用科學證據、識別科學議題三項迴歸分析之 R^2 分別是 0.02、0.03 和 0.02。

由於 ESCS 分別與三項素養和科學素養三個子量尺表現都有相似的關係，因此，集中利用科學素養表現來探討澳門教育公平，具有相當的代表性。

4.4　本章總結

PISA 2006 評估計劃主要是透過科學素養表現的 ESCS 坡度線，以及 ESCS 對科學素養表現的預測力來定義參與國家／經濟體的教育公平情況。

若將澳門的 ESCS 平均值等同於 OECD 平均時，澳門的科學素養表現

會增加 12.30 分，ESCS 每變化一個單位造成學生科學素養表現的差異，澳門最少；一個國家 / 經濟體 ESCS 相差兩個標準差的兩位學生科學素養表現差距，澳門最少。若以 ESCS 來解釋科學素養變異的百分比，澳門在參與評估計劃的 57 個國家 / 經濟體中也是最低的，顯示澳門學生素養表現的預測力是最低 (R^2 * 100=2.0%)。

澳門 ESCS、$ESCS^2$ 對科學素養表現在統計上有顯著差異：六條分別代表三項素養 (科學、數學和閱讀) 和科學素養三個子量尺的 ESCS 坡度線走勢相當一致，即澳門無論是科學、數學、閱讀素養，或科學素養三個子量尺與 ESCS 存在著低坡度的非線性關係。可見，澳門 ESCS 對學生科學、數學和閱讀素養和科學素養三個子量尺表現變異解釋的百分比都相當低。

以上結果，正正說明澳門擁有教育公平的冠冕，只是在 PISA 2006 參與的 57 個國家 / 經濟體中有相對的公平而已，研究者鍥而不捨地從澳門家長傾向為子女報讀某些心儀的學校，質疑澳門學校之間的教育是否出現教育不公平現象，因此，本書繼續深入探討澳門是否教育公平的原因，將於第 6 章利用 HLM 從 ESCS 與科學素養表現的關係找出問題的癥結，並從學校階層 (第 7 章和第 8 章) 和學生階層 (第 9 章) 的分析，以尋找澳門教育公平中可能出現的不公平現象，並嘗試找出相對應的政策以減低不公平的現象。

第 5 章

PISA 2006 科學、數學和閱讀素養表現

　　本章是回應研究問題 (1) 的下半部分：「將澳門與其他在 PISA 2006 評估計劃被認為是教育公平的基礎教育體系進行比較，他們在關鍵素養表現的差異為何？」

　　根據 PISA 2006 評估計劃 (OECD, 2007a; 2007b)、《第一號報告書》(張國祥、薛寶嫦，2007) 及 OECD 網路 PISA 2006 資料庫，分析澳門 15 歲學生在 PISA 2006 評估計劃中科學、數學和閱讀素養及科學素養的三個子量尺表現，並從 15 歲學生科學素養表現比較包括澳門在內 9 個被 PISA 認為教育公平的國家 / 經濟體的測試結果，藉此瞭解澳門在這 9 個教育公平的國家 / 經濟體的教學效能。

5.1　在 57 個國家 / 經濟體中澳門的科學、數學和閱讀素養表現

　　PISA 2006 評估計劃結果顯示，澳門於科學和數學素養表現在統計上是顯著地高於 OECD 成員國家 / 經濟體的平均值，閱讀素養表現在統計上與 OECD 成員國的平均值未有顯著分別 ($p > 0.05$) (如表 5-1)。在統計上，澳門科學素養表現得分位列 15 至 20 之間。顯著高於澳門的國家 / 經濟體只有：芬蘭、香港、加拿大、臺灣、愛沙尼亞、日本、紐西蘭、澳洲、荷蘭、列支敦士登、韓國和斯洛維尼亞。數學素養表現得分位列 7 至 11 之間。將數學素養平均分由高至低排列，在統計上顯著地高於澳門的國家 / 經濟體系有：臺灣、芬蘭、香港和韓國。閱讀素養表現得分位列 18 至 22 之間。將閱讀素養平均分由高至低排列，在統計上顯著地高於澳門的國家 / 經濟體有：韓國、芬蘭、香港、加拿大、紐西蘭、澳洲、列支敦士登、波蘭、瑞典、荷蘭、比利時、愛沙尼亞和瑞士 (張國祥、薛寶嫦，2007)。

表 5-1　PISA 2006 素養表現結果

科學素養表現			數學素養表現			閱讀素養表現		
國家/地區	平均值	標準誤	國家/地區	平均值	標準誤	國家/地區	平均值	標準誤
芬蘭	563.32	2.02	臺灣	549.36	4.10	韓國	556.02	3.81
香港	542.19	2.47	芬蘭	548.36	2.30	芬蘭	546.87	2.15
加拿大	534.24	2.03	香港	547.46	2.67	香港	536.07	2.42
臺灣	532.45	3.57	韓國	547.46	3.76	加拿大	526.92	2.42
愛沙尼亞	531.37	2.52	荷蘭	530.65	2.59	紐西蘭	521.38	3.00
紐西蘭	530.55	2.74	瑞士	529.56	3.26	愛爾蘭	517.31	3.54
日本	530.16	3.44	加拿大	527.04	2.05	澳洲	516.01	3.01
澳洲	529.00	2.95	列支敦士登	525.32	4.64	列支敦士登	510.79	4.49
荷蘭	524.83	2.74	澳門	525.00	1.30	波蘭	507.53	2.78
列支敦士登	523.41	4.24	日本	523.94	3.29	瑞典	507.31	3.44
韓國	522.12	3.36	澳洲	522.21	3.15	荷蘭	506.75	2.93
斯洛維尼亞	518.89	1.10	紐西蘭	521.77	2.48	比利時	502.75	3.06
德國	515.50	3.87	比利時	521.75	2.95	愛沙尼亞	500.75	2.93
英國	514.74	2.29	愛沙尼亞	514.58	2.75	瑞士	499.59	3.10
捷克	512.83	3.48	丹麥	513.03	2.62	日本	496.80	3.74
瑞士	511.82	3.12	捷克	509.86	3.55	德國	496.27	4.38
澳門	510.80	1.06	冰島	506.91	1.46	臺灣	496.24	3.38
奧地利	510.47	3.91	奧地利	505.34	3.66	英國	495.08	2.25
比利時	509.59	2.58	斯洛維尼亞	504.37	1.00	斯洛維尼亞	494.50	0.97
愛爾蘭	508.29	3.19	德國	504.32	3.95	丹麥	494.48	3.18
匈牙利	503.89	2.68	瑞典	502.36	2.41	澳門	492.29	1.10
瑞典	503.29	2.38	愛爾蘭	501.47	2.79	OECD 平均	492.00	0.60
OECD 平均	500.00	0.50	OECD 平均	498.00	0.50	奧地利	491.30	3.95
波蘭	498.05	2.37	法國	495.54	3.17	法國	487.71	4.06
丹麥	495.85	3.11	英國	495.44	2.14	冰島	486.08	1.43
法國	495.18	3.36	波蘭	495.00	2.35	挪威	484.29	3.18
克羅埃西亞	492.99	2.45	斯洛伐克	492.11	2.82	捷克	482.72	4.18
冰島	491.46	1.50	匈牙利	490.94	2.89	匈牙利	482.38	3.28
拉脫維亞	489.50	2.97	盧森堡	490.00	1.07	拉脫維亞	479.49	3.73
美國	488.91	4.22	挪威	489.85	2.64	盧森堡	479.37	1.28
西班牙	488.60	2.46	拉脫維亞	486.17	3.03	克羅埃西亞	477.33	2.80
立陶宛	488.60	2.78	立陶宛	485.99	2.82	葡萄牙	472.58	3.54
斯洛伐克	488.39	2.59	西班牙	479.84	2.34	立陶宛	470.37	3.12
挪威	486.48	3.11	亞塞拜然	475.77	2.21	義大利	468.38	2.32
盧森堡	486.27	1.06	俄羅斯	475.26	3.90	斯洛伐克	466.35	3.06
俄羅斯	479.13	3.69	美國	474.35	4.02	西班牙	460.39	2.30
義大利	474.97	1.99	克羅埃西亞	466.70	2.42	希臘	459.71	4.04
葡萄牙	474.40	3.01	葡萄牙	465.61	3.04	土耳其	447.13	4.21
希臘	473.32	3.23	義大利	462.34	2.22	智利	442.69	4.72
以色列	453.63	3.73	希臘	459.20	2.97	俄羅斯	440.15	4.44
智利	438.42	4.28	以色列	442.86	4.21	以色列	437.13	4.49
保加利亞	434.00	6.12	塞爾維亞／黑山	431.96	3.18	泰國	416.75	2.57
塞爾維亞／黑山	433.30	2.75	烏拉圭	426.80	2.61	烏拉圭	412.52	3.43
烏拉圭	428.05	2.75	土耳其	423.94	4.90	墨西哥	409.46	3.17
土耳其	423.75	3.84	泰國	416.66	2.31	保加利亞	401.93	6.91
約旦	421.88	2.84	羅馬尼亞	414.29	4.25	約旦	400.58	3.27
泰國	420.57	2.18	保加利亞	413.45	6.13	塞爾維亞／黑山	400.17	3.13
羅馬尼亞	418.59	4.21	智利	411.00	4.49	羅馬尼亞	396.99	4.90
墨西哥	409.77	2.66	墨西哥	405.03	2.89	印尼	392.90	5.56
印尼	393.35	5.75	印尼	389.65	5.62	巴西	392.89	3.74
阿根廷	391.29	6.01	約旦	384.03	3.30	哥倫比亞	385.31	5.08
巴西	390.23	2.79	阿根廷	380.55	6.19	突尼西亞	380.34	4.02
哥倫比亞	387.93	3.38	哥倫比亞	369.98	3.78	阿根廷	373.98	7.14
突尼西亞	385.40	2.96	巴西	369.52	2.93	亞塞拜然	351.96	3.11
亞塞拜然	382.24	2.75	突尼西亞	365.48	3.96	卡達	312.21	1.20
卡達	349.19	0.86	卡達	317.96	1.02	吉爾吉斯	284.70	3.48
吉爾吉斯	321.89	2.94	吉爾吉斯	310.58	3.41	美國	-	-

資料來源：OECD (2007b)。

註：[1] 塞爾維亞和黑山共和國的學生資料於 PISA 資料庫中是合併在一起的，故表中列出的是 56 而非 57 個國家／經濟體。

[2] 基於美國測驗卷的印刷錯誤，未能提供它的閱讀素養表現結果。

5.2 PISA 2006 教育公平的 9 個國家 / 經濟體科學、數學和閱讀素養表現

　　表 5-2 顯示了教育公平的 9 個國家 / 經濟體科學、數學和閱讀素養表現，這 9 個國家 / 經濟體除了科學素養表現高於 OECD 平均外，數學和閱讀素養表現也高於 OECD 平均。這 9 個國家 / 經濟體中，澳門數學素養表現排名第五，而科學和閱讀素養表現排名分別為第八和第九。可見，同被 PISA 2006 評量結果顯示為具教育公平的國家 / 經濟體中，澳門至少在科學和閱讀素養表現上未能達到其他國家 / 經濟體的教育卓越水平。

表 5-2　PISA 2006 教育公平的 9 個國家 / 經濟體的科學素養表現

國家/	科學素養表現		數學素養表現		閱讀素養表現	
經濟體系	平均值	標準誤	平均值	標準誤	平均值	標準誤
芬蘭	563.32	2.02	548.36	2.30	546.87	2.15
香港	542.21	2.47	547.46	2.67	536.07	2.42
加拿大	534.47	2.03	527.04	2.05	526.92	2.42
愛沙尼亞	531.39	2.52	514.58	2.75	500.75	2.93
日本	531.39	3.37	523.94	3.29	496.80	3.74
澳洲	526.88	2.26	522.21	3.15	516.01	3.01
韓國	522.15	3.36	547.46	3.76	556.02	3.81
澳門	510.84	1.06	525.00	1.30	492.29	1.10
瑞典	503.33	2.37	502.36	2.41	507.31	3.44
OECD 平均	500.00	0.53	498.00	0.50	492.00	0.60

5.2.1 科學素養的三個子量尺表現分析

　　PISA 2006 評估計劃焦點集中在科學素養上，並將科學素養分為三個子量尺，包括：識別科學議題、科學地詮釋現象和運用科學證據。

　　PISA 2006 教育公平的 9 個國家 / 經濟體的科學素養的三個子量尺表現比較，瑞典和澳門在識別科學議題的表現低於 OECD 平均 (見表 5-3)，而且澳門在識別科學議題的表現最低，澳門在科學地詮釋現象的表現和運用科學證據的表現排名第七和第八。可見，澳門科學素養的三個子量尺表現同樣未能達到其他具教育公平的國家 / 經濟體的卓越水平。

表 5-3　PISA 2006 教育公平的 9 個國家／經濟體的科學素養三個子量尺表現

國家／經濟體	識別科學議題		科學地詮釋現象		運用科學證據	
	平均值	標準誤	平均值	標準誤	平均值	標準誤
芬蘭	554.93	2.26	566.17	2.04	567.43	2.34
香港	527.80	3.15	549.25	2.49	542.36	2.73
加拿大	531.86	2.32	530.89	2.14	541.55	2.18
愛沙尼亞	515.64	2.55	540.55	2.61	530.95	2.66
日本	522.05	3.99	527.29	3.14	544.34	4.16
澳洲	535.33	2.34	520.23	2.26	531.28	2.39
韓國	519.07	3.72	511.65	3.33	538.46	3.73
澳門	490.07	1.23	519.99	1.24	511.55	1.23
瑞典	498.61	2.60	509.77	2.88	499.24	0.62
OECD 平均	498.79	0.55	500.35	0.54	496.09	2.62

5.2.2　科學素養六個精練水平表現分析

　　本書第 3 章第 3.2 節已提及 PISA 2006 將科學素養素表現的高低分為六個等級：低於 334.94 分被視為精練水平低於 1；精練水平 1 由 334.94 分至 409.54 分；精練水平 2 由 409.54 分至 484.14 分；精練水平 3 由 484.14 分至 558.73 分；精練水平 4 由 558.73 分至 633.33 分；精練水平 5 由 633.33 分至 707.93 分；精練水平 6 為 707.93 分以上。

　　如表 5-4 顯示，在 9 個國家／經濟體中學生科學素養精練水平達到 5 和 6 的人數百分比最多是芬蘭 20.91%，其次是香港 15.92%、日本 15.05%、澳洲 14.61%、加拿大 14.42%、愛沙尼亞 11.50%、韓國 10.33%、瑞典 7.88% 及澳門 5.30%，澳門科學素養精練水平達到 5 和 6 的人數百分比相對 OECD 平均 8.99% 還要低；在 9 個國家／經濟體中學生科學素養精練水平在 1 和低於 1 的人數比例最多是瑞典 16.37%，其次澳洲 12.85%、日本 12.03%、韓國 11.24%、澳門 10.29%、加拿大 10.01%、香港 8.75%、愛沙尼亞 7.65%、芬蘭只有 4.09%。這 9 個國家／經濟體的學生科學素養精練水平在 1 和低於 1 的人數比例較 OECD 的 19.22% 要少。

　　澳門科學素養表現較多集中在中間位置的精練水平 (水平 2-4)，高精練水平和低精練水平的學生比例較少。這顯示了澳門雖然能減少低表現的學生，但同時，澳門亦未能培育出大量在科學素養表現卓越的學生，即澳門要達到卓越的教育需增加精練水平 5 和 6 學生的百分比。

表 5-4　PISA 2006 教育公平的 9 個國家 / 經濟體的科學素養各精練水平百分比

國家 / 經濟體	科學素養精練水平													
	低於 1		1		2		3		4		5		6	
	%	標準誤	%	標準誤	%	標準誤	%	標準誤	%	標準誤	%	標準誤	%	標準誤
芬蘭	0.53	0.13	3.56	0.45	13.61	0.68	29.14	1.07	32.25	0.89	16.96	0.72	3.95	0.35
香港	1.73	0.36	7.02	0.68	16.93	0.81	28.69	0.95	29.71	0.95	13.85	0.80	2.07	0.30
加拿大	2.19	0.27	7.82	0.47	19.06	0.64	28.85	0.58	27.66	0.65	12.03	0.52	2.39	0.25
愛沙尼亞	0.95	0.23	6.70	0.57	21.00	0.88	33.69	0.96	26.16	0.94	10.09	0.71	1.41	0.27
日本	3.18	0.45	8.85	0.73	18.46	0.86	27.48	0.85	26.98	1.14	12.43	0.63	2.62	0.33
澳洲	3.03	0.25	9.82	0.46	20.22	0.63	27.73	0.51	24.58	0.53	11.77	0.53	2.84	0.26
韓國	2.51	0.49	8.73	0.77	21.18	1.05	31.76	1.17	25.49	0.91	9.23	0.83	1.10	0.29
澳門	1.41	0.24	8.88	0.50	25.98	0.97	35.67	1.14	22.77	0.73	5.04	0.34	0.26	0.09
瑞典	3.80	0.44	12.57	0.64	25.18	0.88	29.48	0.90	21.09	0.90	6.79	0.47	1.09	0.21
OECD 平均	5.16	0.11	14.06	0.15	24.04	0.17	27.40	0.17	20.34	0.16	7.70	0.10	1.29	0.04

5.3　本章總結

　　澳門 15 歲學生於科學和數學素養表現在統計上是顯著地高於 OECD 平均，閱讀素養表現在統計上與 OECD 平均沒有顯著分別。但在 PISA 2006 教育公平的 9 個國家 / 經濟體中，澳門科學和閱讀素養表現及科學素養的三個子量尺表現，未能達到其他國家 / 經濟體的教育卓越水平。

　　澳門科學素養精練水平 5 和 6 百分比只有 5.04% 和 0.26%。OECD 平均精練水平 1 和低於 1 的百分比分別是 14.06% 和 5.16%，澳門科學素養精練水平 1 和低於 1 的百分比只有 8.88% 和 1.41%，澳門科學素養較多集中在中間位置的精練水平，高精練水平和低精練水平的學生比例較少。這顯示了澳門雖然能減少低表現的學生，但同時，澳門亦未能培育出大量在科學素養表現卓越的學生。

第 6 章

澳門教育公平中的不公平現象

　　本章旨在解答研究問題 (2) 上半部分：「澳門基礎教育在回歸前後是否存在著教育不公平的客觀證據？」研究者將運用科學的方法驗證澳門學校之間的教育公平問題。分析學校 ESCS 對學校科學素養表現的預測力，並瞭解學校 ESCS 對學校科學素養表現的影響，從而探討澳門學校會否存在著收取 ESCS 背景較高學生的學校有較高的科學素養表現。分析同時，亦會考慮澳門學校之內學生 ESCS 對學生科學素養表現是否存在顯著影響？是否對澳門教育公平構成威脅？

6.1　澳門學校科學素養表現差異

　　本節期望透過 HLM 分析澳門學校之間的科學素養表現是否存在差異，並期望探討科學素養表現的總變異中有多少變異是學校間變異。要探討 PISA 2006 中澳門各校的科學素養表現是否存在著差異？科學素養表現的總變異中有多少變異是學校間變異？使用 HLM 之次模型——零模型 (The Null Model) 進行分析。在校內的學生階層 (階層一) 和學校階層 (階層二) 都沒有預測變項。模型如下：

階層一　　　$Y_{ij} = \beta_{0j} + r_{ij}$　，假設 $r_{ij} \sim N(0, \sigma^2)$

階層二　　　$\beta_{0j} = \gamma_{00} + \mu_{0j}$

　　在學校 $j = 1,...,43$ 中有學生 $i = 1,...,n_j$，其中，Y_{ij} 代表第 j 所學校第 i 位學生的科學素養表現，n_j 代表第 j 所學校 15 歲學生取樣人數，β_{0j} 為階層一方程第 j 所學校的截距，即第 j 所學校平均科學素養表現，γ_{00} 為各學校科學素養表現的平均值，r_{ij} 是學生階層之隨機效果，μ_{0j} 是學校階層之隨機效果，σ^2 為學生階層校內的變異數 (組內變異)，τ_{00} 是學校階層 μ_{0j} 的變異數 (組間變異)。

在利用 HLM 模型進行分析時要注意的是，PISA 2006 受測試的學生只是回答了 13 本試題冊中的一本，因此 PISA 所提供的是分數可能分布的範圍，而不是單一個數值，PISA 利用了 Rasch 模型進行計算，保證統計量的效度和測量的質量。因此，因變項 Y_{ij} 並非單一的分數，須計算每位學生科學素養表現的五個可能值而得到。

表 6-1　澳門科學素養表現的 HLM 零模型分析

固定效果	係數	估計標準誤	t 值	p 值
γ_{00}	503.91	6.003	83.95***	0.000
隨機效果	變異數	自由度	χ^2	p 值
μ_{0j}	1619.58	42	1220.71***	0.000
r_{ij}	4941.82			

註：***p<0.001。

從表 6-1 可見，澳門各校的科學素養表現平均之估計值為 503.91，估計標準誤是 6.003。澳門各校平均科學素養表現差異 95% 信賴區間的變化範圍 425.03 至 582.79(此範圍由公式計得：γ_{00} +/- 1.96 * $\tau_{00}^{1/2}$ = 503.91 +/-1.96 * $1619.58^{1/2}$)，這顯示了澳門各校科學素養表現的變化範圍。此外，各校間的變異 (τ_{00}=1619.58，df=42，χ^2=1220.71，p<0.001) 達顯著水準，即各校之間的科學素養表現存在顯著的差異。藉由學校間變異 (τ_{00}) 及學校內變異 (σ^2) 可算出內在組別相關係數 (Intra-class correlation coefficient ρ) (此係數由公式計得：τ_{00} /($\tau_{00}+\sigma^2$)=1619.58/(1619.58+4941.82)=24.68%)，即代表澳門科學素養表現的總變異量中有 24.68% 是由學校階層所造成。

根據內在組別相關係數 (ρ) 發現，依變項 (科學素養表現) 存在學校之間的差異，單就變異數分析學校因素對各校不同科學素養表現結果就能夠解釋 24.68%，達到顯著水準，意味有相關變項可解釋不同學校之間科學素養表現的差異。因此，不能只用一般的單一階層迴歸模型，須考慮到學校間差異的特性，以下將以進階模型進行分析探討。

6.2　澳門學校 ESCS 對學校科學素養表現的影響

上述研究發現澳門學校之間科學素養表現存在差異，本節將引入學生

ESCS 和學校 ESCS 變項，並探討他們與科學素養表現是否存在顯著的影響。如果存在顯著影響，則分析這會對教育公平有何重要的啟示。以下就學校之內和學校之間的科學素養表現變異進行分析。

6.2.1　學校之內學生 ESCS 對學生科學素養表現的影響

為瞭解在澳門學校之內學生的 ESCS 和 ESCS^2（利用 ESCS^2 是因為在第 4 章發現澳門學生 ESCS 與科學素養表現存在著統計上顯著非線性關係）能否成為學生科學素養表現的預測因子，在零模型校內學生階層中加入預測變項 ESCS 和 ESCS^2，學校階層保持沒有預測變項，而學生階層（階層一）方程的截距與斜率，在學校階層（階層二）均設為隨機效果，即隨機效果迴歸模型，模型如下：

階層一　　　$Y_{ij} = \beta_{0j} + \beta_{1j} X_{ij} + \beta_{2j} X_{ij}^2 + r_{ij}$，假設 $r_{ij} \sim N(0, \sigma^2)$

階層二　　　$\beta_{0j} = \gamma_{00} + \mu_{0j}$

$\qquad\qquad\ \beta_{1j} = \gamma_{10} + \mu_{1j}$

$\qquad\qquad\ \beta_{2j} = \gamma_{20} + \mu_{2j}$

Y_{ij} 代表各校學生科學素養表現，X_{ij} 代表 ESCS，β_{0j} 代表第 j 所學校控制了 ESCS 和 ESCS^2 後學生科學素養表現的平均數，β_{1j} 代表第 j 所學校之學生 ESCS 對學生科學素養表現的影響，β_{2j} 代表第 j 所學校之學生 ESCS^2 對學生科學素養表現的影響，r_{ij} 代表學生階層的隨機效果。γ_{00} 代表控制了 ESCS 和 ESCS^2 後科學素養表現的整體平均數，μ_{0j} 代表第 j 所學校控制了 ESCS 和 ESCS^2 後之科學素養表現與整體平均的差異，變異數為 τ_{00}，γ_{10} 代表學生 ESCS 對科學素養表現的平均影響，γ_{20} 代表學生 ESCS^2 對科學素養表現的平均影響，μ_{1j} 代表第 j 所學校之學生 ESCS 對學生科學素養表現的影響與所有學校之學生的 ESCS 對科學素養表現影響的平均數的差異，μ_{2j} 代表第 j 所學校之學生 ESCS^2 對科學素養表現的影響與所有學校之學生的 ESCS^2 對科學素養表現影響的平均數的差異。

表 6-2　ESCS、ESCS^2 對科學素養表現的 HLM 隨機效果模型分析

固定效果	係數	估計標準誤	t 值	p 值
γ_{00}	508.45	6.29	80.89***	0.000
ESCS 斜率, γ_{10}	0.93	2.93	0.32	0.752
ESCS^2 斜率, γ_{20}	-2.85	1.64	-1.74	0.089
隨機效果	變異數	自由度	χ^2	p 值
μ_{0j}	1516.17	41	505.67***	0.000
ESCS 斜率, μ_{1j}	115.56	41	57.28*	0.047
ESCS^2 斜率, μ_{2j}	27.20	41	54.00	0.084
r_{ij}	4869.55			

註：$*p<0.05$；$***p<0.001$。

　　表 6-2 顯示，ESCS^2 對學生科學素養表現的效應在統計上沒有顯著差異($p>0.05$)。因此，將 HLM 隨機效果模型中 ESCS^2 剔除，在校內學生階層預測變項中只保留 ESCS，學校階層仍然不變。修改後的 HLM 隨機效果模型如下：

階層一　　$Y_{ij} = \beta_{0j} + \beta_{1j} X_{ij} + r_{ij}$，假設 $r_{ij} \sim N(0, \sigma^2)$

階層二　　$\beta_{0j} = \gamma_{00} + \mu_{0j}$

　　　　　$\beta_{1j} = \gamma_{10} + \mu_{1j}$

Y_{ij} 代表各校學生科學素養表現，X_{ij} 代表 ESCS，β_{0j} 代表第 j 所學校控制了 ESCS 後學生科學素養表現的平均數，β_{1j} 代表第 j 所學校之學生 ESCS 對科學素養表現的影響，r_{ij} 代表學生階層的隨機效果。γ_{00} 代表控制了 ESCS 後科學素養表現的整體平均數，μ_{0j} 代表第 j 所學校控制了 ESCS 後之科學素養表現與整體平均的差異，變異數為 τ_{00}，γ_{10} 代表學生 ESCS 對學生科學素養表現的平均影響，μ_{1j} 代表第 j 所學校之學生 ESCS 對學生科學素養表現的影響與所有學校之學生的 ESCS 對科學素養表現影響的平均數的差異。

表 6-3　ESCS 對科學素養表現的 HLM 隨機效果模型分析

固定效果	係數	估計標準誤	t 值	p 值
γ_{00}	509.91	6.17	82.66[***]	0.000
ESCS 斜率, γ_{10}	7.27	2.18	3.33[**]	0.002
隨機效果	變異數	自由度	χ^2	p 值
μ_{0j}	1491.22	41	647.24[***]	0.000
ESCS 斜率, μ_{1j}	53.92	41	72.24[**]	0.002
r_{ij}	4891.18			

註：$**p<0.01$；$***p<0.001$。

表 6-3 統計發現，ESCS 斜率之固定效果 (γ_{10}) 達統計上的顯著意義
($p<0.01$)，代表學生階層 ESCS 顯著地影響學生科學素養表現。且 ESCS 斜
率 (γ_{10})=7.27，即學生 ESCS 每增加一單位，學生科學素養會提高 7.27 分。
隨機效果方面，μ_{0j} 的變異數 τ_{00}=1491.22，df=41，χ^2=647.24，達統計上之
顯著水準 ($p<0.001$)，表示本研究本書加入學生階層的 ESCS 變項後，各校
控制了 ESCS 後學生科學素養表現的平均數仍有顯著的差異。此外，加入
學生階層的 ESCS 後，學生階層 (組內) 的科學素養表現變異數，由零模型
4941.82 降低至 4891.18，即該模型能解釋校內學生科學素養表現變異數的百
分比為 (4941.82-4891.18)/4941.82=1.02%。同時，學校階層 (組間) 科學素
養表現變異數由零模型 1619.58 降低至 1491.22，即該模型能解釋學校間科
學素養表現變異數的百分比為 (1619.58-1491.22)/1619.58=7.93%。

6.2.2　學校之間學校 ESCS 對學校科學素養表現的影響

由於 6.1 節分析結果顯示，澳門學校之間的科學素養表現差異達顯著水
準，其中由學校所造成的變異占 24.68%。因此，本節將引入學校 ESCS 和
學校 ESCS²，分析以學校 ESCS 和學校 ESCS² 作為變項能否解釋學校間科學
素養表現的差異。進階模型如下：

階層一　　$Y_{ij} = \beta_{0j} + r_{ij}$　，　假設 $r_{ij} \sim N(0, \sigma^2)$

階層二　　$\beta_{0j} = \gamma_{00} + \gamma_{01}$　　$(\overline{W}_j) + \gamma_{02} (\overline{W}_j^2) + \mu_{0j}$

Y_{ij} 代表第 j 所學校中第 i 位學生的科學素養表現，β_{0j} 代表第 j 所學校
平均科學素養表現，r_{ij} 代表階層一的隨機效果。$\overline{W}_j$ 代表學校 ESCS，$\overline{W}_j^2$ 代
表學校 ESCS²，γ_{00} 代表各校平均科學素養表現的之平均值，γ_{01} 代表學校
ESCS 對各校平均科學素養表現的影響，γ_{02} 代表學校 ESCS² 對各校平均科

學素養表現的影響，μ_{0j} 是第 j 所學校之科學素養表現與控制了學校 ESCS 和學校 $ESCS^2$ 後整體平均科學素養表現的差異，其變異數為 τ_{00}。

表 6-4 澳門學校 ESCS、$ESCS^2$ 對科學素養表現的平均數
為隨機效果的 HLM 模型分析

固定效果	係數	估計標準誤	t 值	p 值
γ_{00}	525.94	12.12	43.41***	0.000
學校 ESCS，γ_{01}	-12.17	23.67	-0.51	0.609
學校 $ESCS^2$，γ_{02}	-32.54	15.42	-2.11*	0.041
隨機效果	變異數	自由度	χ^2	p 值
μ_{0j}	1390.16	40	974.08***	0.000
r_{ij}	4942.36			

註：*$p<0.05$；***$p<0.001$。

表 6-4 統計結果顯示，固定效果學校 $ESCS^2(\gamma_{02})$ 達顯著水準 ($p<0.05$)，顯示學校 $ESCS^2$ 對各校平均科學素養表現有顯著影響，即學校 ESCS 與學校科學素養表現存在著非線性關係。在考慮學校 ESCS 和學校 $ESCS^2$ 的作用下，澳門學校平均科學素養表現差異 95% 信賴區間的變化範圍 452.86 至 599.02 分 (γ_{00}+/- 1.96 * $\tau_{00}^{1/2}$ = 525.94 +/- 1.96 * $1390.16^{1/2}$)，對比原本零模型得的 425.03 至 582.79 分的變化區間提升並稍微縮窄，即考慮學校 ESCS 和學校 $ESCS^2$ 後，學校科學素養表現有所提升和科學素養表現的差距有所減少。

隨機效果方面，μ_{0j} 的變異數 τ_{00}=1390.16，df=40，χ^2=974.08，具統計上之顯著水準 ($p<0.001$)，表示本研究本書在零模型的基礎上，考慮學校 ESCS 及學校 $ESCS^2$ 後，各校科學素養表現的平均數仍有顯著差異。另外，加入學校 ESCS 及學校 $ESCS^2$ 後，校內學生階層 (組內) 平均科學素養表現變異數與零模型相約，顯示相關學校變項對解釋校內學生階層的變異並無明顯作用。而學校階層 (組間) 平均科學素養表現變異數由零模型 τ_{00}=1619.58 降低至 1390.16，即該模型能解釋學校間科學素養表現變異數的百分比為 (1619.58-1390.16)/1619.58=14.17%，在學校階層的預測力優於 6.2.1 節的模型。

6.3　學校之內和學校之間 ESCS 對科學素養表現的綜合模型分析

為瞭解在學校之內和學校之間學生 ESCS、學校 ESCS 和學校 ESCS^2 對學生科學素養表現和學校科學素養表現綜合的影響，嘗試綜合 6.2.1 和 6.2.2 的模型，瞭解二階層聯合作用下的結果有何不同。即校內學生階層的預測變項為 ESCS，學校階層的預測變項為學校 ESCS 和學校 ESCS^2。綜合模型如下：

階層一　　$Y_{ij} = \beta_{0j} + \beta_{1j} X_{ij} + r_{ij}$　，　假設 $r_{ij} \sim N(0, \sigma^2)$

階層二　　$\beta_{0j} = \gamma_{00} + \gamma_{01} (\overline{W_j}) + \gamma_{02} (\overline{W_j}^2) + \mu_{0j}$

　　　　　$\beta_{1j} = \gamma_{10} + \mu_{1j}$

Y_{ij} 代表各校學生科學素養表現，X_{ij} 代表 ESCS，β_{0j} 代表控制 ESCS 後第 j 所學校學生科學素養表現的平均數，β_{1j} 代表第 j 所學校之學生 ESCS 對學生科學素養表現的影響，r_{ij} 代表階層一方程的隨機效果。$\overline{W_j}$ 代表學校 ESCS，$\overline{W_j}^2$ 代表學校 ESCS 的平方，γ_{00} 代表控制學校 ESCS 和學校 ESCS 平方後學校科學素養表現平均，μ_{0j} 的變異數為 τ_{00}。γ_{10} 代表各校學生 ESCS 對學生科學素養表現的平均影響，μ_{1j} 的變異數為 τ_{11}。

表 6-5　學生 ESCS 及學校 ESCS、ESCS^2 對科學素養表現的 HLM 綜合模型分析

固定效果	係數	估計標準誤	t 值	p 值
(1) 科學素養表現平均				
γ_{00}	524.68	12.08	43.45***	0.000
學校 ESCS，γ_{01}	-24.78	22.96	-1.08	0.287
學校 ESCS^2，γ_{02}	-36.31	14.96	-2.43*	0.020
(2) 學生 ESCS 對學生科學素養表現平均影響				
γ_{10}	7.00	2.21	3.16**	0.003
隨機效果	變異數	自由度	χ^2	p 值
μ_{0j}	1385.38	39	544.17***	0.000
ESCS 斜率，μ_{ij}	56.14	41	72.09**	0.002
r_{ij}	4890.52			

註：*$p<0.05$；**$p<0.01$；***$p<0.001$。

　　以綜合模型來檢定影響學生科學素養表現的脈絡效果，由表 6-5 可知，固定效果 ESCS(γ_{10}) 及學校 ESCS^2(γ_{02}) 達顯著水準 ($p<0.01$; $p<0.05$)；隨機效果方面，μ_{0j} 的變異數 τ_{00}=1385.38，df=39，χ^2=544.17，具統計上之顯著水準，表示考慮學校 ESCS 及學校 ESCS^2 後，各校科學素養表現仍有顯著差異 ($p<0.001$)。同時，學生 ESCS 對學生科學素養表現有顯著影響 ($p<0.01$)。綜合模型內，學生階層 (組內) 科學素養表現變異數，由零模型 4941.82 降低至 4890.52，即該模型能解釋校內學生科學素養表現變異數的百分比為 (4941.82-4890.52)/4941.82=1.04%。同時，學校階層 (組間) 平均科學素養表現變異數由零模型 1619.58 降低至 1385.38，即此綜合模型能解釋學校間科學素養表現變異數的百分比為 (1619.58-1385.38)/1619.58=14.46%。

6.4　本章總結

綜合本章模型的處理和分析，茲將重要的結果歸納如下：

(1) 澳門的學校科學素養表現有顯著差異。

(2) 澳門學生科學素養表現的總變異中有 24.68% 是由學校所造成的。

(3) 學校之內學生 ESCS 對學生科學素養表現的預測力在統計上達顯著水準，而解釋量只有 1.04%。

(4) 學校之間的學校 ESCS^2 對學校科學素養表現的預測達統計上顯著水準，其解釋量為 14.46%。

(5) 學校 ESCS 在學校階層對學校科學素養表現的解釋量大於學生階層中學生 ESCS 對學生科學素養表現的解釋量。

(6) 學校之內學生階層和校間學校階層中，分別考慮 ESCS 和學校 ESCS 所能解釋的變異後，澳門各校的科學素養表現仍達顯著的差異，顯示仍有學生和學校階層變項影響科學素養表現。

綜合而言，雖然澳門被 OECD 評定為 15 歲學生基礎教育公平的地區之一，但只是相對 PISA 2006 其他參與國家 / 經濟體而言，澳門學校之間的教育不公平現象其實頗為突出，教育公平中出現不公平現象。有關學校之間的教育不公平現象將於第 7 和第 8 章進一步分析，期望解釋其中的原因。

在校內學生階層和校間學校階層中，分別考慮學生 ESCS 和學校 ESCS

所能解釋的科學素養分數變異後，澳門各校的科學素養表現仍達顯著的差異。表示各校科學素養表現上的差異，尚待其他變項來解釋。由於本研究本書往後焦點在於解釋影響澳門教育公平問題在學校和學生兩個階層的癥結，研究者將會集中對學校階層學校資源環境、學校家長選校考慮和學校收生政策等變項進行中介變項檢定分析，以及對學生階層家庭資源環境及其相關學習過程變項對學生素養表現的路徑分析。

第 7 章

影響澳門 ESCS 與科學素養表現關係的學校類別因素

針對研究問題 (2) 的下半部分：「當聚焦某類別學校時，澳門的教育公平情況如何？」以及在第 6 章的分析發現了澳門學校之間教育不公平現象尤為突出，本章集中探討學校之間教育不公平的問題，嘗試以 ESCS 與科學素養表現的依存關係圖為切入點，觀察澳門某主流類別學校在 ESCS 與科學素養表現的依存關係圖中的分布情況，並分析這些主流類別學校之間科學素養表現的 ESCS 坡度線斜率，分析當聚焦澳門某主流類別學校時，學校之間的教育公平會變得如何？這些主流類別學校會否對澳門學校之間的教育公平構成影響？

由於第 6 章多次對 HLM 模型中學生和學校階層方程內容作詳細解釋。因此，本章在應用 HLM 模型時，不作重複的詳細闡述。

7.1 學校之內和學校之間 ESCS 與科學素養表現的依存關係

圖 7-1 乃根據第 6 章表 6-5 的數據及 PISA 2006 的數據庫資料，繪製圖中有三條分別代表：(1) 澳門全體學生 ESCS 與學生科學素養表現的依存關係 (即澳門全體學生科學素養表現的 ESCS 坡度線)；(2) 澳門學校內學生 ESCS 與學生科學素養表現的依存關係 (即澳門學校之內科學素養表現的 ESCS 坡度線)；與 (3) 澳門學校 ESCS 與學校科學素養表現的依存關係 (即澳門學校之間科學素養表現的 ESCS 坡度線)。澳門全體 15 歲學生 ESCS 的第 5 個和第 95 個百分位數分別是 -2.28 和 0.55(見表 4-4)，即澳門全體 15 歲學生和學校之內科學素養表現的 ESCS 坡度線長度為 2.83(0.55+2.28)，而澳門學校 ESCS 的第 5 個和第 95 個百分位數分別是 -1.488 和 0.624，即澳門學校之間科學素養表現的 ESCS 坡度線長度為 2.11(0.624+1.488)。

關係圖顯示了澳門各校 PISA 2006 受測試的 15 歲中學生的人數的多

少，圖中的圓點代表每一所學校，圓點越大代表該校的受測試學生人數越多，而圖中最大圓點代表受測試中學生人數最多的學校，該校 15 歲受測試學生的人數為 163 人 (占澳門受測試學生的 163/4760=3.42%)。值得留意，PISA 2006 在澳門學校受測試的學生人數，取決於學校 15 歲中學生的數目，而 PISA 2006 澳門各校的受測試率相當高，因此，學校受測試的學生人數大致反映了學校 15 歲中學生的人數或規模。換言之，可以認為圖中的圓點越大，代表該校的 15 歲學生的人數越多，一般來說，該校的整體規模也越大。

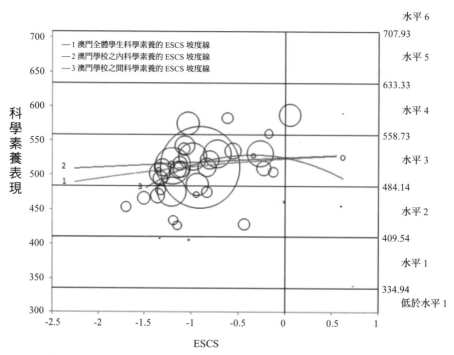

註：每一個圓代表一所學校，圓越大代表測試的學生數目越多。

圖 7-1　澳門學生、學校之內和學校之間 ESCS 與科學素養表現的依存關係圖

圖 7-1 顯示，三條 ESCS 坡度線都集中分布在精練水平 3 之內。澳門無論在學校之內或在全體學生階層 ESCS 與科學素養表現依存關係，其科學素養表現的 ESCS 坡度線都屬於低坡度關係。但當細心觀察，就不難發現其中的問題，代表澳門學校之間科學素養表現的 ESCS 坡度線明顯陡峭，研究結果跟第 6 章發現學校之間教育不公平現象比較突出的發現吻合，而且學校之

間科學素養表現的 ESCS 坡度線在 ESCS 低和高水平時比較陡並有不同的陡斜傾向。處於較低學校 ESCS 的學校出現 ESCS 與科學素養表現成正增加，即學校 ESCS 越高學校的科學素養表現就越好。但，當 ESCS 到達 -0.23 水平值的時後，情況剛好相反。正因如此，研究者嘗試對學校 ESCS 大於 -0.23 水平的學校進行觀察，瞭解有哪些學校類別的因素能打破有較高學校 ESCS 就有較高的學校科學素養表現的規律。

7.2　澳門主流學校 ESCS 與科學素養表現的依存關係

由於上述結果，本節試圖聚焦於學校 ESCS 大於 -0.23 水平的學校，觀察其學校所屬的學校類別，並集中分析有關這類別學校之間學校科學素養表現的 ESCS 坡度線走勢。藉此瞭解當只集中考慮某些主流類別學校時，澳門學校之間的教育公平變得如何？箇中情況是否對澳門教育公平構成威脅？

7.2.1　非國際學校之內和之間 ESCS 與科學素養表現的依存關係

根據《第一號報告書》(張國祥、薛寶嫦，2007) 顯示，澳門 43 所學校中有 4 所學校可歸類為國際 / 葡文學校 (本書統稱為國際學校)；同時，這些學校的 ESCS 在 43 所學校中都是最高的，其 ESCS 平均值都大於 0.50。可以說有部分高 ESCS 家庭的學生集中於國際學校就讀。

根據 PISA 2006 資料顯示，就讀這 4 所國際學校受測試的 15 歲中學生只共有 65 人，4 所國際學校的科學素養表現，其中 2 所學校屬於高表現學校 (於 43 所學校中排名前三分之一)，另外 2 所則屬於低表現學校 (於 43 所學校中排名後三分之一)。因此，就這 4 所國際學校而言，學校 ESCS 與學校科學素養表現沒有顯著的關係，即若只集中分析 4 所國際學校，可說是具相當的教育公平。

表 7-1，是非國際學校的學生 ESCS 和學生 $ESCS^2$ 對學生科學素養表現的迴歸分析。就讀非國際學校的 15 歲受測試中學生有 4,695 人。結果顯示，非國際校學生的學生 ESCS 與學生科學素養表現存在著非線性相關。

表 7-1　非國際學校的學生 ESCS、ESCS^2 對科學素養表現的迴歸分析

學校類別	受測試學生	學校數量	學生 ESCS 第5 個百分位數		學生 ESCS 第95 個百分位數			B	標準誤
			指標	標準誤	指標	標準誤			
非國際學校	4,695	39	-2.28	0.02	0.51	0.04	截距	523.24**	1.82
							ESCS	7.59**	2.68
							ESCS^2	-3.43**	1.16

註：^{1} $**p<0.01$。
　　^{2} $R^2=0.02$。

　　首先以 39 所非國際學校的數據進行 HLM 零模型分析，結果如表 7-2 所示，校間變異 ($\tau_{00}=1558.04$，$df=38$，$\chi^2=1204.28$，$p<0.001$) 達顯著水準，即各校之間的科學素養表現存在顯著的差異。藉由學校間變異 (τ_{00}) 及學校內變異 (σ^2) 可算出內在組別相關係數為 $\tau_{00}/(\tau_{00}+\sigma^2)=1558.04/(1558.04+4913.95)=24.07\%$，即代表 39 所非國際學校科學素養表現的總變異量中有 24.07% 是由學校階層所造成。

表 7-2　39 所非國際學校之 HLM 零模型分析

固定效果	係數	估計標準誤	t 值	p 值
γ_{00}	503.91	6.08	82.96***	0.000
隨機效果	變異數	自由度	χ^2	p 值
μ_{0j}	1558.04	38	1204.28***	0.000
r_{ij}	4913.95			

註：$***p<0.001$。

　　為了探討 39 所非國際學校之間的 ESCS 與科學素養表現依存關係，並將非國際學校之內和之間科學素養表現的 ESCS 坡度線繪出。參照第 6 章的綜合模型分析，並將焦點集中在 39 所非國際學校，其模型如下：

階層一　　$Y_{ij} = \beta_{0j} + \beta_{1j} \text{ESCS} + r_{ij}$，　假設 $r_{ij} \sim N(0, \sigma^2)$

階層二　　$\beta_{0j} = \gamma_{00} + \gamma_{01}(\text{ESCS\_MEAN}) + \gamma_{02} (\text{ESCS\_MEAN}^2) + \mu_{0j}$

　　　　　$\beta_{1j} = \gamma_{10} + \mu_{1j}$

表 7-3　聚焦 39 所非國際學校 HLM 綜合模型分析結果

固定效果	係數	估計標準誤	t 值	p 值
(1) 考慮學生 ESCS 後學校科學素養表現				
γ_{00}	548.10	15.05	36.43***	0.000
學校 ESCS，γ_{01}	-42.81	48.24	-0.89	0.381
學校 ESCS², γ_{02}	-50.14	25.64	-1.96	0.058
(2) 學生 ESCS 對學生科學素養表現影響				
γ_{10}	4.55	1.52	3.00*	0.005
隨機效果	變異數	自由度	χ^2	p 值
μ_{0j}	1430.01	36	635.82***	0.000
ESCS 斜率, μ_{1j}	12.53	38	45.22	0.196
r_{ij}	4819.83			

註：*p<0.01；***p<0.001。

表 7-3 顯示，當聚焦非國際學校後，學校科學素養表現與學校 ESCS 及學校 ESCS² 的關係變得在統計上沒有顯著水準 (p>0.05)。因此，本書將嘗試將上述模型中的學校 ESCS² 變項剔除，修正後模型如下：

階層一　　$Y_{ij} = \beta_{0j} + \beta_{1j} \text{ESCS} + r_{ij}$，　假設 $r_{ij} \sim N(0, \sigma^2)$

階層二　　$\beta_{0j} = \gamma_{00} + \gamma_{01}(\text{ESCS\_MEAN}) + \mu_{0j}$

　　　　　$\beta_{1j} = \gamma_{10} + \mu_{1j}$

表 7-4　澳門 39 所非國際學校 ESCS 對科學素養表現
隨機效果 HLM 二階層模型分析

固定效果	係數	估計標準誤	t 值	p 值
(1) 考慮學生 ESCS 後學校科學素養表現平均				
γ_{00}	534.72	16.31	32.77***	0.000
學校 ESCS，γ_{01}	31.72	14.68	2.16*	0.037
(2) 學生 ESCS 對學生科學素養表現影響				
γ_{10}	4.59	1.52	3.03*	0.005
隨機效果	變異數	自由度	χ^2	p 值
μ_{0j}	1529.29	37	614.65***	0.000
ESCS 斜率, μ_{1j}	12.96	38	45.22	0.196
r_{ij}	4819.60			

註：*p<0.05；***p<0.001。

　　表 7-4 顯示，當聚焦非國際學校後，學校 ESCS 與考慮學生 ESCS 後學校科學素養表現關係在統計上有顯著水準 ($p<0.05$)。利用上表的數據繪出圖 7-2，此圖展示了 39 所非國際學校的三條 ESCS 坡度線；非國際學校學校 ESCS 的第 5 個和第 95 個分位數分數分別為 -1.520 和 -0.006，即非國際學校之間 ESCS 坡度線的長度為 1.51(1.520-0.006)；非國際學校學生 ESCS 的第 5 個和第 95 個百分位數分數別為 -2.28 和 0.51(見表 7-1)，即非國際學校全體學生和學校之內學生科學素養表現的 ESCS 坡度線長度為 2.79(0.51+2.28)。

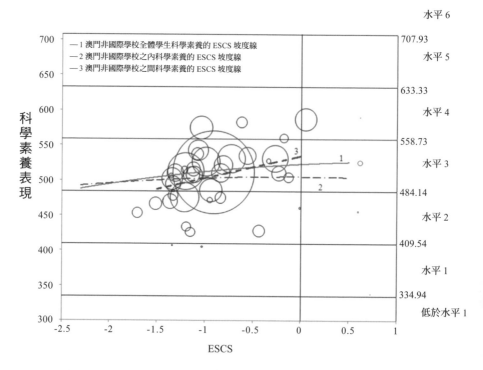

圖 7-2　澳門 39 所非國際學校 ESCS 與科學素養表現依存關係圖

　　將圖 7-2 與圖 7-1 比較：三條 ESCS 坡度線仍然主要落在精練水平 3 之內；澳門非國際學校全體學生與澳門學校全體學生的 ESCS 坡度線幾乎沒有改變；澳門非國際學校之內的 ESCS 坡度線整條趨勢變得平緩；澳門非國際學校之間科學素養表現的 ESCS 坡度線就明顯比較陡斜，且沒有收斂的跡象。換言之，在非國際學校的類別中較高 ESCS 的學校會有較高的科學素養

表現。在家長選校而言，只要家長能選中及其子女被取錄於某一所 ESCS 較高的非國際學校，大概其子女會較容易得到較高或中等的科學素養表現，這點對澳門教育公平造成負面的影響。

7.2.2　中文答題學校之內和之間 ESCS 與科學素養表現的依存關係

此外，在 PISA 2006 評估計劃中，澳門 43 所學校 4,760 名 15 歲的學生中，並不是全部學生都用中文作答題，有部分學校的學生用英文或葡文作答，這都視乎學生就讀的學校授課語言有關，除以上所述 4 所國際學校的學生用非中文答題外，還有 8 所學校是用非中文答題。本書所謂的非中文答題學校，主要包括：設有中、英文部的學校、只設有英文部的學校、只設有葡文部的學校或設有中、葡文部的學校。12 所非中文答題學校都主要分布於圖的右下方 (見圖 7-3 中淺色的圓點)。因此，本節將焦點集中於中文答題學校，藉以瞭解當將焦點聚於中文答題學校會否讓學校之間科學素養表現的 ESCS 坡度線更加陡斜？

為了更清楚瞭解中文答題學校 ESCS 與科學素養表現的關係。表 7-5，是中文答題學校的學生 ESCS 和學生 $ESCS^2$ 對學生科學素養表現的迴歸分析。就讀中文答題學校的 15 歲受測試中學生有 3,763 人。結果顯示，中文答題學校學生的 ESCS 與科學素養表現存在著線性關係。

表 7-5　中文答題學校學生 ESCS、$ESCS^2$ 對科學素養表現的迴歸分析

學校類別	受測試學生	學校數量	學生 ESCS 第 5 個百分位數		學生 ESCS 第 95 個百分位數			B	標準誤
			指標	標準誤	指標	標準誤			
中文答題學校	3,763	31	-2.29	0.02	0.40	0.03	截距	530.95***	2.24
							ESCS	13.13***	3.28
							$ESCS^2$	-2.08	1.34

註：[1] ***$p<0.001$。
　　[2] $R^2=0.03$。

首先以 31 所中文答題學校的數據進行 HLM 零模型分析，結果如表 7-6 所示，校間變異 ($\tau_{00}=1475.14$，$df=30$，$\chi^2=885.04$，$p<0.001$) 達顯

著水準，即各校之間的科學素養表現存在顯著的差異。藉由學校間變異
(τ_{00}) 及學校內變異 (σ^2) 可算出內在組別相關係數為 $\tau_{00}/(\tau_{00}+\sigma^2)=1475.14/(1475.14+4817.86)=23.44\%$，即代表中文答題學校科學素養表現的總變異量
中有 23.05% 是由學校階層造成。

表 7-6　中文答題學校之零模型分析

固定效果	係數	估計標準誤	t 值	p 值
γ_{00}	508.24	6.49	78.30***	0.000
隨機效果	變異數	自由度	χ^2	p 值
μ_{0j}	1475.14	30	885.04***	0.000
r_{ij}	4817.86			

註：***p<0.001。

　　為瞭解中文答題學校之間的 ESCS 與科學素養表現的依存關係，探討在
中文答題學校間的教育公平問題。本節將中文答題學校之間科學素養表現的
ESCS 坡度線繪出。因此，參照第 6 章的綜合模型，並將焦點集中在 31 所
中文答題學校。模型如下：

階層一　　$Y_{ij} = \beta_{0j} + \beta_{1j} \text{ESCS} + r_{ij}$，　假設 $r_{ij} \sim N(0, \sigma^2)$
階層二　　$\beta_{0j} = \gamma_{00} + \gamma_{01}(\text{ESCS\_MEAN}) + \gamma_{02}(\text{ESCS\_MEAN}^2) + \mu_{0j}$
　　　　　$\beta_{1j} = \gamma_{10} + \mu_{1j}$

表 7-7　聚焦 31 所中文答題學校 HLM 綜合模型分析結果

固定效果	係數	估計標準誤	t 值	p 值
(1) 考慮學生 ESCS 後學校科學素養表現				
γ_{00}	581.14	10.96	53.01***	0.000
學校 ESCS，γ_{01}	17.09	29.16	0.59	0.562
學校 ESCS^2，γ_{02}	-28.02	16.93	-1.66	0.109
(2) 學生 ESCS 對學生科學素養表現影響				
γ_{10}	7.54	2.44	3.09*	0.005
隨機效果	變異數	自由度	χ^2	p 值
μ_{0j}	771.41	28	176.22***	0.000
ESCS 斜率，μ_{1j}	22.11	30	36.86	0.181
r_{ij}	4779.07			

註：*p<0.05；***p<0.001。

表 7-7 顯示，當聚焦 31 所中文答題學校，科學素養表現與學校 ESCS 及學校 ESCS^2 的關係變得在統計上沒有顯著水準 ($p>0.05$)。因此，本書將嘗試將上述模型中的學校 ESCS^2 變項剔除，修正模型如下：

階層一　　　$Y_{ij} = \beta_{0j} + \beta_{1j}$ ESCS $+ r_{ij}$，　假設 $r_{ij} \sim N(0, \sigma^2)$

階層二　　　$\beta_{0j} = \gamma_{00} + \gamma_{01}$(ESCS_MEAN) $+ \mu_{0j}$

　　　　　　$\beta_{1j} = \gamma_{10} + \mu_{1j}$

表 7-8　澳門 31 所中文答題學校 ESCS 對科學素養表現
隨機效果 HLM 二階層模型分析

固定效果	係數	估計標準誤	t 值	p 值
(1) 考慮學生 ESCS 後學校科學素養表現				
γ_{00}	577.01	8.27	69.81[***]	0.000
學校 ESCS，γ_{01}	60.66	8.22	7.38[***]	0.000
(2) 學生 ESCS 對學生科學素養表現影響				
γ_{10}	7.51	2.44	3.08[*]	0.005
隨機效果	變異數	自由度	χ^2	p 值
μ_{0j}	796.62	29	176.20[***]	0.000
ESCS 斜率，μ_{1j}	21.87	30	36.85	0.182
r_{ij}	4779.39			

註：*$p<0.05$；***$p<0.001$。

　表 7-8 顯示，當聚焦 31 所中文答題學校後，學校 ESCS 與學校科學素養表現關係在統計上有顯著水準 ($p<0.001$)。利用上表的數據繪出圖 7-3，此圖展示了澳門中文答題學校之間、學校之內和全體學生科學素養表現的 ESCS 坡度線，中文答題學校學校 ESCS 的第 5 個和第 95 個分位數分別為 -1.592 和 -0.088，即中文答題學校 ESCS 坡度線的長度為 1.50(1.592-0.088)；而中文答題學校之學生 ESCS 的第 5 個和第 95 個分位數分數別為 -2.29 和 0.4(見表 7-5)，即中文答題學校全體學生和學校之內學生科學素養表現的 ESCS 坡度線長度為 2.69(0.4+2.29)。

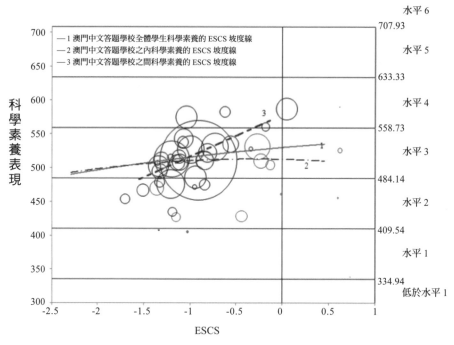

圖 7-3　澳門 31 所中文答題學校 ESCS 與科學素養表現依存關係圖

　　圖 7-3，當聚焦 31 所中文答題的學校，澳門中文答題學校之間科學素養表現的 ESCS 坡度線雖然仍絕大部分落在水平 3 之內，但橫跨了整個精練水平 3 並比原本陡斜，反映有較高 ESCS 背景的中文答題學校會有較高的科學素養表現，即在中文答題學校之間教育不公平的現象更為突出。

　　為加強對比，研究者以本章所述之方式繪製芬蘭學校 ESCS 與科學素養表現的依存關係圖 (見附錄 7)，不難發現，芬蘭學校之間科學素養的 ESCS 坡度線較澳門平緩，即在芬蘭學校之間，學校 ESCS 對學校科學素養的影響較澳門少。雖然澳門與芬蘭在文化、教育體制上相距甚遠，但從圖 7-1 和附錄 7 圖中，可以從學校層面發現兩地在教育公平上的差異：澳門學校 ESCS 對學校科學素養呈非線性高坡度變化，當焦點於非國際學校及中文答題學校之後，學校 ESCS 對學校科學素養表現的影響尤為顯著；反觀芬蘭，情況要好得多。陳之華 (2009) 也指出，芬蘭家長無須考慮學校間差異就近入學。一方面，反映芬蘭學校之間的學業水平相距不大；另一方面，根據附錄 7 之發現，當地家長亦無須因應學校的 ESCS 特別為子女選校，突顯芬蘭學校之

間的教育公平實況。因此，通過本章的分析，以至與芬蘭的比較，進一步印證澳門基礎教育在學校階層存在不公平現象。

7.3　本章總結

　　本章將焦點分別集中於 39 所非國際學校的學校主流類別，發現學校之間學校 ESCS 原本在高於 -0.23 水平的學校反而出現低學校科學素養表現的現象消失，學校之間有較高學校 ESCS 背景的學校會有較高的學校科學素養表現，學校之間科學素養表現的 ESCS 坡度線同時沒有出現收斂的現象，學校之間教育不公平的現象更為明顯。再進一步聚焦 31 所中文答題學校時，學校之間科學素養表現的 ESCS 坡度線陡斜情況更為突出。對家長而言，只要家長能選對及其子女能被取錄於某一所學校 ESCS 較高的非國際學校，或在 PISA 2006 評估計劃中用中文答題的學校，其子女會得到較高的科學素養表現。對比芬蘭學校 ESCS 與科學素養表現的依存關係圖，沒有出現與澳門學校之間的不公平現象。因此，研究者為進一步瞭解澳門學校之間的教育公平問題，將在第 8 章通過 HLM 中介變項的分析，找出影響澳門學校教育公平的學校階層因素。

第 8 章

學校 ESCS 與學校科學素養表現的中介效果分析

　　從本書第 6 及第 7 章的分析，看到澳門學校的 ESCS(包括學校 ESCS 和學校 ESCS^2) 對學校科學素養存在一定的預測力 (14.46%)，學校之間 ESCS 與科學素養的坡度線斜度 (見圖 7-1 至 7-3)，亦高於學校之內及澳門全體學生。基於這些現象，本章旨在探討澳門學校之間的教育公平問題，透過分析學校 ESCS 與學校科學素養表現間的中介變項效應，試圖找出影響澳門基礎教育公平的學校因素，並據此提出可行的建議，消弭澳門學校之間的教育不公平現象。

　　為回答上述問題，即本書問題 (3)：「在學校階層中，當考慮學生 ESCS 和學校 ESCS 的影響之後，在學校資源環境、學校家長選校考慮和學校收生政策這三項因素中，有什麼中介變項能有效解釋學校 ESCS 與學校科學素養表現的關係？」本書以 Baron 和 Kenny (1986) 單層次中介變項檢定方式為基礎，並參考溫福星、邱皓政 (2009) 及陳俊瑋 (2010) 對多層次中介效果分析建議的方式，以四步驟檢定多層次中介效果。四步驟詳如下述：

　　第一，檢定學校階層自變項 (學校 ESCS) 對學校階層依變項 (學校科學素養表現) 的預測力：

　　本書以隨機效果 HLM 二階層模型執行方程 (1) 至 (3)，方程 (1) 為學生階層學生 ESCS 對學生科學素養的迴歸方程，截距 β_{0j} 代表考慮學生 ESCS 影響後學校科學素養表現；方程 (2) 為學校 ESCS 及學校 ESCS^2 對方程 (1) 截距 (β_{0j}) 的非線性迴歸方程，其迴歸係數 (γ_{01}^a 及 γ_{02}^a) 為學校 ESCS 及學校 ESCS^2 對學校科學素養表現的預測效果，方程 (3) 為方程 (1) 迴歸係數 (β_{1j}) 的迴歸方程，未包含任何自變項。根據第 6 章 6.3 節的結果，γ_{02}^a 已達統計上的顯著水準 (t = -2.43，$p<0.05$)，因此，本書繼續進行下步驟的檢定。

階層一 $Y_{ij} = \beta_{0j} + \beta_{1j}X_{ij} + r_{ij}$ .... (1)

階層二 $\beta_{0j} = \gamma_{00} + \gamma_{01}^{a}(\overline{W}_j) + \gamma_{02}^{a}(\overline{W}_j^2) + \mu_{0j}$ .... (2)

$\beta_{1j} = \gamma_{10} + \mu_{1j}$ .... (3)

第二，檢定學校階層自變項 (學校 ESCS 及學校 ESCS²) 對學校階層中介變項的預測力：

該步驟以多元迴歸執行，考慮到學校 ESCS 對學校科學素養呈非線性關係，且步驟一的檢定中有學校 ESCS² 的迴歸係數達統計上顯著水準，故在本步驟檢定方程中加入學校 ESCS² 的預測項，如方程 (4) 所示，藉此檢定學校 ESCS 學校及 ESCS² 對學校中介變項的預測效果。其中，β_1^b 為學校 ESCS 的迴歸係數，β_2^b 為學校 ESCS² 的迴歸係數，ε_j 為誤差項。當 β_1^b 和 / 或 β_2^b 達顯著水準時，方可執行進一步的分析。

$Y_j = \beta_0 + \beta_1^b X_j + \beta_2^b X_j^2 + \varepsilon_j$ .... (4)

第三，檢定學校階層中介變項對學校階層依變項 (學校科學素養表現) 的預測力：

本書以隨機效果 HLM 二階層模型執行方程 (5) 至 (7)，方程 (5) 為學生階層學生 ESCS 對學生科學素養的迴歸方程，截距 β_{0j} 代表考慮學生 ESCS 後學校科學素養表現；方程 (6) 為學校階層中介變項 (Z_j) 對方程 (5) 截距 (β_{0j}) 的迴歸方程，其迴歸係數 (γ_{03}^c) 為學校階層中介變項對學校科學素養表現的預測效果，方程 (7) 為方程 (5) 迴歸係數 (β_{1j}) 的迴歸方程，未包含任何自變項。當 γ_{03}^c 達統計上的顯著水準時，方進行下一檢定。

階層一 $Y_{ij} = \beta_{0j} + \beta_{1j}X_{ij} + r_{ij}$ .... (5)

階層二 $\beta_{0j} = \gamma_{00} + \gamma_{03}^{c}(Z_j) + \mu_{0j}$ .... (6)

$\beta_{1j} = \gamma_{10} + \mu_{1j}$ .... (7)

第四，同時檢定學校階層自變項與中介變項對依變項的預測力：

此步驟旨在檢視學校階層學校 ESCS 及學校 ESCS² 對學校科學素養表現的預測力，會否因學校階層中介變項的投入而有所改變。以隨機效果 HLM 二階層模型執行方程 (8) 至 (10)，方程 (8) 為學生階層學生 ESCS 對學生科學素養的迴歸方程，截距 β_{0j} 代表考慮學生 ESCS 後學校科學素養

表現；方程 (9) 為學校階層學校 ESCS、學校 ESCS^2 及中介變項 (Z_j) 對方程 (8) 截距 (β_{0j}) 的迴歸方程，其迴歸係數 $(\gamma_{01}^{d1}$、γ_{02}^{d1} 及 $\gamma_{03}^{d1})$ 為學校階層學校 ESCS、學校 ESCS^2 及中介變項對學校科學素養表現的預測效果，方程 (10) 為方程 (8) 迴歸係數 (β_{1j}) 的迴歸方程，未包含任何自變量。

階層一　　　$Y_{ij} = \beta_{0j} + \beta_{1j} X_{ij} + r_{ij}$ ⋯⋯⋯⋯⋯⋯⋯⋯ (8)

階層二　　　$\beta_{0j} = \gamma_{00} + \gamma_{01}^{d1}(\overline{W}_j) + \gamma_{02}^{d1}(\overline{W}_j^2) + \gamma_{03}^{d1}(Z_j) + \mu_{0j}$ ⋯⋯⋯⋯ (9)

　　　　　　$\beta_{1j} = \gamma_{10} + \mu_{0j}$ ⋯⋯⋯⋯⋯⋯⋯⋯⋯⋯⋯⋯⋯ (10)

當 γ_{03}^{d1} 達統計上的顯著水準，同時 γ_{02}^{d1} 未達顯著時，顯示學校階層各變項對學校科學素養未呈線性影響，須刪除方程 (9) 的學校 ESCS^2 變項，得方程 (11) 至 (13)。此時，當 γ_{03}^{d2} 達統計上的顯著水準，且 γ_{01}^{d2} 未達顯著時，學校階層中介變項為完全中介變項。

階層一　　　$Y_{ij} = \beta_{0j} + \beta_{1j} X_{ij} + r_{ij}$ ⋯⋯⋯⋯⋯⋯⋯⋯⋯⋯ (11)

階層二　　　$\beta_{0j} = \gamma_{00} + \gamma_{01}^{d2}(\overline{W}_j) + \gamma_{03}^{d2}(Z_j) + \mu_{0j}$ ⋯⋯⋯⋯⋯⋯ (12)

　　　　　　$\beta_{1j} = \gamma_{10} + \mu_{0j}$ ⋯⋯⋯⋯⋯⋯⋯⋯⋯⋯⋯⋯⋯ (13)

本書即利用上述四個步驟，以 HLM 為研究工具，檢視學校 ESCS 與學校科學素養表現的中介變項。具體而言，即以學校 ESCS 為自變項，學校科學素養表現為依變項，以上述四步驟在學校階層中檢定可能的中介變項，並進一步檢視這些中介變項在學校 ESCS 及學校科學素養間的影響效果。本章研究架構如圖 8-1 所示。如果發現學校階層中介變項，即影響教育公平的學校 ESCS 完全或部分透過有關中介變項對學校科學素養產生作用。意味著瞭解中介變項所反映的教育意義後，或能提出有效的措施，減低甚至進而消除學校 ESCS 對學校科學素養表現的影響，亦即能有效減低或消除澳門學校之間教育不公平的現象。因此，研究結果將對教育當局推動教育公平帶來重要的啟示。

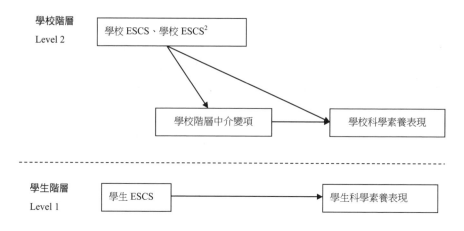

圖 8-1　影響教育公平之學校階層中介變項研究架構

　　本章在第 6 和第 7 章的研究結果基礎上，集中探討學校階層影響澳門學校 ESCS 與學校科學素養關係可能的中介變項，並以第 6 章 6.3 節的 HLM 綜合模型作為檢定程序步驟一的方程 (1) 至 (3)。如前所述，數據顯示已通過該步驟的檢定，下面先探討可能成為學校階層中介變項的變項，再進行步驟二至四的有關檢定程序。

8.1　學校階層可能的中介變項

　　由第 1 章 1.1 節的研究背景可以得知澳門學校之間的教育公平可能存在有三方面問題，分別是：(1) 資源上的弱勢；(2) 數字上的弱勢；和 (3) 政策上的弱勢。正因如此，本節考慮學校 ESCS 是透過什麼機制影響學校科學素養表現時，將從三方面找尋可能出現的中介變項，分別是：

(1) **學校資源環境**

　　研究假設：「學校 ESCS 越高，學校便有足夠的硬體 (設備) 或軟體 (師資)，學校的科學素養表現便會越高」；

(2) **學校家長選校考慮**

　　研究假設：「學校 ESCS 越高，學校便有足夠條件向學生 ESCS 背景較高的家長宣傳校況，令家長對學校的認同或滿意程度提高，並願

意讓其子女入讀，學校的科學素養表現因而越高」；

(3) 學校收生政策

研究假設：「學校 ESCS 越高，學校便有足夠條件根據學生素養表現
收取其入讀，學校的科學素養表現越高」。

根據以上假設，研究者從 PISA 2006 評估計劃中的學校問卷和家長問卷
中，對相關的學校資源、家長選校和學校收生政策三方面進行探索，將可能
符合以上假設的變項進行分析，結果如下。

8.2　學校資源環境對學校 ESCS 與學校科學素養表現的影響

在學校資源方面，研究假設：「學校 ESCS 越高，學校便有足夠的硬體
(設備) 或軟體 (師資)，學校的科學素養表現越高」，研究者從學校問卷云
云眾多的變項中發現有兩個可能成為中介變項的學校資源，分別是：學校科
學實驗室設備及合資格的科學科教師。詳細分析如下。

8.2.1　學校科學實驗室設備對 ESCS 與科學素養表現的影響

本節探討學校科學實驗室設備對學校 ESCS 與學校科學素養表現關係的
影響，並假設：「學校 ESCS 越高，學校便有足夠的硬體 (設備) 或軟體 (師
資)，學校的科學素養表現便會越高」。此處要分析的可能中介變項為「學
校科學實驗室設備」(SC14Q07)，所謂學校科學實驗室設備，是指校方認為
在教學上是否受制於科學實驗室設備不足的影響程度，該變項由學校問卷而
得，數值 1 代表沒有影響、2 代表一點影響、3 代表有些影響、4 代表很大
影響。執行步驟一至四的結果如表 8-1 所示。

表 8-1 　學校科學實驗室設備的中介效果檢定

檢定項	HLM 檢定多層次中介變項四步驟			
	步驟一	步驟二	步驟三	步驟四 (a)
	學校科學素養(β_{0j})	學校階層變項(Y_j)	學校科學素養(β_{0j})	學校科學素養(β_{0j})
固定效果				
截距 (γ_{00})	524.68***	2.15***	543.85***	
學校 ESCS (γ_{01}^a)	-24.78			
學校 ESCS² (γ_{02}^a)	-36.31*			
學校 ESCS (β_1^b)		-0.05		
學校 ESCS² (β_2^b)		-0.04		
學校科學實驗室設備 (γ_{03}^c)			-16.56*	
學校 ESCS (γ_{01}^{d1})				
學校 ESCS² (γ_{02}^{d1})				
學校科學實驗室設備 (γ_{03}^{d1})				
隨機效果				
組內變異				
(r_{ij})	4890.52		4892.54	
組間變異				
(μ_{0j})	1385.38***		1287.42***	
(μ_{1j})	56.14**		54.00**	

註：*p<0.05；**p<0.01；***p<0.001。

　　數據顯示，學校科學實驗室設備 (SC14Q07) 未通過步驟二之檢定，即學校科學實驗室設備 (SC14Q07) 不是學校 ESCS 對學校科學素養表現的中介變項。

　　然而，研究者認為學校科學實驗室設備仍可能對學校科學素養表現產生影響，因此，有必要就該變項進行分析，並以步驟三之 HLM 模式檢視學校科學實驗室設備對學校科學素養表現的預測力，步驟三之 HLM 二階層方程如下，具體數據如表 8-2 所示：

階層一　　$Y_{ij} = \beta_{0j} + \beta_{1j} (ESCS) + r_{ij}$，假設 $r_{ij} \sim N(0, \sigma^2)$

階層二　　$\beta_{0j} = \gamma_{00} + \gamma_{03}(SC14Q07) + \mu_{0j}$

　　　　　$\beta_{1j} = \gamma_{10} + \mu_{1j}$

表 8-2 以 HLM 分析學校科學實驗室設備對學校科學素養的預測力

固定效果	係數	估計標準誤	t 值	p 值
(1) 考慮學生 ESCS 後學校科學素養表現				
γ_{00}	543.85	13.19	41.23***	0.000
γ_{03} (SC14Q07)	-16.56	6.05	-2.74*	0.010
(2) 學生 ESCS 對學生科學素養表現平均影響				
γ_{10}	7.31	2.18	3.36**	0.002
隨機效果	變異數	自由度	χ^2	p 值
μ_{0j}	1287.42	40	550.30***	0.000
μ_{1j}	54.00	41	71.98**	0.002
r_{ij}	4892.54			

註：*p<0.05；**p<0.01；***p<0.001。

　　數據顯示，學校科學實驗室設備對考慮學生 ESCS 後學校科學素養表現 (β_{0j}) 有顯著的預測力 (γ_{03}= -16.56*; p<0.05)，即匱乏科學實驗室設備的學校，其學校科學素養表現會較低。此外，學校科學實驗室設備對學校科學素養的預測力為 (1619.58-1287.42) / 1619.58 = 20.51%。總括而言，雖然學校科學實驗室設備並非影響學校科學素養的中介變項，但其對學校科學素養起著顯著的影響。因此，學校及教育當局應關注學校科學實驗室設備的配置情況，對相關設備不足的學校給予更大的資助。

8.2.2　合資格科學科教師對 ESCS 與科學素養表現的影響

　　本節探討合資格科學科教師對學校 ESCS 與學校科學素養表現關係的影響，並假設：「學校 ESCS 越高，學校有條件聘請足夠的合資格科學科教師，學校的科學素養表現便會越高」。此處要分析的可能中介變項為合資格的科學科教師 (SC14Q01)，所謂合資格的科學科教師，是指校方認為在教學上是否受制於合資格的科學科教師，該變項由學校問卷而得，由學校填寫，數值 1 代表沒有影響、2 代表一點影響、3 代表有些影響、4 代表很大影響。執行步驟一至四的結果如表 8-3 所示。

表 8-3　合資格的科學科教師的中介效果檢定

檢定項	HLM 檢定多層次中介變項四步驟			
	步驟一 學校科學素養 (β_{0j})	步驟二 學校階層變項 (Y_j)	步驟三 學校科學素養 (β_{0j})	步驟四 (a) 學校科學素養 (β_{0j})
固定效果				
截距 (γ_{00})	524.68***	2.01***	532.21***	
學校 ESCS (γ_{01}^a)	-24.78			
學校 ESCS² (γ_{02}^a)	-36.31*			
學校 ESCS (β_1^b)		0.18		
學校 ESCS² (β_2^b)		-0.19		
合資格的科學科教師 (γ_{03}^c)			-12.37	
學校 ESCS (γ_{01}^{d1})				
學校 ESCS² (γ_{02}^{d1})				
合資格的科學科教師 (γ_{03}^{d1})				
隨機效果				
組內變異				
(r_{ij})	4890.52		4893.76	
組間變異				
(μ_{0j})	1385.38***		1381.66***	
(μ_{1j})	56.14**		50.43**	

註：*$p<0.05$；**$p<0.01$；***$p<0.001$。

　　數據顯示，合資格的科學科教師 (SC14Q01) 未通過步驟二之檢定，故合資格的科學科教師不是學校 ESCS 對學校科學素養表現的中介變項。但研究者仍關注合資格的科學科教師對學校科學素養的影響。因此，通過步驟三之檢定瞭解該變項對學校科學素養的預測力為何 (見表 8-3 步驟三)，結果發現 γ_{03}^c 未達統計上的顯著水準 ($p>0.05$)，即合資格的科學科教師既非中介變項，也未能對學校科學素養產生顯著作用。

8.3　學校家長選校考慮對學校 ESCS 與學校科學素養表現的影響

　　PISA 2006 評估計劃除了學生問卷和學校問卷外，還設有家長問卷，本節將以家長問卷收集得來的數據於 HLM 基礎模型的學校階層作分析，並希望瞭解這些家長選校的認知能否有效影響學校 ESCS 與學校科學素養表現之關係，也即是能否成為中介變項。澳門家長為子女選校在沒有客觀數據下，

通常只好依靠社會人士的口碑和家長本身對學校的認同和對學校的滿意程度。因此，研究假設：「學校 ESCS 越高，學校便越有資源向學生 ESCS 較高的家長作宣傳，並能吸引家長對學校的認同和增加對學校的滿意程度，以使成為家長心儀的學校，學校的科學素養表現也會越高」。研究者從家長問卷眾多的變項中，發現有三個可能成為家長選校的中介變項，分別是：(1) 家長認同學校有高學業成就標準；(2) 家長滿意學校的紀律風氣；和 (3) 家長滿意學校教育學生。中介變項檢定分析詳述如下。

8.3.1　學校家長認同學校有高學業成就標準對學校 ESCS 與學校科學素養表現的影響

　　本節探討家長認同學校有高的學業成就標準對學校 ESCS 與學校科學素養表現關係的影響，並假設：「學校 ESCS 越高，其家長較認同學校有高的學業成就標準，學校的科學素養表現也越高」。此處要分析的可能中介變項為「學校家長認同學校有高的學業成就標準」(PA03Q02_MEAN)，該變項由家長問卷而得，由家長填寫，數值 1 代表非常同意、2 代表同意、數值 3 代表反對、數值 4 代表非常反對。此變項取學校平均後名為「學校家長認同學校有高的學業成就標準」，在 HLM 學校階層進行中介變項檢定，執行步驟一至四的結果如表 8-4 所示。

表 8-4　學校家長認同學校有高的學業成就標準的中介效果檢定

檢定項	HLM 檢定多層次中介變項四步驟				
	步驟一 學校科學素養 (β_{0j})	步驟二 學校階層變項 (Y_j)	步驟三 學校科學素養 (β_{0j})	步驟四 (a) 學校科學素養 (β_{0j})	步驟四 (b) 學校科學素養 (β_{0j})
固定效果					
截距 (γ_{00})	524.68***	2.04***	784.64***	790.22***	821.58***
學校 ESCS (γ_{01}^a)	-24.78				
學校 ESCS² (γ_{02}^a)	-36.31*				
學校 ESCS (β_1^b)		-0.17***			
學校 ESCS² (β_2^b)		0.16***			
家長認同學校有高的學業成就標準 (γ_{03}^c)			-125.50***		
學校 ESCS (γ_{01}^{d1})				-30.86	
學校 ESCS² (γ_{02}^{d1})				-20.40	
學校家長認同學校有高的學業成就標準 (γ_{03}^{d1})				-130.77**	
學校 ESCS (γ_{01}^{d2})					-11.45
學校家長認同學校有高的學業成就標準 (γ_{03}^{d2})					-146.75***
隨機效果					
組內變異					
(r_{ij})	4890.52		4893.68	4891.01	4892.45
組間變異					
(μ_{0j})	1385.38***		1020.23***	1062.53***	1036.13***
(μ_{1j})	56.14**		55.12**	60.86**	58.11**

註：*$p<0.05$；**$p<0.01$；***$p<0.001$。

　　數據顯示，「學校家長認同學校有高的學業成就標準」通過步驟一至四 (a) 之檢定，即 γ_{02}^a、β_1^b、β_2^b、γ_{03}^c 及 γ_{03}^{d1} 達統計上的顯著水準，且 γ_{02}^{d1} 未具顯著意義 ($p>0.05$)。如前所述，進行步驟四 (b)，即方程 (11) 至 (13) 之檢定。發現 γ_{03}^{d2} 達統計上的顯著水準 ($p<0.001$)，且 γ_{01}^{d2} 未具顯著意義 ($p>0.05$)。因此，學校家長認同學校有高的學業成就標準為學校社經文化地位因素對學校科學素養的完全中介變項。

　　此外，本書為了進一步分析該學校階層中介變項對學校科學素養表現的影響，以步驟三之 HLM 模式檢視學校家長認同學校有高的學業成就標準對學校科學素養表現的預測力，步驟三之 HLM 二階層方程如下，具體數據如表 8-5 所示。

階層一　　$Y_{ij} = \beta_{0j} + \beta_{1j} (\text{ESCS}) + r_{ij}$，假設 $r_{ij} \sim N(0, \sigma^2)$

階層二　　$\beta_{0j} = \gamma_{00} + \gamma_{01}(\text{PA03Q02\_MEAN}) + \mu_{0j}$

　　　　　$\beta_{1j} = \gamma_{10} + \mu_{1j}$

表 8-5　以 HLM 分析學校家長認同學校有高的學業成就標準
對學校科學素養的預測力

固定效果	係數	估計標準誤	t 值	p 值
(1) 考慮學生 ESCS 後學校科學素養表現				
γ_{00}	784.64	64.97	12.08[***]	0.000
γ_{01} (PA03Q02_MEAN)	-125.50	29.00	-4.33[***]	0.000
(2) 學生 ESCS 對學生科學素養表現平均影響				
γ_{10}	6.94	2.20	3.15[**]	0.003
隨機效果	變異數	自由度	χ^2	p 值
μ_{0j}	1020.23	40	401.82[***]	0.000
μ_{1j}	55.12	41	71.73[**]	0.002
r_{ij}	4893.68			

註：$**p<0.01$；$***p<0.001$。

　　數據顯示，「學校家長認同學校有很高的學業成就標準」對學校科學素養表現的預測力為 = (1619.58-1020.23) / 1619.58 = 37.01%。

8.3.2　學校家長滿意學校的紀律風氣對學校 ESCS 與學校科學素養的影響

　　本節探討學校家長滿意學校的紀律風氣對學校 ESCS 與學校科學素養表現關係的影響，並假設：「學校 ESCS 越高，學校家長滿意學校的紀律風氣，學校的科學素養表現越高」。此處要分析的可能中介變項為家長滿意學校的紀律風氣 (PA03Q04_MEAN)，該變項由家長問卷而得，由家長填寫，數值 1 代表非常同意、2 代表同意、數值 3 代表反對、數值 4 代表非常反對。此變項取學校平均後名為「學校家長滿意學校的紀律風氣」，在 HLM 學校階層進行中介變項檢定，執行步驟一至四的結果如表 8-6 所示。

表 8-6　學校家長滿意學校的紀律風氣的中介效果檢定

檢定項	HLM 檢定多層次中介變項四步驟				
	步驟一 學校科學素養 (β_{0j})	步驟二 學校階層變項 (Y_j)	步驟三 學校科學素養 (β_{0j})	步驟四 (a) 學校科學素養 (β_{0j})	步驟四 (b) 學校科學素養 (β_{0j})
固定效果					
截距（γ_{00}）	524.68***	1.97***	772.64***	759.10***	769.46***
學校 ESCS（γ_{01}^a）	-24.78				
學校 ESCS^2（γ_{02}^a）	-36.31*				
學校 ESCS（β_1^b）		-0.07			
學校 ESCS^2（β_2^b）		0.08*			
學校家長滿意學校的紀律風氣（γ_{03}^c）			-127.74***		
學校 ESCS（γ_{01}^{d1}）				-28.02	
學校 ESCS^2（γ_{02}^{d1}）				-30.40	
學校家長滿意學校的紀律風氣（γ_{03}^{d1}）				-118.13***	
學校 ESCS（γ_{01}^{d2}）					5.77
學校家長滿意學校的紀律風氣（γ_{03}^{d2}）					-123.85***
隨機效果					
組內變異 (r_{ij})	4890.52		4894.30	4892.42	4895.29
組間變異 (μ_{0j})	1385.38***		1049.02***	1039.61***	1056.32***
(μ_{1j})	56.14**		53.04**	58.80**	51.02**

註：*$p<0.05$；**$p<0.01$；***$p<0.001$。

　　數據顯示，學校家長滿意學校的紀律風氣通過步驟一至四 (a) 之檢定，即 γ_{02}^a、β_2^b、γ_{03}^c 及 γ_{03}^{d1} 達統計上的顯著水準，且 γ_{02}^{d1} 未具顯著意義 ($p>0.05$)。如前所述，進行步驟四 (b)，即方程 (11) 至 (13) 之檢定。發現 γ_{03}^{d2} 達統計上顯著水準 ($p<0.001$)，且 γ_{01}^{d2} 未具顯著意義 ($p>0.05$)。因此，學校家長滿意學校的紀律風氣為學校 ESCS 對學校科學素養表現的完全中介變項。

　　此外，本書為了進一步分析該學校階層中介變項對學校科學素養表現的影響，以步驟三之 HLM 模式檢視學校家長滿意學校的紀律風氣對學校科學

素養的預測力，步驟三之 HLM 二階層方程如下，具體數據如表 8-7 所示。

階層一　　$Y_{ij} = \beta_{0j} + \beta_{1j} (\text{ESCS}) + r_{ij}$，假設 $r_{ij} \sim N(0, \sigma^2)$

階層二　　$\beta_{0j} = \gamma_{00} + \gamma_{01}(\text{PA03Q04\_MEAN}) + \mu_{0j}$

　　　　　$\beta_{1j} = \gamma_{10} + \mu_{1j}$

表 8-7　以 HLM 分析學校家長滿意學校的紀律風氣對學校科學素養的預測力

固定效果	係數	估計標準誤	t 值	p 值
(1) 考慮學生 ESCS 後學校科學素養表現				
γ_{00}	772.65	62.10	12.44***	0.000
γ_{01}　(PA03Q04_MEAN)	-127.74	30.29	-4.22***	0.000
(2) 學生 ESCS 對學生科學素養表現平均影響				
γ_{10}	6.93	2.19	3.16**	0.003
隨機效果	變異數	自由度	χ^2	p 值
μ_{0j}	1049.02	40	464.19***	0.000
μ_{1j}	53.04	41	71.73**	0.002
r_{ij}	4894.29			

註：**$p<0.01$；***$p<0.001$。

　　數據顯示，學校家長滿意學校的紀律風氣對科學素養表現的預測力為 =(1619.58-1049.02)/1619.58=35.23%。

8.3.3　學校家長滿意學校教育學生對學校 ESCS 與學校科學素養的影響

　　本節探討學校家長滿意學校在教育學生對學校 ESCS 與學校科學素養表現關係的影響，並假設：「學校 ESCS 越高，學校家長滿意學校教育學生，學校的科學素養表現越高」。此處要分析的可能中介變項為「學校家長滿意學校教育學生」(PA03Q07_MEAN)，所謂家長滿意學校在教育學生，即家長滿意學校教育學生方面做得很好，該變項由家長問卷而得，由家長填寫，數值 1 代表非常同意、2 代表同意、數值 3 代表反對、數值 4 代表非常反對。此變項取學校平均後名為「學校家長滿意學校教育學生」，在 HLM 學校階層進行中介變項檢定，執行步驟一至四的結果如表 8-8 所示。

表 8-8　學校家長滿意學校教育學生的中介效果檢定

	HLM 檢定多層次中介變項四步驟			
檢定項	步驟一 學校科學素養 (β_{0j})	步驟二 學校階層變項 (Y_j)	步驟三 學校科學素養 (β_{0j})	步驟四 (a) 學校科學素養 (β_{0j})
固定效果				
截距 (γ_{00})	524.68***	2.06***	885.49***	880.29***
學校 ESCS (γ_{01}^{a})	-24.78			
學校 ESCS^2 (γ_{02}^{a})	-36.31*			
學校 ESCS (β_{1}^{b})		-0.07*		
學校 ESCS^2 (β_{2}^{b})		0.04		
家長滿意學校教 育學生 (γ_{03}^{c})			-178.62**	
學校 ESCS (γ_{01}^{d1})				-34.94
學校 ESCS^2 (γ_{02}^{d1})				-36.58*
學校家長滿意學 校教育學生 (γ_{03}^{d1})				-173.11**
隨機效果				
組內變異				
(r_{ij})	4890.52		4892.82	4890.78
組間變異				
(μ_{0j})	1385.38***		1113.47***	1041.11***
(μ_{1j})	56.14**		55.22**	59.07**

註：*$p<0.05$；**$p<0.01$；***$p<0.001$。

　　數據顯示，學校家長滿意學校教育學生未通過步驟四之檢定，其中，學校家長滿意學校教育學生 (γ_{03}^{d1}) 雖達顯著水準 $(p<0.01)$，但 γ_{02}^{d1} 的絕對值大於步驟一之 γ_{02}^{a}，即學校家長滿意學校教育學生不是學校 ESCS 對學校科學素養的中介變項。然而，研究者仍關心學校家長滿意學校教育學生對學校科學素養表現之影響，執行步驟三以檢視兩者的關係，涉及之 HLM 方程如下所示，相關數據詳見表 8-9。

階層一　　$Y_{ij} = \beta_{0j} + \beta_{1j} (\text{ESCS}) + r_{ij}$，假設 $r_{ij} \sim \text{N}(0, \sigma^2)$

階層二　　$\beta_{0j} = \gamma_{00} + \gamma_{01}(\text{PA14Q07}) + \mu_{0j}$

　　　　　$\beta_{1j} = \gamma_{10} + \mu_{1j}$

表 8-9　以 HLM 分析家長滿意學校教育學生對學校科學素養的預測力

固定效果	係數	估計標準誤	t 值	p 值
(1) 考慮學生 ESCS 後學校科學素養表現				
γ_{00}	885.49	117.55	7.53^{***}	0.000
γ_{01}　(PA14Q07)	-178.62	55.43	-3.22^{**}	0.003
(2) 學生 ESCS 對學生科學素養表現平均影響				
γ_{10}	7.43	2.18	3.41^{**}	0.002
隨機效果	變異數	自由度	χ^2	p 值
μ_{0j}	1113.47	40	509.53^{***}	0.000
μ_{1j}	55.22	41	72.09^{**}	0.002
r_{ij}	4892.82			

註：$**p<0.01$；$***p<0.001$。

數據顯示，學校家長滿意學校教育學生對學校科學素養產生顯著影響（γ_{01}= -178.62; $p<0.01$），即存在家長滿意學校對學生教育的程度越高，學校的科學素養表現越高的趨勢。此外，家長滿意學校教育學生對學校科學素養的預測力為 = (1619.58-1113.47) / 1619.58 = 31.25%。

8.4　學校收生政策對學校 ESCS 與學校科學素養表現的影響

學校收生政策方面，研究假設：「學校 ESCS 越高，學校有足夠有條件選擇學生背景收取其入讀，學校的科學素養表現越高」。研究者從學校問卷的變項中發現「學校考慮學業記錄收生」有機會用作中介檢定之變項。詳細分析如下。

8.4.1　學校考慮學業記錄收生對學校 ESCS 與學校科學素養表現的影響

本節要探討學校考慮學業記錄 (包括入學試成績) 收生對學校 ESCS 與學校科學素養表現關係的影響，並假設：「學校 ESCS 越高，學校有足夠條件考慮學業記錄收生，學校的科學素養表現越高」。此處要分析的可能中介變項為「學校考慮學業記錄收生」(SC19Q02)，該變項由學校問卷而得，由學校填寫，數值 1 代表先決條件、2 代表優先考慮、3 代表考慮、4 代表不考慮。執行步驟一至四的結果如表 8-10 所示。

表 8-10　學校考慮學業記錄收生的中介效果檢定

檢定項	HLM 檢定多層次中介變項四步驟			
	步驟一 學校科學素養 (β_{0j})	步驟二 學校階層變項 (Y_j)	步驟三 學校科學素養 (β_{0j})	步驟四(a) 學校科學素養 (β_{0j})
固定效果				
截距 (γ_{00})	524.68***	2.21***	547.55***	
學校 ESCS (γ_{01}^{a})	-24.78			
學校 ESCS^2 (γ_{02}^{a})	-36.31*			
學校 ESCS (β_{1}^{b})		0.19		
學校 ESCS^2 (β_{2}^{b})		-0.10		
學校考慮學業記錄收生 (γ_{03}^{c})			-18.38**	
學校 ESCS (γ_{01}^{d1})				
學校 ESCS^2 (γ_{02}^{d1})				
學校考慮學業記錄收生 (γ_{03}^{d1})				
隨機效果				
組內變異				
(r_{ij})	4890.52		4891.38	
組間變異				
(μ_{0j})	1385.38***		1208.79***	
(μ_{1j})	56.14**		57.09**	

註：*$p<0.05$；**$p<0.01$；***$p<0.001$。

　　數據顯示，學校考慮學業記錄收生 (SC19Q02) 未通過步驟二之檢定，即該變項不是學校 ESCS 對學校科學素養的中介變項。但研究者仍關注學校考慮學業記錄收生對學校科學素養的影響。因此，以步驟三之程序檢視該變項對學校科學素養的預測力，相關 HLM 方程如下，數據詳見表 8-11。

階層一　　$Y_{ij} = \beta_{0j} + \beta_{1j} (ESCS) + r_{ij}$，假設 $r_{ij} \sim N(0, \sigma^2)$

階層二　　$\beta_{0j} = \gamma_{00} + \gamma_{01}(SC19Q02) + \mu_{0j}$

　　　　　$\beta_{1j} = \gamma_{10} + \mu_{1j}$

表 8-11　以 HLM 分析學校考慮學業記錄收生對學校科學素養的預測力

固定效果	係數	估計標準誤	t 值	p 值
(1) 考慮學生 ESCS 後學校科學素養表現				
γ_{00}	547.55	12.13	45.13***	0.000
γ_{01} (SC19Q02)	-18.38	5.98	-3.07**	0.004
(2) 學生 ESCS 對學生科學素養表現平均影響				
γ_{10}	7.42	2.18	3.40**	0.002
隨機效果	變異數	自由度	χ^2	p 值
μ_{0j}	1208.79	40	493.39***	0.000
μ_{1j}	57.09	41	72.09**	0.002
r_{ij}	4891.38			

註：**$p<0.01$；***$p<0.001$。

　　數據顯示，學校考慮學業記錄收生對學校科學素養表現的影響達顯著水準 (γ_{01} = -18.38; $p<0.001$)，即學校考慮學生學業記錄為收生條件的程度越高，其學校科學素養也明顯較高。另外，學校考慮學業記錄收生對學校科學素養的預測力為 = (1619.58-1208.79) / 1619.58 = 25.36%。

8.5　本章總結

　　綜合本章的 HLM 模型的處理及分析，發現有兩個學校階層的變項能有效成為完全中介變項，包括：(1) 學校家長認同學校有很高的學業成就標準、(2) 學校家長滿意學校的紀律風氣。以 HLM 分析兩個變項對學校科學素養表現的預測力，結果分別為：37.01% 及 35.23%。當中，學校家長認同學校有很高的學業成就標準的預測力最大，這不但印證了澳門傳統家長選校的智慧，而且這變項能令學校 ESCS 和學校 $ESCS^2$ 同時變得沒有顯著的意義，即澳門家長傳統為子女的選校的智慧對澳門教育公平造成負面的影響。此外，其餘變項雖未能成為學校 ESCS 對學校科學素養表現的中介變項，仍不能忽視它們對學校科學素養表現的影響。其中，學校科學實驗室設備、學校家長滿意學校教育、學校考慮學業記錄收生對學校科學素養表現皆起顯著的作用。總括而言，澳門教育當局或學校若能正視上述變項所反映的教育意

義，針對性地提出改善教育的措施，定能有效促進澳門學校之間的教育公平，本文對以上發現的相關政策建議可詳見第 10 章第 10.5 和 10.6 節。

第 9 章

澳門學生階層教育公平的深入檢視

　　如前所述，澳門在 PISA 2006 中被評為所有參與國家 / 經濟中最公平的地區之一，但研究者在第 4 至 8 章的探討中，發現澳門學校階層中存在教育公平中的不公平現象，尚存需要改善之處。其中，當聚焦在中文答題學校後，通過 HLM 分析可知悉澳門學校間的公平問題頗為嚴重，學校 ESCS 對學校科學素養表現的影響達顯著水準 (γ_{01}=8.22，p<0.001)（見表 7-8），值得研究者深思。但至此為止，本書尚未就學生階層 ESCS 對科學素養的影響作深入分析，故本章旨在探討與學生 ESCS 中家庭及電腦教育資源對科學素養的影響路徑及影響效果，以揭示家庭及電腦教育資源對學生科學素養表的作用機制，回應研究問題 (4)：「在學生階層中，學生的家庭及電腦教育資源如何透過學生的學習和心理過程影響學生科學素養表現？」具體而言，根據文獻探討結果及研究者個人經驗，本章以計劃行為理論為起步點，利用 SEM 建構家庭及電腦教育資源模式，模式聚焦於家庭教育資源 (HEDRES)、家中能否上網及家庭電腦數目對學生科學素養表現的影響，藉此揭示上述三個變項造成的教育不公平現象，為教育當局、家長提出可行的教育公平補償政策。

　　值得注意有兩點：(1)ESCS 是由家長最高教育程度相應教育年期 (PARED)、父或母最高國際職業社經指標 (HISEI)、家庭資產指標 (WEALTH)、文化財產 (CULTPOSS)、家庭教育資源 (HEDRES) 和家庭中書籍的擁有量組成 (如圖 2-4 所示)。但本章只聚焦於其中的家庭教育資源 (HEDRES)，其中包括電腦教育資源，分析對學生科學素養表現的影響，目的是為了提出補償學生因家庭及電腦教育資源差距而導致學習的差距的措施，而不是期望改變學生父母的教育年期或父母的社會地位等情況，來減少學生學習的差距；(2) 由於第 6 章 6.1 節發現組別相關係數為 24.68%，數值不算高，考慮到多階層的 SEM 分析的複雜性和模型擬合的難度，本章作為

初步分析，將集中透過 SEM 的單一階層分析數據，探討學生階層因素中的家庭及電腦教育資源對學生科學素養表現的影響，評估分析結果後有需要時才考慮進行多階層的 SEM 分析。

9.1 家庭及電腦教育資源影響關聯模式適配度評鑑

茲就 SEM 對第三章之「家庭及電腦教育資源影響關聯模式」(見圖 3-6) 進行適配度評鑑，作以下分析。

9.1.1 描述統計與模式估計方法

「家庭及電腦教育資源影響關聯模式」中各變項之積差相關矩陣見表 9-1，以作為估計模式適配度的輸入資料。另外，本研究本書以最大概似法 (ML) 對 SEM 的參數進行估計。

表 9-1 家庭及電腦教育資源影響關聯模式各變項之積差相關係數矩陣

	Y1	Y2	Y3	Y4	Y5	Y6	Y7	Y8	Y9	Y10	X1	X2	X3
Y1	1												
Y2	.537	1											
Y3	.192	.356	1										
Y4	.074	.216	.396	1									
Y5	.050	.117	.248	.444	1								
Y6	.300	.223	.317	.257	.190	1							
Y7	.295	.216	.320	.251	.192	.888	1						
Y8	.301	.230	.321	.251	.191	.894	.890	1					
Y9	.295	.224	.314	.259	.183	.886	.892	.891	1				
Y10	.290	.224	.317	.251	.206	.887	.890	.894	.888	1			
X1	.274	.296	.209	.133	.115	.226	.220	.224	.217	.218	1		
X2	.042	.101	.228	.443	.633	.226	.242	.233	.234	.246	.089	1	
X3	.015	.028	.108	.250	.334	.031	.030	.037	.035	.042	.076	.384	1

9.1.2　違反估計的檢查

進行模式整體及內在結構適配度評估之前，需確定所估計的參數在統計所能接受的範圍之內。一般出現的違反估計有三類 (Hair, Anderson, & Black, 1998)：

(1) 有負的誤差變異數存在；

(2) 標準化係數超過或太接近 1(>=0.95)；

(3) 有太大的標準誤。

統計分析後得到表 9-2 所示數據。其中，沒有任何負的誤差變異數，所有標準化迴歸係數均小於 0.95，標準誤也不大。因此，本書沒有違反估計的三類情形出現。還須指出，根據 OECD (2009a: 217, 339) 所述，家庭教育資源 (X1) 及科學素養 (Y6-Y10) 的信度分別為 0.50 及 0.89。故，本書在建構測量模型時，把圖 9-1 所示之 δ_1 及 ε_1 設定為 0.50 及 0.11(即 1 減去對應之信度)，同時把 λ_{X11} 及 λ_{Y64} 分別設定為家庭教育資源 (X1) 及科學素養 (Y6-Y10) 信度之開方根，即 $\lambda_{X11}=0.71$，$\lambda_{Y64}=0.94$。

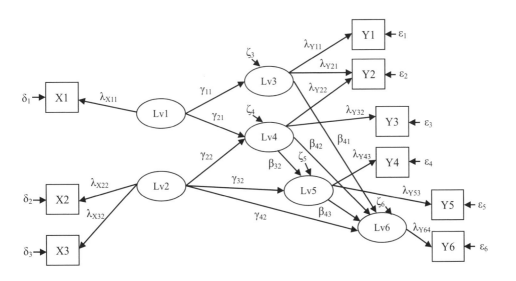

圖 9-1　家庭及電腦教育資源影響關聯模式之結構模式和測量模式參數示意圖

表 9-2　家庭及電腦教育資源影響關聯模式各子模式標準化估計值
與顯著性考驗摘要

參數	模式 1	模式 2	模式 3	模式 4	模式 5
δ_1	0.50	0.50	0.50	0.50	0.50
	(---)	(---)	(---)	(---)	(---)
δ_2	0.15	0.15	0.15	0.15	0.15
	(---)	(---)	(---)	(---)	(---)
δ_3	0.83	0.83	0.83	0.83	0.83
	(54.66***)	(54.67***)	(54.67***)	(54.66***)	(54.68***)
ε_1	0.17	0.17	0.17	0.17	0.17
	(---)	(---)	(--)	(---)	(---)
ε_2	0.74	0.75	0.72	0.73	0.72
	(27.84***)	(29.26***)	(26.23***)	(26.26***)	(25.16***)
ε_3	0.20	0.20	0.20	0.20	0.20
	(---)	(---)	(---)	(---)	(---)
ε_4	0.21	0.21	0.21	0.21	0.21
	(---)	(---)	(---)	(---)	(---)
ε_5	0.58	0.56	0.56	0.60	0.51
	(13.04***)	(12.10***)	(12.16***)	(14.14***)	(10.50***)
ε_6	0.11	0.11	0.11	0.11	0.11
	(---)	(---)	(---)	(---)	(---)
ζ_3	0.69	0.68	0.68	0.70	0.67
	(17.91***)	(17.27***)	(17.39***)	(18.76***)	(16.13***)
ζ_4	0.50	0.51	0.51	0.49	0.52
	(8.88***)	(9.45***)	(9.25***)	(8.12***)	(10.45***)
ζ_5	0.35	0.35	0.35	0.35	0.35
	(13.01***)	(13.01***)	(13.00***)	(13.00***)	(13.00***)
ζ_6	0.68	0.67	0.67	0.68	0.68
	(46.98***)	(46.86***)	(46.85***)	(47.02***)	(46.97***)
λ_{X11}	0.71	0.71	0.71	0.71	0.71
	(---)	(---)	(---)	(---)	(---)
λ_{X22}	0.92	0.92	0.92	0.92	0.92
	(---)	(---)	(---)	(---)	(---)
λ_{X32}	0.42	0.42	0.42	0.42	0.42
	(33.12***)	(33.12***)	(33.12***)	(33.13***)	(33.10***)
λ_{Y11}	0.91	0.91	0.91	0.91	0.91
	(---)	(---)	(---)	(---)	(---)

（續）表 9-2　家庭及電腦教育資源影響關聯模式各子模式標準化估計值
與顯著性考驗摘要

參數	模式 1	模式 2	模式 3	模式 4	模式 5
λ_{Y21}	0.34	0.31	0.36	0.35	0.36
	(8.80^{***})	(7.92^{***})	(9.43^{***})	(9.02^{***})	(9.10^{***})
λ_{Y22}	0.32	0.32	0.31	0.32	0.31
	(21.38^{***})	(21.45^{***})	(21.12^{***})	(21.04^{***})	(20.77^{***})
λ_{Y32}	0.89	0.89	0.89	0.89	0.89
	(---)	(---)	(---)	(---)	(---)
λ_{Y43}	0.89	0.89	0.89	0.89	0.89
	(---)	(---)	(---)	(---)	(---)
λ_{Y53}	0.65	0.67	0.66	0.63	0.70
	(18.49^{***})	(18.58^{***})	(18.46^{***})	(18.06^{***})	(19.33^{***})
λ_{Y64}	0.94	0.94	0.94	0.94	0.94
	(---)	(---)	(---)	(---)	(---)
γ_{11}	0.41	0.42	0.42	0.40	0.44
	(7.77^{***})	(7.81^{***})	(7.78^{***})	(7.70^{***})	(7.87^{***})
γ_{21}	0.53	0.52	0.52	0.55	0.50
	(8.00^{***})	(8.02^{***})	(7.99^{***})	(7.94^{***})	(8.04^{***})
γ_{22}	0.23	0.24	0.24	0.23	0.25
	(9.11^{***})	(9.35^{***})	(9.28^{***})	(8.77^{***})	(9.82^{***})
γ_{32}	0.59	0.59	0.59	0.59	0.59
	(18.36^{***})	(18.34^{***})	(18.33^{***})	(18.40^{***})	(18.27^{***})
γ_{42}	0.11	0.15	0.13	0.13	0.15
	(5.07^{***})	(5.82^{***})	(6.01^{***})	(5.94^{***})	(6.77^{***})
β_{32}	0.32	0.31	0.31	0.32	0.31
	(15.65^{***})	(15.51^{***})	(15.42^{***})	(15.86^{***})	(14.98^{***})
β_{43}	0.09	0.05	0.05	0.08	0.05
	(3.51^{***})	(1.90)	(2.44^{*})	(3.05^{***})	(2.20^{*})
β_{42}	0.23	0.24	0.24	0.23	0.24
	(13.18^{***})	(13.63^{***})	(13.72^{***})	(12.86^{***})	(13.36^{***})
β_{41}	0.28	0.27	0.28	0.28	0.27
	(20.69^{***})	(20.21^{***})	(20.72^{***})	(20.28^{***})	(19.82^{***})

註：[1] 各欄位之數值為標準化估計值；括孤內的值為 t 值；未列出 t 值者為參照值。

[2] $***p<0.001$；$*p<0.05$。

9.1.3 模式整體適配度評鑑

本書使用 LISREL 8.8 處理數據，得到表 9-3 所示之結果。由此可知，模式 1 的整體適配度指標 χ^2=5.35，df=7，卡方考驗沒有達到顯著水準（p>0.05），AGFI>0.90、SRMR 和 RMSEA 均小於 0.05；NFI、RFI、IFI、TLI/NNFI 及 CFI 皆大於 0.90，且 CN 值大於 200。顯示模式 1 的具有良好的整體適配度。模式 2 至 5 的整體適配度指標見附錄 8，數據顯示模式 2 至 5 均具有良好的整體適配度，此處不作贅述。

表 9-3　模式 1 的適配度指標

適配指標	估計值	是否符合標準
χ^2 (df=7)	5.35 (p>0.05)	是
GFI	1.00	是
AGFI	1.00	是
RMSEA	0.00	是
SRMR	0.01	是
NFI	1.00	是
RFI	1.00	是
IFI	1.00	是
TLI/NNFI	1.00	是
CFI	1.00	是
CN 值	22135.07	是

模式 1 的路徑圖及標準化係數見圖 9-2(模式 2 至模式 5 的路徑圖及標準化係數見附錄 9)，而整合模式的路徑圖及標準化係數見圖 9-3。

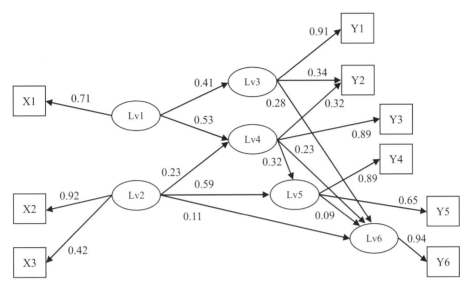

圖 9-2　模式 1 之路徑圖及標準化係數 (PV1SCIE)

9.1.4　模式內在結構適配度評鑑

　　模式內在結構適配度評鑑的目的在於檢視觀察變項是否足以反映對應的潛在變項，也就是要瞭解潛在變項的信度及效度 (李偉清，2007)。本書根據 Bagozzi 和 Yi (1988: 82) 的建議，以七項常用的指標來評鑑模式的內在結構適配度，七項指標如下：

(1) 個別項目的信度 (即測量模式的 R^2) 在 0.50 以上；

(2) 潛在變項的組合信度在 0.60 以上；

(3) 潛在變項的平均變異抽取量在 0.50 以上；

(4) 所估計的參數均達顯著水準；

(5) 標準化殘差的絕對值小於 2.58；

(6) 結構模式的因果關係能被觀察數據所支持。

　　第一，從表 9-4 可知，除 X3、Y2 和 Y5 的組合信度 R^2 小於 0.50 外，其餘均符合 Bagozzi 和 Yi (1988: 82) 之標準。但 Bollen (1989) 指出，只要 t 值達顯著程度，R^2 即可接受。由表 9-5 可以發現，與 X3、Y 2 和 Y5 對應的負荷量 t 值均達顯著水準，因此這些觀察變項在反映對應的潛在變項上是

有效的。第二,除家庭及電腦教育資源 (Lv1) 的組合信度,及科學自我效能感 (Lv4) 的平均變異抽取量稍低於標準外,模式 1 潛在變項的組合信度都在 0.60 以上,平均變異抽取量則達 0.50 或以上;第三,由表 9-5 可知,除模式 2 之 β_{43} 外,所有的估計參數達統計學的顯著水準;第四,模式 1 的標準化殘差矩陣詳見附錄 11,所有殘差的絕對值均小於 2.58,符合 Bagozzi 和 Yi (1988: 82) 的建議。至此,模式 1 的內在結構適配度尚算滿意。模式 2 至模式 5 的信度與平均變異數抽取量見附錄 10,標準化殘差矩陣見附錄 11。模式 2 至 5 的內在結構適配度與模式 1 相約,此處不作贅述。

表 9-4　模式 1 潛在變項之信度與平均變異數抽取量

潛在變項	觀察變項	R^2	組合信度	平均變異數抽取量
Lv1	X1	0.50	0.50	0.50
Lv2	X2	0.85	0.65	0.51
	X3	0.17		
Lv3	Y1	0.83	0.63	0.51
	Y2	0.26		
Lv4	Y2	0.26	0.61	0.49
	Y3	0.80		
Lv5	Y4	0.79	0.75	0.61
	Y5	0.42		
Lv6	Y6	0.89	0.89	0.89

　　為評估結構模式的因果關係能否被觀察數據所支持,研究者需檢驗估計參數的方向性、大小及 R^2。易言之,須檢視下面要項,包括參數的估計值是否與理論假設的方向性一致,估計的參數是否顯著的不同於 0(見表 9-5)。檢定 R^2 則是瞭解每一個內因潛在變項能解釋對其有影響的外因潛在變項的變異程度,當 R^2 愈高,預測力則愈強 (黃芳銘,2007)。各關聯模式潛在變項之解釋量見表 9-6。

表 9-5　模式 1 至 5 潛在變項間的參數估計

參數	模式 1	模式 2	模式 3	模式 4	模式 5
δ_1	0.50	0.50	0.50	0.50	0.50
	(---)	(---)	(---)	(---)	(---)
δ_2	0.15	0.15	0.15	0.15	0.15
	(---)	(---)	(---)	(---)	(---)
δ_3	0.83	0.83	0.83	0.83	0.83
	(54.66^{***})	(54.67^{***})	(54.67^{***})	(54.66^{***})	(54.68^{***})
ε_1	0.17	0.17	0.17	0.17	0.17
	(---)	(---)	(--)	(---)	(---)
ε_2	0.74	0.75	0.72	0.73	0.72
	(27.84^{***})	(29.26^{***})	(26.23^{***})	(26.26^{***})	(25.16^{***})
ε_3	0.20	0.20	0.20	0.20	0.20
	(---)	(---)	(---)	(---)	(---)
ε_4	0.21	0.21	0.21	0.21	0.21
	(---)	(---)	(---)	(---)	(---)
ε_5	0.58	0.56	0.56	0.60	0.51
	(13.04^{***})	(12.10^{***})	(12.16^{***})	(14.14^{***})	(10.50^{***})
ε_6	0.11	0.11	0.11	0.11	0.11
	(---)	(---)	(---)	(---)	(---)
ζ_3	0.69	0.68	0.68	0.70	0.67
	(17.91^{***})	(17.27^{***})	(17.39^{***})	(18.76^{***})	(16.13^{***})
ζ_4	0.50	0.51	0.51	0.49	0.52
	(8.88^{***})	(9.45^{***})	(9.25^{***})	(8.12^{***})	(10.45^{***})
ζ_5	0.35	0.35	0.35	0.35	0.35
	(13.01^{***})	(13.01^{***})	(13.00^{***})	(13.00^{***})	(13.00^{***})
ζ_6	0.68	0.67	0.67	0.68	0.68
	(46.98^{***})	(46.86^{***})	(46.85^{***})	(47.02^{***})	(46.97^{***})
λ_{x11}	0.71	0.71	0.71	0.71	0.71
	(---)	(---)	(---)	(---)	(---)
λ_{X22}	0.92	0.92	0.92	0.92	0.92
	(---)	(---)	(---)	(---)	(---)
λ_{X32}	0.42	0.42	0.42	0.42	0.42
	(33.12^{***})	(33.12^{***})	(33.12^{***})	(33.13^{***})	(33.10^{***})
λ_{Y11}	0.91	0.91	0.91	0.91	0.91
	(---)	(---)	(---)	(---)	(---)

（續）表 9-5　模式 1 至 5 潛在變項間的參數估計

參數	模式 1	模式 2	模式 3	模式 4	模式 5
λ_{Y21}	0.34 (8.80^{***})	0.31 (7.92^{***})	0.36 (9.43^{***})	0.35 (9.02^{***})	0.36 (9.10^{***})
λ_{Y22}	0.32 (21.38^{***})	0.32 (21.45^{***})	0.31 (21.12^{***})	0.32 (21.04^{***})	0.31 (20.77^{***})
λ_{Y32}	0.89 $(---)$	0.89 $(---)$	0.89 $(---)$	0.89 $(---)$	0.89 $(---)$
λ_{Y43}	0.89 $(---)$	0.89 $(---)$	0.89 $(---)$	0.89 $(---)$	0.89 $(---)$
λ_{Y53}	0.65 (18.49^{***})	0.67 (18.58^{***})	0.66 (18.46^{***})	0.63 (18.06^{***})	0.70 (19.33^{***})
λ_{Y64}	0.94 $(---)$	0.94 $(---)$	0.94 $(---)$	0.94 $(---)$	0.94 $(---)$
γ_{11}	0.41 (7.77^{***})	0.42 (7.81^{***})	0.42 (7.78^{***})	0.40 (7.70^{***})	0.44 (7.87^{***})
γ_{21}	0.53 (8.00^{***})	0.52 (8.02^{***})	0.52 (7.99^{***})	0.55 (7.94^{***})	0.50 (8.04^{***})
γ_{22}	0.23 (9.11^{***})	0.24 (9.35^{***})	0.24 (9.28^{***})	0.23 (8.77^{***})	0.25 (9.82^{***})
γ_{32}	0.59 (18.36^{***})	0.59 (18.34^{***})	0.59 (18.33^{***})	0.59 (18.40^{***})	0.59 (18.27^{***})
γ_{42}	0.11 (5.07^{***})	0.15 (5.82^{***})	0.13 (6.01^{***})	0.13 (5.94^{***})	0.15 (6.77^{***})
β_{32}	0.32 (15.65^{***})	0.31 (15.51^{***})	0.31 (15.42^{***})	0.32 (15.86^{***})	0.31 (14.98^{***})
β_{43}	0.09 (3.51^{***})	0.05 (1.90)	0.05 (2.44^{*})	0.08 (3.05^{***})	0.05 (2.20^{*})
β_{42}	0.23 (13.18^{***})	0.24 (13.63^{***})	0.24 (13.72^{***})	0.23 (12.86^{***})	0.24 (13.36^{***})
β_{41}	0.28 (20.69^{***})	0.27 (20.21^{***})	0.28 (20.72^{***})	0.28 (20.28^{***})	0.27 (19.82^{***})

註：[1] 各欄位之數值為標準化估計值；括弧內的值為 t 值；未列出 t 值者為參照值。
　　[2] $***p<0.001$；$*p<0.05$。

表 9-6　家庭及電腦教育資源影響關聯模式潛在變項之解釋量

潛在變項	R^2				
	模式1	模式2	模式3	模式4	模式5
Lv3	0.17	0.18	0.18	0.16	0.19
Lv4	0.37	0.36	0.36	0.39	0.34
Lv5	0.56	0.56	0.56	0.56	0.56
Lv6	0.24	0.24	0.25	0.24	0.24

9.1.5　整合模式的效果分析

　　模式 1 至 5 的路徑圖及標準化係數的平均值後，得整合模式的路徑圖及標準化係數見圖 9-3。

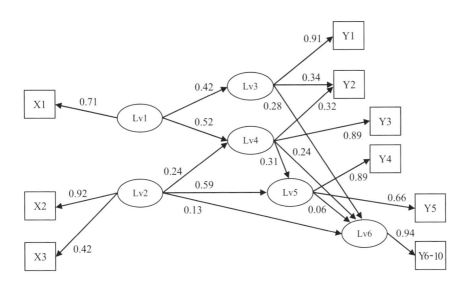

圖 9-3　家庭及電腦教育資源影響整合模式之路徑圖及標準化係數

　　下面分析家庭及電腦教育資源影響關聯整合模式對科學素養表現 (Lv6) 的影響效果。由表 9-7 可知，家庭及電腦教育資源 (Lv1) 對科學素養表現 (Lv6) 的影響總效果為 0.25，且均為間接效果；對理科的重視程度 (Lv2) 對科學素養表現 (Lv6) 的總效果為 0.24，包括直接效果 (0.13) 及間接效果 (0.11)；ICT 及其高任務自我效能感 (Lv3) 對科學素養表現 (Lv6) 的總效果為

0.28，且為直接效果；科學自我效能感 (Lv4) 對科學素養表現 (Lv6) 的總效果為 0.26，包括直接效果 (0.24) 及間接效果 (0.02)；科學興趣及工具性動機 (Lv5) 對科學素養表現 (Lv6) 的總效果為 0.06，且為直接效果。

表 9-7　家庭及電腦教育資源影響整合模式各潛在變項對科學素養表現的影響效果

潛在變項	影響效果類別	影響路徑	科學素養表現 (Lv6)
家庭及電腦教育資源 (Lv1)	直接效果	---	---
	間接效果	Lv1-Lv3-Lv6	0.12
		Lv1-Lv4-Lv6	0.12
		Lv1-Lv4-Lv5-Lv6	0.01
	總效果	---	0.25
對理科的重視程度 (Lv2)	直接效果	Lv2- Lv6	0.13
	間接效果	Lv2-Lv4-Lv6	0.06
		Lv2-Lv4-Lv5-Lv6	0.01
		Lv2-Lv5-Lv6	0.04
	總效果	---	0.24
ICT 及其高任務自我效能感 (Lv3)	直接效果	Lv3-Lv6	0.28
	間接效果	---	---
	總效果	---	0.28
科學自我效能感 (Lv4)	直接效果	Lv4 -Lv6	0.24
	間接效果	Lv4-Lv5-Lv6	0.02
	總效果	---	0.26
科學興趣及工具性動機 (Lv5)	直接效果	Lv5-Lv6	0.06
	間接效果	---	---
	總效果	---	0.06

9.2　家庭及電腦教育資源影響 SEM 模型對教育公平的啟示

結果發現「家庭及電腦教育資源」(Lv1) 和「對理科的重視程度」(Lv2) 互相比較下，雖然「家庭及電腦教育資源」(Lv1) 沒有對「科學素養表現」(Lv6) 產生直接的顯著影響，但「家庭及電腦教育資源」(Lv1) 對「科學素養

表現」的間接總效果達 0.25，與「對理科的重視程度」(Lv2) 對「科學素養表現」(Lv6) 的總效果 0.24 相若；且「家庭及電腦教育資源」(Lv1) 對「科學自我效能感」(Lv4) 的直接效果 (0.52) 比「對理科的重視程度」(Lv2) 對「科學自我效能感」(Lv4) 的直接效果 (0.24) 高。

「對理科的重視程度」(Lv2) 直接對「科學素養表現」(Lv6) 有顯著影響，但直接效果量僅為 0.13；「對理科的重視程度」(Lv2) 亦透過「科學自我效能感」(Lv4) 對「科學素養表現」(Lv6) 產生間接影響，間接效果量只有 0.06；再者，「對理科的重視程度」(Lv2) 間接透過「科學自我效能感」(Lv4) 和「科學興趣及工具性動機」(Lv5) 對「科學素養表現」(Lv6) 產生顯著影響，間接效果量為 0.01；最後，「對理科的重視程度」(Lv2) 間接透過「科學興趣及工具性動機」(Lv5) 對「科學素養表現」(Lv6) 產生顯著影響，間接效果量為 0.04。學生「對理科的重視程度」(Lv2) 對「科學素養表現」(Lv6) 的總效果量為 0.24。

「ICT 及其高任務自我效能感」(Lv3) 對「科學素養表現」(Lv6) 有直接的顯著影響，效果量為 0.28。

「科學自我效能感」(Lv4) 直接對「科學素養表現」(Lv6) 有顯著影響，效果量達 0.24；「科學自我效能感」(Lv4) 同時透過「科學興趣及工具性動機」(Lv5) 對「科學素養表現」(Lv6) 產生影響，間接效果量僅有 0.02。

「科學價值及工具性動機」(Lv5) 直接對「科學素養表現」(Lv6) 有顯著影響，但直接效果量較少只有 0.06。

總括而言，「家庭及電腦教育資源」(Lv1) 沒有直接對「科學素養表現」(Lv6) 產生顯著的影響，但仍然有 3 條路徑間接對「科學素養表現」(Lv6) 產生顯著作用，總效果量達 0.25。值得注意，「ICT 及其高任務自我效能感」(Lv3) 對「科學素養表現」(Lv6) 的直接效果 (0.28) 比其他潛在變項對後者的總效果都要高，而「ICT 及其高任務自我效能感」(Lv3) 受「家庭及電腦教育資源」(Lv1) 所影響，亦即學生的「科學素養表現」(Lv6) 受其「家庭及電腦教育資源」(Lv1) 間接影響。因此，「家庭及電腦教育資源」(Lv1) 直接及間接地影響「科學素養表現」(Lv6)，前者對「ICT 及其高任務自我效能感」(Lv3) 也起重要作用，其路徑係數達 0.42。因此，改善學生的「家庭及電腦教育資源」(Lv1) 及「ICT 及其高任務自我效能感」(Lv3)，將能有效地提高學生的科學素養表現。從教育層面上看，其意義就是改善學生的家

庭及電腦教育資源狀況，加強學生使用電腦尤其是互聯網應用方面的興趣和動機，將能有效地提高學生的科學素養表現。

另一方面，「科學自我效能感」(Lv4) 對「科學素養表現」(Lv6) 的總效果達 0.26。簡言之，改善學生的科學自我效能感，能有效提高學生的科學素養表現。有鑑於此，教育工作者可著力增加學生學習科學及解決科學問題的自信心，在課程上添加更多學習科學科的機會，以提高學生科學素養及應對未來挑戰所需的科學能力。

此外，本書也比較了「家庭及電腦教育資源」和「對理科的重視程度」在關聯模式中的影響路徑和影響效果，發現「家庭及電腦教育資源」對「科學自我效能感」的影響力 (0.52)，高於「對理科的重視程度」(0.24)。且「對理科的重視程度」對「ICT 及其高任務自我效能感」的效果未達顯著水準；而「家庭及電腦教育資源」對「ICT 及其高任務自我效能感」的影響則達 0.42。由此可見，家庭及電腦教育資源對學生自我效能感，及對科學素養的間接效果均高於學生心理層面變項 (例如對理科的重視程度) 的作用，在教育公平意義上，說明了學生資源及其運用的重要性，值得教育同仁深思。

通過學生階層家庭及電腦教育資源影響關聯模式的檢定分析，發現學生的家庭及電腦教育資源間接地影響學生的科學素養。可以說，澳門雖然被 PISA 評為教育公平的地方，但仍然存有教育不公平的現象。畢竟，高 ESCS 的家庭將擁有更多的教育和電腦資源，其子女將在較有利的條件下接受教育，擁有更佳的電腦使用機會，間接地增加取得較好學業成就的可能。因此，研究者建議不但要對低 ESCS 的學生施予一系列的援助，更要全面地向整體基礎教育的學生提供 ICT 的基本設施和上網費用等，相信能進一步拓展澳門教育的公平性。

第 10 章
研究總結及建議

　　促進教育公平和提高教育品質已經成為多個國家 / 經濟體的重點教育政策，最能代表中國教育未來發展的《國家中長期教育改革和發展規劃綱要 (2010-2020 年)》，已明確將「促進教育公平」和「提高教育品質」作為國家基本教育政策 (中華人民共和國，2010)，而有效反映澳門教育未來方向的《非高等教育發展十年規劃 (2011-2020 年)》，也同樣把「促進教育公平」、「提高教育品質」作為澳門五大基本政策方向的其中兩個 (澳門教育暨青年局，2011a)。

　　世界各國政府在制訂政策措施時大都強調「證據為本」(evidence-based)，教育政策的制訂也不例外，因而引起對比較教育研究的重視，更將比較教育研究作為提升效能和政策制訂的重要工具。正如 PISA 評估計劃負責人 Andreas Schleicher 提出「沒有數據，你只是持有觀點的人」(OECD, 1999)。因為單憑觀點是難以制訂合理和有效的教育政策，可見教育政策的制訂必須有科學的基礎，並建基於客觀、精確的測量工具及方法，PISA 評估計劃正提供了具說服力的借鏡 (張民選、陸璟、占盛麗、朱小虎、王婷婷，2011)。加上 PISA 蒐集問卷的資料都是為了促進教育政策的形成 (張鈿富，2001；Haahr, Nielsen, Hansen & Jakobsen, 2005)。

　　因此，本書目的就是要從 PISA 評估計劃探究澳門基礎教育的教育公平問題，並根據 PISA 2006 評估計劃中澳門 15 歲學生及其家庭的背景資料，以及這些學生所就讀的學校資料進行分析，重視補償由於學生 ESCS 差距導致學習的差距，或因學校 ESCS 差距而導致學校素養表現的差距。在「證據為本」的基礎上，研究者引用 Douglas Willms 的政策分析方法，結合研究文獻和澳門教育脈絡，提出政策建議，期望有助教育當局進一步完善澳門基礎教育的公平。

　　研究發現有三：第一、學校之間確實存在著科學素養表現差異，當聚焦

某主流類別學校時，教育不公平現象尤其顯著，可見澳門基礎教育的確存在不公平現象；第二、學校階層證實有兩項與學校家長選校考慮有關的完全中介變項，顯示了在學校階層中，澳門基礎教育不公平的癥結所在；第三、家庭及電腦教育資源透過科學和資訊通訊科技 (ICT) 自我效能感對學生科學素養表現產生影響，證明在學生階層中，科學素養習得過程存在教育不公平現象。

此外，本書按分析結果闡明澳門基礎教育系統中存在的不公平現象，展現 PISA 評估計劃對檢視教育系統公平發展的有用性。

10.1　研究問題一的結果

研究問題一「澳門為何在 PISA 評估計劃中屬於教育公平的基礎教育體系？將澳門與其他在 PISA 2006 評估計劃被認為是教育公平的基礎教育體系進行比較，他們在關鍵素養表現的差異為何？」的研究結果如下：

10.1.1　澳門透過 ESCS 對科學素養表現的預測力最低

PISA 2006 評估計劃主要是透過科學素養表現的 ESCS 坡度線，以及 ESCS 對科學素養表現的預測力，來定義參與國家／經濟體的教育公平情況。澳門被 PISA 認為是教育公平的基礎教育體系，原因有以下三點：

(1) 假設澳門 ESCS 的平均值等同於 OECD 平均時，澳門的科學素養表現只增加 12.30 分；ESCS 每變化一個單位所造成學生科學素養表現的差異，澳門是參與 PISA 2006 評估計劃的 57 個國家／經濟體中最小的。

(2) 若以 ESCS 來解釋科學素養變異的百分比作分析，澳門也是在參與 PISA 2006 評估計劃的 57 個國家／經濟體中最低，澳門 ESCS 對科學素養表現的預測力達顯著水準，但解釋量只有 2.0%。

(3) 澳門 ESCS 對科學素養表現在統計上有顯著影響，六條分別代表三項素養 (科學、數學和閱讀) 和科學素養表現三個子量尺的 ESCS 坡度線走勢相當一致，結果顯示澳門無論是科學、數學、閱讀素養或科學三個子量尺與 ESCS 存在著低坡度的非線性關係。由此得知，澳門 ESCS 與各種素養和科學三個子量尺表現的預測力都相當低，

解釋量只有 2.0% 至 3.0%。因此，集中利用科學素養表現來探討澳門教育公平具有代表性。

參與 PISA 2006 的澳門 15 歲中學生大部分都在 1999 年前入讀澳門基礎教育體系，受惠於回歸前後政府推動的教育公平政策，上述 PISA 2006 評估計劃的結果印證了澳門教育當局對促進教育公平的努力。1987 年簽署中葡聯合聲明後，掀起一連串的教育改革熱潮，澳葡政府通過立法釐定與學校的關係 (黃素君、單文經、黃逸恆，2007)，並於 1991 年 8 月制訂了第一部教育制度法律《澳門教育制度》；回歸後，於 2006 年通過的《綱要法》，讓澳門教育改革進入另一個里程碑 (蘇朝暉、郭曉明，2006)。此外，澳門特區政府對私立學校發放津貼，無論在金額和項目上都有逐年增加的趨勢。然而，這並不能說明澳門真正擁有教育公平的冠冕，澳門只是在 PISA 2006 參與的 57 個國家 / 經濟體中有相對的教育公平而已，當詳細分析澳門學校之間的教育公平的問題時，會發現其中的問題 (見 10.2.1 節)。

10.1.2　澳門學生素養表現不俗，但未見卓越

澳門 15 歲學生科學和數學素養表現在統計上是顯著地高於 OECD 平均，閱讀素養表現在統計上與 OECD 平均沒有顯著分別。但，將澳門與其他在 PISA 2006 評估計劃被認為是教育公平的 9 個國家 / 經濟體進行比較，澳門科學和閱讀素養表現及科學素養的三個子量尺表現，未能達到這些國家 / 經濟體的卓越水平。

此外，OECD 平均精練水平 5 和 6 的百分比分別是 7.70% 和 1.29%，而澳門科學素養精練水平 5 和 6 的百分比只有 5.04% 和 0.26%；OECD 平均精練水平 1 和低於 1 的百分比分別是 14.06% 和 5.16%，澳門科學素養精練水平 1 和低於 1 的百分比只有 8.88% 和 1.41%。澳門科學素養集中在中間位置的精練水平 (水平 2 至 4)，高精練水平和低精練水平的學生比例較少，這現象在對比 PISA 2006 評估計劃被認為是教育公平的 9 個國家 / 經濟體不同。這顯示了澳門雖然能減少低表現學生的數目，但未能培育出大量在科學素養表現卓越的學生。

面對澳門日後與更多的區域合作或多項大型項目展開所帶來的機遇，對高質素人才的需求量必然劇增，如何培養高質素的本地人才，這對澳門造成相當大的挑戰。

10.2 研究問題二的結果

研究問題二「澳門基礎教育在回歸前後是否存在著教育不公平的客觀證據？當聚焦某主流類別學校時，澳門的教育公平情況如何？」的研究結果如下。

10.2.1 澳門學校之間存在著教育不公平的現象

研究者為逐步深入透析澳門教育可能存在的不公平現象，故分析學校之內學生 ESCS 對學生科學素養表現的影響，以及學校之間學校 ESCS 對學校科學素養表現的影響，探討澳門可能存在著教育不公平的客觀證據，結果顯示：

(1) 澳門學校的科學素養表現有顯著差異。此外，澳門科學素養表現的總變異中有 24.68% 是由學校階層因素所造成的。

(2) 學校之內學生 ESCS 對學生科學素養表現的預測力達統計上顯著水準，惟解釋量只有 1.04%。

(3) 學校之間的學校 ESCS 對學校科學素養表現的預測力達統計上顯著水準，其解釋量為 14.46%。

綜合而言，雖然澳門基礎教育系統被 OECD 評為教育公平的地區之一，但本書發現澳門學校之間存在不公平現象。此現象主要在學校階層中，即意味著學校 ESCS 越高，其學校科學素養表現越高。

10.2.2 澳門主流類別學校教育不公平現象突出

研究者在不披露參與 PISA 2006 澳門學校名稱的前提下，以「ESCS 與科學素養表現的依存關係圖」觀察澳門某主流類別學校在圖中的分布，並分析這些主流類別學校之間科學素養表現的 ESCS 坡度線斜率。結果發現：若將焦點集中於 39 所非國際學校時，學校之間的教育不公平現象變得明顯；若聚焦於 31 所用中文答題的澳門中學時，學校之間科學素養表現的 ESCS 坡度線更為陡斜，學校之間教育不公平的現象變得突出。由此得知，集中觀察澳門某些主流類別學校，如：非國際學校或在 PISA 2006 評估計劃用中文答題的學校時，教育不公平現象變得明顯和突出。

研究者為了避免學生、家長和學校能識別參與 PISA 2006 的澳門學校

名稱及其素養表現結果，故採用以 ESCS 與科學素養表現的依存關係圖，但澳門設有中學課程的學校數量有限，參加 PISA 2006 評估計劃的學校只有43 所，研究結果確實留有蛛絲馬跡讓家長易於知曉。因此，在家長選校而言，只要家長能選中而其子女又能獲取錄於某一所學校 ESCS 較高的非國際學校，或在 PISA 2006 評估計劃中用中文答題的學校，其子女會得到較高或中等的科學素養表現。若家長基於本書的結果並因應自己的 ESCS 背景為子女選校，澳門教育不公平現象將更為突出，這點對促進澳門教育公平造成威脅。

10.3　研究問題三的結果

研究問題三「在學校階層中，當考慮學生 ESCS 和學校 ESCS 的影響之後，在學校資源環境、學校家長選校考慮和學校收生政策這三項因素中，有什麼中介變項能有效解釋學校 ESCS 與學校科學素養表現的關係？」的研究結果如下：

10.3.1　兩項完全中介變項對促進澳門教育公平的啟示

促使研究者對澳門基礎教育的公平存疑的原因有三：(1) 有些學校的學習環境較為理想；(2) 家長為子女選校，不是選擇就近居的學校，反而是千方百計讓子女入讀心儀的學校；(3) 某些學校的收生政策也似乎針對不同 ESCS 背景的學生。

研究者針對學校資源環境、學校家長選校考慮和學校收生政策三方面，探討可能解釋學校 ESCS 對學校科學素養表現產生影響的中介變項。結果發現，有兩個變項能有效成為完全中介變項，分別是：(1) 家長認同學校有很高的學業成就標準；(2) 家長滿意學校的紀律風氣。從 HLM 分析得知兩中介變項對學校科學素養表現的預測力分別為：37.01% 及 35.23%。其中，學校家長認同學校有很高的學業成就標準的預測力最大，家長選校的智慧能令學校 ESCS 和學校 $ESCS^2$ 對學校科學素養表現的影響在統計上變得沒有顯著意義，即學校階層 ESCS 完全透過以上兩種與家長選校有關的中介變項對學校科學素養表現產生顯著影響。因此，家長為子女選校對澳門教育公平造成負面的影響。除此之外，其他變項雖未能成為學校 ESCS 對學校科學

素養表現的中介變項，但不能忽視它們對學校科學素養表現的影響。其中，學校科學實驗室設備、家長滿意學校教育學生、學校考慮學業記錄收生，皆對學校科學素養表現起著顯著的作用。這些變項，縱然不是導致教育不公平的主因，也應值得關注。

透過中介變項的檢定，本書揭示了學校家長為子女選校的考慮而出現的教育不公平癥結所在，值得澳門教育當局的關注。教育當局在制訂政策時如能對這上變量加以考量，將有助澳門學校之間達到更為完善的教育公平。

10.4　研究問題四的結果

研究問題四「在學生階層中，學生的家庭及電腦教育資源，如何透過學生的學習與心理過程影響學生科學素養表現？」的研究結果如下。

10.4.1　家庭及電腦教育資源有效提高學生科學素養表現

在學生階層中，研究者聚焦於家庭教育資源、家中能否上網及家庭電腦數目對學生科學素養表現的影響，藉此揭示上述變項造成的教育不公平現象，嘗試為教育當局和家長提出可行的教育公平補償政策。研究結果發現：家庭及電腦教育資源沒有直接對學生科學素養表現產生顯著的影響，但有其他路徑間接對學生科學素養表現產生顯著作用，而且總效果量頗高。值得注意的是，ICT 及其高任務自我效能感對科學素養表現的直接效果比其他變項對科學素養表現的總效果要高，而 ICT 及其高任務自我效能感是受家庭及電腦教育資源直接影響的。換句話說，家庭及電腦教育資源間接地影響學生科學素養表現，可見 ICT 及其高任務自我效能感對學生科學素養表現所起的作用實在不容忽視。

此外，本書也比較了家庭及電腦教育資源及對理科重視程度在關聯模式中的影響路徑和影響效果。發現家庭及電腦教育資源對科學自我效能感的影響頗大，甚至高於對理科的重視程度很多。值得一提的是：對理科的重視程度對 ICT 及其高任務自我效能感的效果頗微，然而家庭及電腦教育資源對 ICT 及其高任務自我效能感的影響卻甚高。由此可見，家庭及電腦教育資源對學生自我效能感的直接效果，以及對科學素養表現的間接效果均高於學生心理層面變項 (例如：對理科的重視程度) 所起的作用。

　　研究結果在教育公平意義上，說明了家庭及電腦資源及其運用的重要性，值得教育同仁深思，並對促進澳門教育公平的瞭解提供了有用的資訊。

10.5　達到澳門教育公平的可行政策

　　補償性的政策往往是國家／經濟體促進教育公平首選的政策，美國自《中小學教育法》頒布已來，十分重視補償性教育政策的制訂與落實，從而解決了基礎教育中存在的諸多問題，因而大大提高了教育公平的程度 (薛二勇、方展畫，2007)。本書借用加拿大學者 Douglas Willms 的政策分析方法，結合研究文獻和澳門教育脈絡提出政策建議，期望教育當局能進一步完善澳門基礎教育的公平。

　　值得注意的是，PISA 沒有進行追蹤的研究，蒐集的資料屬橫向 (cross-sectional) 的測量。因此，在變項的因果關係上是存在討論的空間，這正是 PISA 研究的局限，也是本書的限制。無論如何，以下是研究的發現並且研究者綜合多年的教育經驗所作出的建議。

10.5.1　表現性干預政策：培養澳門高質素的人才

　　PISA 2006 評估計劃結果顯示，澳門於科學素養表現在統計上是顯著地高於 OECD 成員國家／經濟體的平均值，在 57 個參與的國家／經濟體中，科學素養表現得分位列 15 至 20 之間。但與其他同樣被 PISA 2006 評為教育公平的國家／經濟體比較，澳門 15 歲中學生的科學素養表現較集中在中間位置的精練水平，高精練水平和低精練水平的學生比例明顯偏低。這一方面顯示了澳門只能成功地減少低科學素養表現的學生人數，澳門仍未能做到讓較多學生達到卓越的科學素養表現。對一個國家／經濟體的基礎教育而言，只擁有公平而沒有高品質的教育，並不是一個理想的教育系統。另一方面，澳門雖然能夠成功減少低科學素養表現的學生人數，但仍有大部分學生的素養處於中等或以下的精練水平。PISA 2006 結果顯示，57 個國家／經濟體中澳門初中的留級率，以及盧森堡高中的留級率達 10% 或以上 (OECD, 2007a: 222)，反映澳門後進學生比例相對較高，對這些學生進行「補底」教育，亦是促進澳門教育公平的另一要項。

　　教育是社會進步和人才培養的關鍵，澳門的自然資源極為短缺，未來必須有高質素的人力資源作為建設的基礎 (澳門教育暨青年局，2011a)。只有培養優秀人才，以提升澳門居民的整體競爭能力，配合如《粵澳合作框架協議》的區域合作或國際合作等的機遇，才能為澳門的可持續發展提供有力的保障。

　　因此，要有效做到「拔尖補底」，就要針對不同天賦或潛質的學生進行因材施教，而因材施教正正是促進教育公平重要的一環。中國教育家孔子提出「有教無類」的教育理念，認為對於不同天賦或表現的學生進行因材施教，是教育公平的體現 (褚宏啟，2006)。所以，讓能力不同的學生有所發揮或達到更高的素養水平，政府實施表現性干預政策是必要的。

　　表現性干預政策之一就是要為學業成績優異或有天分的學生提供資優教育。澳門教育當局已於多年前展開了有關數學、化學和物理等競賽培訓項目，主要是針對在比賽中表現突出的學生，邀請大學教授或專業人士加以培訓，或舉辦前往外國進行英文或葡文學習的交流活動，唯學生名額有限。因此，要培養更多高質素的人才，教育當局應借助素養表現達致卓越的學校，讓學校得到更大的資源發展拔尖培訓項目，這將提高澳門培育較多高質素的人才。建議政府將更多的教育資源投放在拔尖教育上，針對有潛力的學生或素養表現卓越的學校進行培訓，或對學校進行相關拔尖項目的資助計劃，讓更多學生不因自身或其就讀學校的 ESCS 背景而有所局限。這樣，一方面能提升具天賦或潛質學生的表現，另一方面亦能達到教育公平的目的。

　　表現性干預政策的另一對象是後進學生，補底教育正是提高後進學生表現的良方妙策。澳門雖然能夠成功減少低科學素養表現的學生人數，但仍有大部分學生的素養處於中等或以下的精練水平。

　　雖然留級也可能被視為表現性干預政策的一種，但留級或升班的實施本身，並不代表能解決學生學業、態度與行為的問題，降低留級率亦不代表「補底」成功 (楊文佳，2011)。對澳門絕大部分學校而言，他們不會為留級學生修改課程或增加額外教學資源，這就不符合表現性干預政策的定義 (Willms, 2006: 13)。因此，本書建議教育當局提高學校補底教育資助，藉此減低教育當局非常重視的留級率 (澳門教育暨青年局，2011a)，這樣，一方面能提升後進學生的表現，另一方面亦能促進澳門的教育公平。

　　總而言之，在澳門實施表現性干預政策，既能培養高質素的人才外，還

顧及後進生表現的提升，回應因材施教和有教無類兩大教育的核心理念，同時促進澳門教育公平和提高教育品質。

10.5.2　全面性干預政策

　　研究發現，澳門學校之間存在教育公平中的不公平現象，學校 ESCS 越高，其學校科學素養表現越高，即意味著收取高 ESCS 背景學生的學校有較高的科學素養表現。研究同時發現有兩個學校階層的變項能有效成為完全中介變項，即學校 ESCS 可以完全透過學校家長認同學校有很高的學業成就標準和學校家長滿意學校的紀律風氣兩個中介變項對學校科學素養表現產生顯著影響，這為促進澳門學校之間的教育公平提供了重要的線索。

　　由於澳門的學校數量有限，如果只針對上述兩個完全中介變項的描述，為表現較遜色的學校進行補救措施，將對學校造成標籤效應，更會帶來教育公平負面的影響。因此，針對兩個完全中介變項，全面性干預政策應能有效促進澳門教育公平，美國的研究已顯示全面性干預政策有助減少學生紀律問題 (Willms, 2006: 10)。全面性干預政策還可加強家校合作，如鼓勵家長多參加學校活動，並發動家長志願者，以及讓家長參與學校管理等，從而加強家長的認同。有學者曾根據 PISA 2000 的測試結果建議全面性干預應包括課程改革 (Willms, 2006: 10)。在澳門，實施全面性干預政策，是要全面提高家長認同學校的學業成就標準和提升家長滿意學校的紀律風氣。以下就這兩方面提出建議。

10.5.2.1　全面性干預政策：訂立課程標準及高成就標準的評估

　　在澳門實施全面性干預政策，其一是要全面提高家長認同學校的學業成就標準。由於歷史的遠因，澳葡政府對教育採取積極不干預的態度，造成澳門基礎教育主要由私立學校提供，更使作為澳門基礎教育的中流砥柱的私立學校之間存在著規模和表現等的差距，形成了學校之間的不公平現象。加上在華人地區少有的自由教育制度下，各校的課程框架參差不齊，就科學 (理科) 課程而言，每週時數不一 (見附錄 12)，所有學校都開設物理、化學、生物課程，少部分 (大約四分之一) 學校設置綜合科學，而開設的年級差異很大 (魏冰，2010)。公立學校會採用教育暨青年局 1999 年頒布的「物理及自然科學」的試行大綱，私立學校則根據學校本身的發展而採用不同地區的科學科課程大綱，或將其加以裁剪為校本課程進行教學。各校評量學生的標

準不同，也訂有不同的升留級制度。由於沒有設置統一的公開考試，家長對不同學校的學生以至學校之間表現是否有差距，以及差距如何，難有公開、客觀的資料，不利提高家長對學校的學業成就標準的認同。

在學校多元發展的環境下，全面提高家長認同學校的學業成就標準，首先學校要訂定高的學業成就標準，教育當局首要的工作就是要訂定基本的課程標準。學校有共同基本課程標準文件，並透過繼續參加或引進國際評估計劃，持續進行學校綜合評估，讓學校在基本課程標準上訂定及達到更高的成就標準的目標。

2006 年通過的《綱要法》除了明確指出回歸後的澳門特區政府對促進教育公平和提高教育品質的重視，第二十二條第二點指明「政府將規劃各教育階段的課程框架，並將訂定基本學力要求」(澳門特別行政區，2006)。因此，教育當局已著手訂定各教育階段不同學科的基本學力要求和課程框架，建構各學科課程發展的共識與方向，這將有助澳門學校建立基本學力要求和課程框架標準。《綱要法》第三點列出「私立學校在遵循澳門特別行政區課程框架和基本學力要求的前提下，可自主發展其校本課程。」可見，學校仍有空間訂定校本課程的方向，讓學校在基本學力要求的基準上發展及傳承自身的特色。

學校能確立更高層次的國際成就標準，建議教育當局繼續參與國際的評估計劃，正如《非高等教育發展十年規劃 (2011-2020 年)》中提到，要繼續參加由 OECD 舉辦的 PISA 評估計劃，並進一步發揮 PISA 的作用 (澳門教育暨青年局，2011a)，亦可在不同的教育階段增設其他的國際評估計劃，如 PIRLS 評估計劃，透過研究分析學校的優勢和弱勢，讓學校能掌握其與參與評估計劃的國家 / 經濟體的學校比較，從另一層面改善自身的弱勢並增強其優勢，當學校能確立更高層次的國際成就標準的同時，促進澳門的教育公平。

社會上不斷有聲音要求設置統一的考試，以確保澳門的教育品質。然而，研究者認為澳門的私立學校多年來發展其實各具特色，若進行統一考試，在統一考試的指揮棒效應下，只會讓多年來各校建設的特色逐漸淡化。要保證澳門學校多元發展達到百家爭鳴的局面，又能全面提高家長認同學校的學業成就標準，在澳門實施全面性干預政策以訂立課程標準及高成就標準的評估，是可行的途徑。

10.5.2.2　全面性干預政策：加強學校德育工作

回歸後，澳門特別行政區政府每年都以施政報告方式公布翌年的財政預算、資源分配和各施政領域的要項。施政報告中非高等教育領域的要項不但給予澳門基礎教育前進的方向，同時增強了教育政策的透明度和持續性，給予澳門教育發展一大生命力。綜觀 2000-2012 年共十二份施政報告，不難發現多份施政報告有推動品德教育的傾向 (見附錄 13)。2005 年教育當局成立了德育中心，第 61/2005 號行政命令第三條指明其主要職責為：(1) 鼓勵兒童及青少年參與品德教育活動；(2) 協助教育工作者舉辦品德教育活動；(3) 直接或與學校、社團聯合推行品德教育活動，尤其是推廣、學習及交流方面；(4) 向市民大眾推廣品德教育 (澳門特別行政區，2000-2011)。可見，教育當局有做好德育工作的決心。在同一歷史的遠因和社會急速發展下，學校之間仍存在學校家長滿意學校的紀律風氣的差異，這同時造成學校之間的不公平現象。

賭權開放政策讓澳門邁向國際化，巨額的博彩收入為澳門特區政府帶來非常可觀的稅收，也導致社會經濟環境急速變化。博彩社區化的影響下，博彩投注站和摩卡娛樂場 (電子角子機) 進入了社區，繁榮的背後自然衍生了不少青少年的思想及行為問題的隱憂，令家長、學校及教育當局等面臨相當大的挑戰和考驗。在資訊科技全球化的環境下，網路資訊的膨脹，帶來青少年網路倫理及網路博彩等問題。近年來，澳門及鄰近地區媒體報章報導了有關青少年的問題，當中最令人關注有賭博、毒品、色情及網路犯罪等，這些因素逐漸改變學生讀書的心態和價值觀。在這種環境下，德育的培養必須要有家長、學校、社會和教育當局緊密配合，學校的紀律風氣程度才能得到全面的提升。

首先，教育當局要著力推動學校在品德與公民教育課程的學力要求的設置。教育當局曾邀請人民教育出版社專門為澳門編寫教材套，並在德育中心的協調下，於 2008 年起陸續推出《品德與公民》教材，小學及初中教材已經開始在部分學校使用，但教師並無接受相關的培訓。再者，於 2005 年進行的《澳門初中道德及公民教育實施現況探究》報告顯示，雖然澳門學校設有德育課程，但大部分教師沒有受專業的培訓 (陳德昭，2005)。至 2010 學年止，澳門的中學教師仍有 30% 沒有接受專業的師範培訓 (澳門教育暨青年局，2011b)，當中有多少是德育科教師未有準確數字。有鑑於此，教育當

局可以藉此機會推出一系列相關的培訓，與澳門或鄰近的大專院校合作開辦有關專科課程，或優先考慮為德育科教師舉辦更多的「骨幹教師培訓」計劃，到 2009 年度教育當局已開辦了有關中、小學品德及公民課的「骨幹教師培訓」，這將對促進教育公平帶來正面的影響。再者，學校的德育工作不但是德育部門或任教德育科教師的責任，應為全體教職員甚至職工友共同承擔。除正式課堂外，學校可開辦不同形式的餘暇活動，開闊學生的眼光並滲入不同的價值觀，使其有積極的人生觀。

此外，當局應大力鼓勵學校設立家長教師會，並於家長教師會下設有校園德育關注小組，小組成員必須由教師和家長共同參與，定期和校方開會以制訂學校長遠的德育目標，並按需要聘請專家學者為學生和家長舉辦不同形式的德育講座或研討會，保持家校緊密合作，尤其對網路德育問題的關注。受制於學校有教師和同儕監管環境下，學生網路的偏差行為一般都不會在學校發生，因此，小組要積極推出應對學生在家庭應用上網資源的措施。此外，成員還需留意社會上各團體對德育工作的推廣活動或比賽，鼓勵學生或家長積極參與合適的活動，從而建立家長、學校和社會團體的德育網絡關係。

教育當局多年來不斷推動家校合作，近年也積極推動多所學校成立了家長會或家長教師會，更派出導師到校協助籌組家長教師會。但是澳門學校長期沒有設立家長教師會，加上部分學校憂慮家長教師會對學校運作造成影響，在《基本法》賦予學校享有高度的自治權下，令改革可能遇到阻力，家長教師會的成立視乎學校積極配合與否，因此，教育當局仍要透過「金錢推動方案」帶動改革的實施 (黃素君，2011)。家長教師會或校園德育關注小組的計劃在資源充足下就能得以落實。

最後，教育當局還須與社團、學術機構及其他政府部門合作，研究社會現時環境對學生品德發展的不利因素，制訂預防性的措施，優化治安環境，減少青少年問題。如有團體在研究調查後，呼籲政府當局採取措施，要求博彩設施撤離社區，獲特區政府經濟財政司司長回應，有關規範角子機遷離社區的行政法規在 2011 年 10 月已進入最後立法階段 (澳門日報，2011)。所以博彩社區化如何發展，還有待政府對法規落實後，才有定案。無論如何，研究社會環境制訂預防性的措施是必須的，至少可以引起家長、學校、社會和教育當局的高度重視。

　　由此可見，實施全面性干預政策能有效加強學校的德育工作，不但全面提升學校家長對學校的紀律風氣滿意度，更能促進教育公平的發展，可說是一舉兩得，對澳門的基礎教育是百利而無一害。

　　值得注意的是，建議成立家長教師會，除了提升學校家長對學校的紀律風氣滿意的程度外，還可提高學校家長對學校的學業成就標準認同態度，研究者深信家長教師會有利家長對學校的認同和增強滿意程度，亦是學校對家長宣傳其學業成就標準和紀律風氣所起的重要作用。有關〈高雄市國民小學家長會組織運作與學校效能關係之研究〉碩士論文，調查高雄市 43 所公立國民小學 1,118 名教師與家長，結果發現家長會組織運作對學校效能具有預測作用，且家長會組織運作與學校效能有顯著正相關，家長會組織運作愈佳，學校效能也愈高 (鄭文川，2003)。研究者建議家長會必須加入教師參與的元素，才能有效發揮家校合作的作用。因此，家長教師會對教育公平所起的作用不容忽視。

10.5.3　以全面性干預政策取代社經導向和補償性干預政策

　　研究發現：ICT 及其高任務自我效能感對學生科學素養表現的直接效果相比其他變項 (第 9 章 SEM 模型中的變項) 對學生科學素養表現的總效果都要高，而 ICT 及其高任務自我效能感主要受家庭及電腦教育資源所影響，即學生的科學素養表現受其家庭及電腦教育資源間接影響。因此，改善學生的家庭及電腦教育資源及提升學生的 ICT 及其高任務自我效能感，將有效地提高學生的科學素養表現。

　　所謂家庭及電腦教育資源是指學生家中有：(1) 用來學習的書桌；(2)安靜學習的地方；(3) 對功課有幫助的書籍、字典；(4) 可以用來做功課的電腦；(5) 教育方面的電腦軟體；(6) 自己專用計算機；(7) 家庭電腦的數量等。因此，按照 2.4.2 和 2.4.3 節引述 Douglas Willms 倡議的補償性干預政策為低 ESCS 學生的家庭提供家庭及電腦教育資源，或借用社經導向干預政策為低 ESCS 學生的家庭提供 ICT 相關培訓最為恰當。正如褚宏啟和楊海燕(2008) 指出：「教育資源配置的補償原則關注受教育者的 ESCS 差距，並對ESCS 處境不利者在教育資源配置上予以補償」。但，研究者認為，按照澳門特區政府現時財政充裕和 ICT 教育質量有待提高的情況下，改為面向全體學生提供家用電腦資源的全面性干預政策較為合適。

10.5.3.1 中、小型圖書館或自修室社區化

澳門於 2007/2008 學年達標完成實施十五年的免費教育,即凡簽約形式加入政府免費教育網的私立學校和公立學校所有就讀基礎教育的學生的學費全免。政府亦以學費津貼制度資助沒有加入免費教育網的私立學校,以減輕這些家長的學費支出,以 2010/2011 學年幼兒、小學和中學教育階段為例,每位學生的津貼分別為澳門幣 12,000 元、13,000 元和 14,000 元 (澳門教育暨青年局,2011b)。從 2009 年 9 月開始,教育當局實施「書簿津貼制度」,每年向在澳門學校接受各階段正規教育的學生發放書簿津貼,至 2011 年向每名中、小學生發放澳門幣 1,700 元的津貼,向每名幼兒教育階段學生發放澳門幣 1,500 元的津貼,進一步減輕家長在書簿費方面的負擔 (澳門特別行政區,2011)。可見澳門特區政府多方面的津貼讓教育公平在經濟層面得以奠基。

由於澳門特區在教育政策上的支援,澳門家長對子女在基礎教育方面的負擔大大減少,但澳門仍存在著 ESCS 低的家庭。誠然,家長可以將減少了的教育支出,將資源撥作子女其他學習的開支,惟 ESCS 低的家長仍未能在家中提供足夠的空間,讓子女擁有用來學習的書桌,遑論安靜學習的地方,以及充裕的學習空間放置對功課有幫助的大量書籍或字典等。因此,建議政府在不同社區增設多個中、小型社區圖書館或學生自修室,並增設無線上網設備。實行圖書館或學生自修室社區化,減低學生放學回家後因家中沒有足夠資源或空間,而導致素養表現的差距,或可減低博彩社區化所帶來的影響。

10.5.3.2 向學生派發電腦,開設 ICT 培訓課程

近年,在旅遊休閒娛樂事業的帶動下,澳門經濟騰飛,政府實施的多項分享計劃,都得到澳門居民的認同和支持,而且澳門特區政府已有一定實施的經驗,例如:醫療券計劃、住宅單位電費補貼計劃等。其中最受關注的是受惠於全體澳門居民的「現金分享計劃」政策,該政策每年向澳門居民發放定額的現金,2012 年向永久性居民每人發放澳門幣 7,000 元,非永久性居民每人澳門幣 4,200 元 (澳門特別行政區,2011)。有鑑於此,建議政府向就讀於澳門非高等教育體系的學生提供購買電腦的津貼及有關 ICT 培訓課程。

在紐西蘭一項名為 Flaxmere 的報告指出,向低 SES 的家庭派發電腦對學生的學習有正面的影響 (Clinton, Hattie, & Dixon, 2007; Hattie, 2009)。本

書發現家中擁有可以用來做功課的電腦或教育方面的電腦軟體等，能有效增加學生的 ICT 及其高任務自我效能感和科學自我效能感，從而提高學生的科學素養表現、促進教育公平。因此，研究者建議政府借鏡「現金分享計劃」政策，對學生提供購買電腦的津貼，並發展為入讀於澳門基礎教育的學生提供電腦的培訓計劃，擴大過往只向低 ESCS 家庭提供學習用電腦的社經導向干預政策，考慮購買平板電腦，並希望政府透過學校為學生集體訂購及分發。同時資助學校開設相關的 ICT 培訓課程和添置教育方面的電腦軟體。由學校統一派發平板電腦及開設 ICT 培訓課程的原因有三：(1) 平板電腦較輕巧，方便學生攜帶上學；(2) 學生在教師指導下使用，明白正確上網學習的行為、資訊科技倫理和應用電腦的時間掌握等，並及早介入，免得學生沉迷網路的世界，預防網路德育的問題；(3) 回應社會資訊科技的發展，由於教科書的形式日新月異，已有鄰近地區的教科書出版商與網路平臺合作建立網絡教材，學生可利用平板電腦透過網路在學校或家庭翻閱教材。提供電腦津貼及開設 ICT 培訓課程，這不但減低學生放學回家後因家中沒有足夠電腦教育資源，而導致素養表現的差距，更能回應急速發展的科技社會要求，也能回應 10.5.2.2 節所闡述的加強德育風氣政策。

　　此外，在確保每名學生擁有一部學習用的平板電腦的同時，政府可以考慮將全面性干預政策伸展至為學生提供家居上網費用補貼，仿傚澳門特區政府於 2008 年 4 月開始實施的住宅單位電費每月補貼政策 (於 2012 年每月支助住宅單位金額達到澳門幣 180 元)，向就讀於澳門非高等教育體系的學生家庭提供每月定額的上網費用補貼，彌補了學生因家庭資源有限，而錯過在家中上網學習的機會。

　　在澳門實施以上的干預政策，面向的是全體接受基礎教育的學生，目的是提升 ICT 及其高任務自我效能感和科學自我效能感，從而提高學生的科學素養表現，減低了家庭及電腦教育資源的不足而導致科學素養表現的差距，以促進教育公平。

10.6　提高澳門教育品質的可行政策

　　研究顯示，學校資源環境未能成為學校 ESCS 對學校科學素養表現的中介變項，但學校科學實驗室設備對學校科學素養表現起顯著的作用。隨著社會科技進步及全球化的出現，幾乎所有地區的教育改革，都強調學生必須具備高的科學素養 (Liu, 2009)。因此，澳門要培養具備高的科學素養的人才，就不能忽視學校科學實驗室設備對學校科學素養表現的影響。總括而言，澳門教育當局若能正視上述變項所反映的教育意義，針對性地提出改善教育的措施，定能有效提升澳門學校的科學素養表現，有利學生得到高的科學素養並提高教育品質。

　　此外，雖然 PISA 2006 的數據顯示，足夠合資格的科學科教師雖然未能成為學校 ESCS 對學校科學素養表現的中介變項，亦未能對學校科學素養表現起顯著的作用。隨著《非高等教育私立學校教學人員制度框架》法案將會落實，法案規定中學教師每週節數將減至 16 至 18 節 (澳門教育暨青年局，2011c：16)，引致各科教師人數的增加，將突顯合資格的科學教師不足的問題。當法案落實後，合資格的科學科教師是否能成為學校 ESCS 對學校科學素養表現的中介變項還是未知。但研究者認為科學科教師是學生具備高的科學素養的重要因素，因此建議教育當局投入資源培訓更多合資格的科學科教師。

10.6.1　增加學校實驗室設備

　　研究發現，雖然學校實驗室的設備，未能成為學校 ESCS 與學校科學素養表現的中介變項。但，其對學校科學素養表現起顯著的作用，其預測力達 20.51%，建議教育當加大投入資源優化學校實驗室的設備，減低學校之間實驗室設備的不足從而提高學校科學素養表現，這是提高澳門學校教育品質的良策之一。

　　由魏冰等人於 2009 年出版的《澳門中小學自然科學教育專項評鑑報告》得知，其考察了多所澳門學校的理科 (包括：物理、化學和生物) 實驗室。結果顯示，澳門學校實驗室的數量和大小不一，個別學校設有兩個物理實驗室，或設有共用的生化實驗室，也有電學、機械、木工、陶藝等實驗室。但受制於空間的大小或其他原因，個別學校設備缺乏，這對推廣普及新

的科技實驗造成硬體配套上的困難 (魏冰等，2009)。此外，研究者於 2000 學年曾在澳門一所入網私立中學任職實驗室助理，該學校面積有限，學校只設有一個綜合實驗室，附設物理、化學和生物的實驗預備室，受制於空間小、設備缺乏，導致實驗室的使用率未如理想，可見增加澳門學校的實驗室的設備是必要的。

　　澳門回歸前後，教育當局雖然有改善學校實驗室設備的專案計劃，但卻受制於澳門學校校舍的空間問題。澳門土地資源缺乏，部分學校設於住宅大廈的低層，某些校舍甚至是由大廈停車場改建而成，即使某些是校園內設有教學大樓，也可能因學校面積、實驗室面積，又或安全等問題而未有受惠於政府實驗室設備的資助。澳門於 2009 年獲中央批准填海造地 350 公頃，此舉使澳門陸地的總面積增加約 12%(澳門土地公務運輸局，2011)，社會有聲音提出五幅填海造地須預留學校用地，但為解燃眉之急，考慮到澳門土地資源的短缺的事實，研究者建議澳門教育當局應在實驗室安全係數容許的條件下，放寬對學校實驗室設備資助的限制。學校樓層的高度這個條件如能放寬，某些學校將可增設實驗室。教育當局也可考慮對建於住宅大廈低層的學校創設可行的實驗室空間和設備，讓澳門學校之間的教育公平得以改善。

　　這項政策目的正是為澳門學校提供實驗室的設備，增設學校實驗室的空間，從而提高學校的科學素養表現，促進澳門教育品質的提高。

10.6.2　增加合資格的科學科教師

　　研究發現，具備足夠合資格的科學科教師雖然不是學校 ESCS 與科學素養表現的中介變項，其對學校科學素養表現亦未達顯著的影響。但，根據 2009 年出版的《澳門中小學自然科學教育專項評鑑報告》指出：「少數學校的所有科學科教師受過正規的師範培訓，而多數學校對科學科教師舉辦各項的培訓活動，但只有少數學校具備教師隊伍建設的系統規劃。」(魏冰等，2009)，因此研究者建議澳門特區政府投入資源培訓更多合資格的科學科教師，如：與澳門或鄰近大專院校合作，舉辦有關科學科教師培訓的項目，這不但可以增加科學科教師的數量，更可以提高現任科學科教師的專業水平，減低澳門學校合資格的科學科教師不足的問題，進一步優化澳門的科學素養的教學效能。

　　回歸後，澳門特區政府在基礎教育的師資上積極投放大量資源，單是

中學教師的數量，由 1999 學年的 1,385 名提升至 2010 學年的 2,355 名，可見教師的數量正不斷躍升。然而，截至 2010 學年止，澳門的中學教師仍有 30% 沒有接受專業的師範培訓 (澳門教育暨青年局，2011b)，當中有多少是科學科教師未有準確數字。澳門現時所面對的情況是：澳門或鄰近地區的大專院校沒有開設科學科的學位或師範課程。再者，澳門教育當局近年積極推出《校本培訓》、《脫產培訓》和《休假進修》等計劃，以為在職師教師提供不同科目的專科培訓，更於 2003 年起分別委託北京師範大學和南京師範大學，為澳門的教師開展多個學科的《骨幹教師培訓》課程，當中包括：地理、數學及科學等學科。但可以肯定的是，合資格的科學科教師數量仍然不足，隨著《非高等教育私立學校教學人員制度框架》的落實，教師人數的增加，將突顯合資格的科學科教師不足的問題，教育當局應盡快與澳門或鄰近的大專院校合作開辦有關科學科師範專科課程，或考慮為科學科教師舉辦更多的《骨幹教師培訓》計劃，這將有效提高學生的科學素養。

其實，澳門的中學沒有接受專業的師範培訓的教師問題一直存在，科學科教師尤其明顯，建議的政策不但可以改善這個老問題，更可彌補學校合資格的科學科教師的不足，為實現高品質的教育推前一大步。

10.7　本書的創新和貢獻

本書的創新和貢獻在於對教育公平的認識、概念化和方法論三個方面，其中所採用的觀點、概念和研究方法，在現代的教育研究中是比較前沿的，分述如下。

10.7.1　對教育公平的認識方面

從 PISA 的循環測試可以發現，參與 PISA 評估計劃的國家 / 經濟體有增加的趨勢，各地政府在制訂教育政策措施時都強調「證據為本」，引起對 PISA 評估計劃的重視，更將 PISA 作為提升效能和政策制訂的重要工具 (OECD, 2004)。澳門教育當局也強調要繼續參加 PISA 評估計劃，並進一步發揮其作用 (澳門教育暨青年局，2011a)。因此，真正瞭解 PISA 報告的結果是非常重要，這將對澳門未來教育政策起了舉足輕重的作用。

澳門在 PISA 2006 評估計劃中屬於教育公平的地區，這一項發現與澳

門土生土長市民的感知存在落差，甚至有本地學者對澳門教育公平的結果存疑，但亦只是流於感知的層面作批判。但本書是首次以實證的方法檢定澳門教育確實存在教育不公平的現象。更重要的是這些認識是可以利用了 PISA 2006 數據加以解釋和檢定的。

10.7.2　概念化方面

本書在探討澳門全體 15 歲學生基礎教育的教育公平的議題上，利用 SEM 概念模型分析家庭及電腦教育資源影響學生科學素養表現的學習與心理過程，尋找學生階層中教育不公平的證據，結果證實家庭及電腦教育資源能有效解釋學生的科學素養表現。研究者借助 Azjen 計劃行為理論為起步點，以「知覺行為控制」對「行為」的直接影響，以及「知覺行為控制」透過「行為意圖」間接影響「行為」的心理過程，建構 SEM 概念模型的核心環節。由於利用 PISA 2006 數據的緣故，本書的「行為」是指學生的「科學素養表現」，使用 PISA 2006 的五個科學素養表現的可能值分別構建：「行為意圖」指「科學興趣及工具性動機」；而「知覺行為控制」指「科學自我效能感」和「ICT 及其高任務自我效能感」，這兩種自我效能感是 PISA 2006 數據庫中可以提供的。SEM 分析的概念模型設計是基於教育公平這議題的概念化，其中的「家庭及電腦教育資源」如何透過「ICT 及其高任務自我效能感」和「科學自我效能感」影響學生的「科學素養表現」，或者間接透過「科學興趣及工具性動機」影響「科學素養表現」。研究結果揭示「家庭及電腦教育資源」對「科學素養表現」的影響路徑，「家庭及電腦教育資源影響概念模型」可以作為日後教育公平實證研究的基礎。

10.7.3　方法論方面

雖然 PISA 2006 結果顯示，澳門被視為教育公平的地區之一。但，研究者的感知並非如此：有些學校的學習環境較理想；家長為子女選校，不是選擇就近居所的學校，反而是千方百計要讓子女進入心儀的學校；學校的收生政策也似乎針對不同 ESCS 背景的學生。這些感知促使研究者對澳門基礎教育的公平性產生質疑；相對同樣被 PISA 視為教育公平的芬蘭，當地家長選校的態度卻截然不同，芬蘭家長只會為子女選擇就近居所的學校入讀，他們對任何一所學校同樣有信心，不需為子女選擇學校而煩惱（陳之華，

2009)。正因如此，研究者持懷疑和審慎的態度，分析澳門被 PISA 評估計劃評為教育公平的原因。本書質疑 PISA 認為澳門屬教育公平地區這個結論，並利用 PISA 2006 數據研究澳門基礎教育教育公平的問題，在學術界尚屬首次。

本書在探討澳門學校之間的教育公平時，嘗試以「ESCS 與科學素養表現的依存關係圖」觀察澳門某主流類別學校在圖中的分布情況，分析這些主流類別學校之間的科學素養表現的 ESCS 坡度線斜率，當聚焦澳門某主流類別學校時，學校之間的教育公平會變得如何？這些主流類別學校會否對澳門學校之間的教育公平構成威脅？結果發現，當焦點集中某主流類別的學校時，教育不公平現象變得明顯或突出。

此外，本書利用 HLM 探討影響學校 ESCS 與學校科學素養表現關係的中介變項，考慮學生 ESCS 和學校 ESCS 的影響之後，有什麼中介變項能有效解釋學校 ESCS 與學校科學素養表現的關係？研究過程中，以學校 ESCS 為自變項，學校科學素養表現為依變項，並從學校資源、家長選校及學校收生政策等三個方面找尋學校階層中介變項的可能機制，結果發現有兩個變項能有效成為完全中介變項，這些中介機制啟示了導致澳門教育不公平的癥結所在。

10.8　結論及未來研究建議

本書引用 PISA 2006 評估計劃數據，重點分析學生及學校階層 ESCS 對科學素養表現的影響，並尋找可能出現在學校階層 ESCS 與科學素養表現關係的中介變項，從而提出補償學校因 ESCS 的差距而導致學校表現差距的改善措施，促進澳門的教育公平。本書並沒有試圖尋找令學生或學校素養表現均等的方法，因為素養表現均等，幾乎是不可求的 (程介明，2011)。正如本書對教育公平的定義是：公平地對待每一個人，讓每一個人不因 ESCS 差距而導致學習差距。因此，不應為追求教育公平而將焦點誤入素養表現均等的迷思。教育公平本是社會公平的一方面，但現實社會中沒有絕對的公平，教育公平也是一樣，沒有一個國家 / 經濟體能達到完全的教育公平，只可能盡力做到教育資源和教育過程的公平，不期望達到教育結果的完全公平。至於對後續研究的建議如下。

10.8.1　檢視政策建議是否進一步改善澳門的教育公平

本書為促進教育公平提供了多項的政策建議，研究者期望建議能有效促進澳門基礎教育的教育公平。若澳門教育當局採納這些政策建議進行教育改革，是否如研究者所料，真的能夠促進澳門基礎教育的教育公平和提高教育品質？盼望有志者繼續探討。

澳門教育當局已多次強調繼續參加 PISA 評估計劃 (澳門教育暨青年局，2011a)，並希望充分利用其數據進行教育政策的制訂。因此，未來後續研究可透過 PISA 下一輪的評量結果，分析及檢視本書提出多項政策建議的成效。

10.8.2　檢視抗逆學生的學業成功如何促進澳門的教育公平

OECD (2010b; 2011) 指出，處於 ESCS 較低水平卻取得高素養表現者在教育研究文獻中統稱為「抗逆學生」(Resilient students)，即低 ESCS 學生有能力打破低水平素養表現的規律。PISA 2009 結果顯示，澳門低 ESCS 學生約有 50% 為「抗逆學生」(OECD, 2010b)。因此，抗逆學生對澳門教育公平的影響不容忽視，瞭解抗逆學生的心理狀況、學習方式、所就讀學校的政策或資源的運用、家庭管教的方式等，將有助制訂促進澳門教育公平的政策 (OECD, 2011)。盼望有志者繼續引用 PISA 數據進行分析及探討。

參考書目

中文書目

中華人民共和國 (2010)。**國家中長期教育改革和發展規劃綱要 (2010-2020 年)**。查詢日期：2011 年 11 月 12 日，取自 http://www.gov.cn/jrzg/2010-07/29/content_1667143.htm。

王敏 (2005)。小班化教學與教育公平。**遼寧教育，5**，14。

王洛忠 (2005)。教育公平：構建和諧社會的基石。**團結，2**，11-13。

王雪梅、張玉霞、陳立峰 (2007)。**法與教育公平**。北京：中國農業技術出版社。

王一兵 (2003)。教育公平：發展中國家高等教育大眾化進程中的嚴峻挑戰──國際比較的視角。**中國遠程教育，5**，72-74。

尤琛 (2007)。**父輩社會分層對子代教育公平的影響**。未出版之碩士論文，蘇州大學，蘇州。

朱軍文、王少東 (2005)。理解轉型期教育公平應有的三個支點。**北京大學教育評論，1**，107-110。

PISA 成績下滑教育響警號 (2012，2 月 4 日)。**澳門日報**，A07 版。

沈有祿 (2004)。試談高校繳費中的教育公平問題及對策。**內蒙古師範大學學報 (教育科學版)，1**，17-20。

余民寧 (1992)。試題反應理論的介紹 (三)：試題反應模式及其特性。**研習資訊，9**(2)，6-10。

余桂霖 (2011)。**結構方程式模型分析**。臺北：五南。

李偉清 (2007)。**國中小資優生與普通生休閒生活現況與關聯模式之比較研究**。未出版之博士論文，臺灣師範大學，臺北。

吳明隆 (2006)。**結構方程模式──SIMPLIS 的應用**。臺北：五南。

吳剛平、章曉琴 (1999)。我國義務教育的機會公平與品質公平。**樂山師範高等專科學校學報，4**，6-9。

宋寧娜 (2004)。教育平等、教育公平與社會進步──兼論教育收費與教育分流。**蘇州大學學報 (哲學社會科學版)，3**，110-117。

貝磊、古鼎儀、單文經 (2005)。**香港與澳門的教育與社會：從比較的角度看延續與變化**。臺北：師大書苑。

何仲傳促角子機遷離社區 (2011，12 月 13 日)。**澳門日報**，A02 版。

周洪宇 (2005)。教育公平：和諧社會的重要內容、基礎和實現途徑。**人民教育**，**7**，7-10。

周新富 (2008)。社會階級對子女學業成就的影響：以家庭資源為分析架構。**臺灣教育社會學研究**，**8**(1)，1-43。

林秀惠 (2004)。**台北市高中職學生體重控制行為意圖及其相關因素研究**。未出版之碩士論文，國立臺灣師範大學，臺北。

林義男、王文科 (1998)，**教育社會學**。臺北：五南，96-97。

苗慶紅 (2001)。關於教育公平和效率的理論分析。**經濟師**，**11**，8-9。

Rawls, J. (2003)。**正義論** (*A theory of justice*；李少軍、杜麗燕、張虹譯)。北京：中國社會科學出版社。(原作出版於 1999)。

胡錦濤在澳門第三屆政府就職典禮上的講話全文 (2009 年 12 月 20 日)。**中國評論新聞網**。2010 年 10 月 16 日，取自 http://www.chinareviewnews.com。

翁文艷 (2001)。教育公平的多元分析。**教育發展研究**，**3**，62-64。

高厚 (2005)。必須始終堅持義務教育的公益性方向前進。**前進**，**1**，52-54。

徐廣宇 (1996)。關於擇校問題的思考。**教育改革**，**1**，18-19。

郭宛靈 (2010)。**家庭資源、科學就業傾向與科學態度對科學素養之影響——以 PISA 2006 芬蘭為例**。未出版之碩士論文，國立臺北教育大學教育政策與管理研究所，臺北。

郭彩琴 (2002)。教育公平辨析。**江蘇高教**，**1**，48-51。

郭彩琴 (2004)。**教育公平論：西方教育公平理論的哲學考察**。北京：中國礦業大學出版社。

師東海 (2011)。**教育公平的政治學思考**。未出版之博士論文，吉林大學行政學系，吉林。

陳之華 (2009)。**芬蘭教育全球第一的秘密**。北京：中國青年出版社。

陳俊瑋 (2010)。國中教師集體效能感、教師自我效能感及教師組織公民行為關聯之研究：多層次中介效果之分析。**當代教育研究**，**18**(2)，29-69。

陳敬濂、薛寶嫦、張國祥 (2008)。**澳門學校的願景與使命：從澳門不同性別學生就讀不同學校的素養表現說起**。論文發表於香港比較教育學會主辦之「香港比較教育學會週年研討會 2008：遠景的比較、使命的比較」，香港。

陳德昭 (2005)。**澳門初中道德及公民教育實施現況探究**。未出版之碩士文，澳門大學教育學院，澳門。

曹考元 (2005)。**庫柏** (D. E. Cooper) **教育公平論之研究**。未出版之碩士論文，國立臺灣師範大學教育學系，臺北。

程介明 (2011)。教育可以均等嗎？。**信報**，刊於 2011 年 6 月 24 日，教育評論。

梅汝莉 (2005)。教育公平呼喚對教育進行全面審視。**基礎教育參考，7**，4-5。

張人杰 (1989)。**國外教育社會學基本文選**。上海：華東師範大學出版社。

張千培 (2006)。**應用計畫行為理論探討金門地區高中職學生參與運動社團意圖之研究**。未出版之碩士論文，國立臺灣師範大學，臺北。

張小紅 (2005)。教育公平與教育效率關係芻議。**內蒙古師範大學學報（教育科學版），9**，37-39。

張文武 (2005)。淺議實現教育公平的幾點對策。**中國成人教育，3**，9-10。

張民選、陸璟、占盛麗、朱小虎、王婷婷 (2011)。專業視野中的 PISA。**教育研究，6**，3-10。

張雷、侯傑泰 (2002)。**多層線性模型應用**。北京：教育科學出版社。

張國祥 (2006)。TIMSS 與 PISA **國際測試：評量架構、待答問題和數據分析**。特邀主題報告發表於「邁向卓越教育（教育指標與學習評鑑、師資培育政策）」國際研討會，臺北。

張國祥、薛寶嫦 (2007)。**澳門 PISA 2006 評估計劃第一號報告書：從國際比較的觀點評核 15 歲學生的科學、數學和閱讀素養表現**。澳門：澳門大學教育測驗與評核研究中心。

張國祥、薛寶嫦、陳敬濂、鍾健 (2007)。**澳門 43 所參與 PISA 2006 評估計劃學校報告**。澳門：澳門大學教育測驗與評核研究中心。

張國祥、鍾健、陳敬濂 (2007)。**澳門高中學生升學評量透析**。報告發表於國立臺灣師範大學教育評鑑與發展研究中心主辦之「東亞教育評鑑論壇——新興議題及挑戰」，臺北。

張華葆 (1987)。**社會階層**。臺北：三民書局。

張鈿富 (2001)。OECD 國際性學生評量之探討。**教育研究月刊，83**，28-43。

黃芳銘 (2007)。**結構方程模式——理論與應用（第五版）**。臺北：五南。

黃素君、單文經、黃逸恆 (2007)。澳門地區課程改革經驗的論述分析。收錄於中華民國教材研究發展學會（主編），**課程理論與課程改革**（上冊，頁 246-273)。臺北：中華民國教材研究發展學會。

黃素君 (2011)。從教育公平的視域檢視澳門免費教育的現狀和發展。收錄於郝雨凡、吳志良（主編）、林廣志（執行主編），**澳門經濟社會發展報告 (2010-2011)**（頁 224-238)。北京：社會科學文獻出版社。

黃靜宜、傅瓊 (2004)。高等教育領域中的公平問題剖析。**交通高教研究，1**，5-12。

楊文佳 (2011)。**從 PISA 視角透析澳門留級生特徵**。未出版之碩士論文，澳門大學教育學院，澳門。

楊金土 (2004)。教育公平與職業教育。**教育與職業，7**，4-7。

楊東平 (2000)。對我國教育公平問題的認識和思考。**教育發展研究，9**，14-17。

楊東平 (2006)。**中國教育公平的理想與現實**。北京：北京大學出版社。

楊淑萍、林煥祥 (2010)。由家庭經濟資源及文化資源探討我國學生在 PISA 科學、數學素養的表現。**科學教育學刊，18**。

楊惠真 (2006)。**彰化縣某國中學生執行充足睡眠行為意圖研究：計畫行為理論之應用**。未出版之碩士論文，國立臺灣師範大學，臺北。

楊瑩 (1994)。**教育機會均等：教育社會學的探討**。臺北：師大書苑。

溫福星、邱皓政 (2009)。組織研究中的多層次調節式中介效果：以組織創新氣氛、組織承諾與工作滿意的實證研究為例。**管理學報，26(2)**，189-211。

蔡昌、古鼎儀 (2001)。**澳門教育與社會發展**。香港：教育學院教育政策與行政系出版。

褚宏啟 (2006)。關於教育公平的幾個基本理論問題。**中國教育學刊，12**，1-4。

褚宏啟、楊海燕 (2008)。教育公平的原則及其政策含義。**教育研究，1**，10-16。

趙萍 (2007)。國際組織推進教育公平的不懈努力。**比較教育研究，2**，22-26。

劉寶存、楊秀治 (2005)。西方國家的擇校制度及其對教育公平的影響。**教育科學，21**，18-21。

樂先蓮 (2007)。致力於更加公平的教育：來自發達國家的經驗。**比較教育研究，2**，11-16。

澳門土地公務運輸局 (2011)。**政府推新城規劃促澳門綜合發展**。查詢日期：2011 年 11 月 26 日，檢自 http://www.dssopt.gov.mo/zh_HANT/home/information/id/80/info_id/83/type/show。

澳門特別行政區 (1999)。**中華人民共和國澳門特別行政區基本法**。查詢日期：2006 年 7 月 20 日，檢自 http://www.imprensa.macau.gov.mo/bo/i/1999/leibasica/index-cn.asp。

澳門特別行政區 (2006)。**第 9/2006 號法律：非高等教育制度綱要法**。澳門：教育暨青年局。

澳門特別行政區 (2007)。**中華人民共和國澳門特別行政區政府二零零八年財政年度施政報告**。澳門：澳門特別行政區。

澳門特別行政區 (2011)。**中華人民共和國澳門特別行政區政府二零一二年財政年度施政報告**。澳門：澳門特別行政區。

澳門特別行政區 (2000-2011)。**中華人民共和國澳門特別行政區政府 (二零零零年至二零一二年) 財政年度施政報告**。澳門：澳門特別行政區。

澳門教育暨青年局 (2006)。**教育數字概覽**。澳門：教育暨青年局。

澳門教育暨青年局 (2011a)。**非高等教育發展十年規劃 (2011-2020 年)**。澳門：教育暨青年局。

澳門教育暨青年局 (2011b)。**2011/2012 學年重點工作介紹**。查詢日期：2011年 10 月 2 日，檢自 http://www.dsej.gov.mo/~webdsej/www/inter_search_page.php。

澳門教育暨青年局 (2011c)。**非高等教育私立學校教學人員制度框架 (第三稿)**。澳門：教育暨青年局。

薛二勇、方展畫 (2007)。教育發展研究美國教育公平發展中的補償性政策：以《初等與中等教育法》頒布四十餘年的政策實踐為例。**教育發展研究，10**，27-32。

鄭文川 (2003)。**高雄市國民小學家長會組織運作與學校效能關係之研究**。未出版之碩士論文，國立高雄師範大學教育學院，高雄。

簡茂發 (1984)。高級中學學生家庭背景、教師期望與學業成就之關係。**教育研究所集刊期，26**，1-97。

魏冰 (2006)。**科學素養教育的理念與實踐：理科課程發展研究**。廣州：廣東高等教育出版社。

魏冰 (2008)。PISA 中的科學素養測試及其對澳門中學科學課程與教學的啟示。**教師雜誌，21**，17-20。

魏冰 (2010)。澳門中學科學教學：問題與挑戰。**澳門研究，58**，161-168。

魏冰、謝金技、施達明、陳溢寧、阮邦球、李銘源 (2009)。**澳門中小學自然科學教育專項評鑑報告**。澳門：澳門大學教育學院。

蕭利宏 (2000)。論我國民辦教育、公辦教育發展的非公平。**教育與經濟，4**，21-24。

蘇朝暉 (2000)。**探討澳門義務教育的路向**。未出版之碩士論文，澳門大學教育學院，澳門。

蘇朝暉、郭曉明 (2006)。**優質教育的制度保障：澳門教育制度變革的內在價值**。發表於澳門大學教育學院舉辦「華人社會的教育發展學術研討會」。澳門：澳門大學。

嚴偉萍 (2005)。高等教育公平與高等教育制度革新淺談。**太原教育學院學報，23**，17-21。

英文書目

Ajzen, I. (1985). From intentions to actions: A theory of planned behavior. In J. Kuhl, & J. Beckmann (Eds.), *Action-control: From cognition to behavior* (pp.11-39). Heidelberg, Germany: Springer.

Ajzen, I. (1991). The theory of planned behavior. *Organizational Behavior and Human Decision Processes*, 50, 179-211.

Ajzen, I., & Fishbein, M. (1980). *Understanding attitudes and predicting social behavior*. Englewood Cliffs, NJ: Prentice-Hall.

Ajzen, I., & Madden, T. J. (1986). Prediction of goal-directed behavior: Attitude, intentions and perceived behavioral control. *Journal of Experimental Social Psychology*, 22, 373-453.

Alegre, M., & Ferrer, G. (2009). School regimes and education equity: Some insights based on PISA 2006. *British Educational Research Journal*, 36, 433-461.

Areepattamannil, S., Freeman, J., & Klinger, D. A. (2011). Influence of motivation, self-beliefs, and instructional practices on science achievement of adolescents in Canada. *Social Psychology of Education*, 14, 233-259.

Armitage, C. J., & Conner, M. (2001). Efficacy of the theory of planned behaviour: A meta-analytic review. *British Journal of Social Psychology*, 40, 471-499.

Arnold, C. L. (1995). *Using HLM and NAEP data to explore school correlates of 1990 mathematics and geometry achievement in grades 4, 8, and 12: Methodology and Results*. (Report No. ED380475).Washington, DC: National Center for Education Statistics (ED).

Bagozzi, R. P., & Yi, Y. (1988). On the evaluation of structural equation models. *Journal of the Academy of Marketing Science*, 16, 79-94.

Bandura, A. (1986). *Social foundations of thought and action: A social cognitive theory*. Englewood Cliffs, NJ: Prentice-Hall.

Bandura, A. (1997). *Self-efficacy: The exercise of control*. New York: Freeman.

Baron, R. M., & Kenny, D. A. (1986). The moderator-mediator variable distinction in social psychological research: Conceptual, strategic, and statistical considerations. *Journal of Personality and Social Psychology*, 51, 1173-1182.

Bentler, P. M. (1982). Confirmatory factor analysis via non-iterative estimation:

A fast inexpensive method. *Journal of Marketing Research*, 19, 417-424.

Bollen, K. A. (1989). *Structural equation with latent variables*. New York: John Wiley.

Bong, M., & Clark, R. E. (1999). Comparison between self-concept and self-efficacy in academic motivation research. *Educational Psychologist*, 34, 139-153.

Bong, M., & Skaalvik, E. M. (2003). Academic self-concept and self-efficacy: How different are they really? *Educational Psychology Review*, 15, 1-40.

Britner, S. L., & Pajares, F. (2006). Sources of science self-efficacy beliefs of middle school students. *Journal of Research in Science Teaching*, 43, 485-499.

Cheng, G., Lin, T., Lin, Q., & Zhu, Q. (2008). The measurements of the equity of compulsory education finance in Zhejiang province. *Chinese Education and Society*, 42, 88-100.

Clinton, J., Hattie, J. A. C., & Dixon, R. (2007). *Evaluation of the Flaxmere Project: When families learn the language of school*. Wellington, New Zealand: Ministry of Education.

Coleman, J. S. (1968). The Concept of Equality of Educational Opportunity. *Harvard Educational Review*, 38(1), 7-22.

Compeau, D. R. (1995). Computer self-efficacy: Development of a measure and initial test. *MIS Quarterly*, 189-211.

Cooper, D. E. (1980). *Illusions of Equality*. Boston: Routledge & K. Paul.

Crawley, F. E. (1990). Intentions of science teachers to use investigative teaching methods: A test of the theory of planned behavior. *Journal of Research in Science Teaching*, 27, 685-697.

Curran, P. J., West, S. G., & Finch, J. F. (1996). The robustness of test statistics to nonnormality and specification error in confirmatory factor analysis. *Psychological Methods*, 1, 16-29.

Darrell, A. L., Patricia, H., & Katrice, A. A. (1999). Effects of self-efficacy-enhancing interventions on the math/science self-efficacy and career interests, goals, and actions of career undecided college students. *Journal of Counseling Psychology*, 46(2), 233-243.

Demo, D. H., & Savin-Williams, R. C. (1983). Early adolescent self-esteem as a function of social class: Rosenberg and Pearlin revisited. *American Journal of Sociology*, 88, 763-774.

Dronkers, J., & Robert, P. (2008) School choice in the light of the effectiveness:

Differences of various types of public and private schools in 19 OECD countries. *Journal of School Choice*, 2, 260-301.

Duru-bellat, M., & Suchaut, B. (2005). Organisation and context, efficiency and equity of educational systems: What PISA tells us. *European Educational Research Journal*, 4, 181-194.

Emda, O., & Bati, D. (1995). Actual and perceived parental social status: Effects on adolescent self-concept. *Adolescence*, 30(119), 603-616.

Fan, X. T., Thompson, B., & Wang, L. (1999). Effects of sample size, estimation methods, and model specification on structural equation. Structural Equation Modeling: *A Multidisciplinary Journal*, 6, 56-83.

Gammarnikow, E., & Green, A. (2003) Social justice, identity formation and social capital: school diversification policy under New Labour. In C. Vincent (Ed.), *Social justice, education and identity*. London: Routledge.

Ganzeboom, H., Graaf, P. M., & Treiman, D. J. (1992). A standard international socioeconomic index of occupational status. *Social Science Research*, 21, 1-56.

Ganzeboom, H. B., & Treiman, D. J. (1996). Internationally comparable measures of occupational status for the 1988 international standard classification of occupations. *Social Science Research*, 25, 201-239.

Glaser-Zikuda, M., Fusz, S., Laukenmann, M., Metz, K., & Randler, C. (2005). Promoting students' emotions and achievement—instructional design and evaluation of the ECOLE-approach. *Learning and Instruction*, 15, 481-495.

Goldstein, H., (1995). Hierarchical data modeling in the social sciences. *Journal of Educational and Behavioral Statistics*, 20, 201-204.

Goldstein, H. (2003). *Multilevel statistical models* (3rd ed). Available for download at: http://www.soziologie.uni-halle.de/langer/multilevel/books/goldstein.pdf

Haahr J. H., Nielsen, T. K., Hansen, M. E., & Jakobsen, S. T. (2005). *Explainingstudent performance evidence from the international PISA, TIMSS and PIRLS surveys*. Kobenhaven: Danish Technological Institute.

Hair, J. F., Anderson, R. E., Tatham, R. L., & Black, W. C. (1998). *Multivariate data analysis* (5th ed). UK: Prentice Hall International.

Haney, J., Czerniak, C., & Lumpe, A. (1996). Teacher beliefs and intentions regarding the implementation of science education reform strands. *Journal of Research in Science Teaching*, 33(2), 971-993.

Hassan, G. (2008). Attitudes toward science among Australian tertiary and secondary school students. *Research in Science & Technological Education*, 26, 129-147.

Hattie, J. A. C. (2009). *Visible Learning: A Synthesis of Over 800 Meta-Analyses Relating to Achievement*. London & New York: Routledge.

Hidi, S., Ainley, M., Berndorff, B., & Del Favero, L. (2006). The role of interest and self-efficacy in science-related expository writing. In S. Hidi & P. Boscolo (Eds.), *Motivation and interest in writing* (pp. 201-216). Amsterdam: Elsevier.

Hidi, S., & Ainley, M. (2008). Interest and self-regulation: Relationships between two variables that influence learning. In D. H. Schunk & B. J. Zimmerman (Eds.), *Motivation and self-regulated learning: Theory, research, and applications* (pp. 77-109). New York: Lawrence Erlbaum.

Hill, J. R., & Hannafin, M. J. (1997). Cognitive strategies and learning from the World Wide Web. *Educational Technology Research & Development*, 45, 37-64.

House, J. D. (2008). Science beliefs, instructional strategies, and life sciences achievement in Japan: Results from the TIMSS 1999 assessment. *International Journal of Instructional Media*, 35, 103-113.

House, J. D. (2009). Classroom instructional strategies and science career interest for adolescent students in Korea: Results from the TIMSS 2003 assessment. *Journal of Instructional Psychology*, 36, 13-19.

Husen, T. (1975). *Social Influences on Educational Attainment: Research Perspectives on Educational Equality*. Paris: OECD.

International Labour Organisation [ILO] (1990). *International Standard of Classification of Occupations: ISCO-88*. Geneva: International Labour Office.

Japel, C., Normand, C., Tremblay, R., & Willms, J. D. (2002). Identifying vulnerable children at an early age. In J. D. Willms (Ed.), *Vulnerable Children: Findings from Canada's National Longitudinal Study of Children and Youth* (pp.105-200). Edmonton: University of Alberta Press.

Jöreskog, K. G., & Sörbom, D. (1993). *LISREL 8: Structural equation modeling with the SIMPLIS command language*. Hillsdale: Scientific Software International.

Kim, J. S., & Sunderman, G. L. (2005). Measuring academic proficiency under the No Child Left Behind Act: Implications for educational equity. *Educational Researcher*, 34, 3-13.

Kohn, M. L. (1979). The effects of social class on parental values and practices. In D. Reiss & H. A. Hoffman (Eds.), *The American family: Dying or Developing*. New York: Plenum Press.

Levine, T., & Schmidt, S. D. (1998). Computer use, confidence, attitudes and knowledge: a causal analysis. *Computers in Human Behavior*, 14, 125-146.

Liu, X. (2009). Beyond science literacy: Science and the public. *International Journal of Environmental & Science Education, 4, 301-311.*

Llorens, S., Schaufeli, W., Bakker, A., & Salanova, M. (2004). Does a positive gain spiral of resources, efficacy beliefs and engagement exist? *Computers in Human Behavior*, 23, 825-841.

Martin, M. O., Mullis, I. V. S., & Chrostowski, S. J. (2004). *TIMSS 2003 technical report*. Chestnut Hill, MA: Boston College.

McDonald, R. P., & Marsh, H. M. (1990). Choosing a multivariate model: Noncentrality and goodness-of-fit. *Psychological Bulletin*, 107, 247-255.

McMahon, W. W. (1978). A broader measure of wealth and effort for educational equality and tax equity. *Journal of Education Finance*, 4, 65-88.

McMahon, W. W. (1980). Efficiency and equity criteria for educational budgeting and finance. In W. W. McMahon & T. G. Geske (Eds.), *Financing Education: Overcoming inefficiency and inequity* (pp. 1-30). Urbana, IL: University of llinois Press.

Mok, M. C., & Cheng, Y. C. (2001). A theory of self-learning in a networked human and IT environment: Implications for education reforms. *The International Journal of Educational Management*, 15, 172-186.

Mullis, I. V. S., Martin, M. O., Gonzalez, E. J. & Kennedy, A. M. (2003). *PIRLS 2001 International Report: IEA's Study of Reading Literacy Achievement in Primary Schools*. Chesnut Hill, MA: Boston College.

National Research Council (1996). *National science education standards*. Washington, DC: National Academy Press.

National Research Council (2000). *Inquiry and the national science education standards: A guide for teaching and learning*. Washington, DC: National Academy Press.

Niemiec, C. P., & Ryan, R. M. (2009). Autonomy, competence, and relatedness in the classroom: Applying self-determination theory to educational practice. *Theory and Research in Education*, 7, 133-144.

No Child Left Behind [NCLB]. (2001). Retrieved 15 March, 2010, from http://www2.ed.gov/policy/elsec/leg/esea02/index.html.

Organization for Economic Cooperation and Development [OECD] (1999). *Classifying Educational Programmes–Manual for ISCED-97 Implementation in OECD Countries*. Paris: OECD.

Organization for Economic Cooperation and Development [OECD] (2000). *Measuring student knowledge and skills: A new framework for assessment*. Paris: OECD.

Organization for Economic Cooperation and Development [OECD] (2003). *The PISA 2003 Assessment Framework - Mathematics, Reading, Science and Problem Solving Knowledge and Skill*. Paris: OECD.

Organization for Economic Cooperation and Development [OECD] (2004). *Learning for tomorrow's world: First results from PISA 2003*. Paris: OECD.

Organization for Economic Cooperation and Development [OECD] (2005). *PISA 2003 Technical Report*. Paris: OECD.

Organization for Economic Cooperation and Development [OECD] (2007a). *PISA 2006 – Science Competencies for Tomorrow's World, Vol.1*. Paris: OECD.

Organization for Economic Cooperation and Development [OECD] (2007b). *PISA 2006 – Science Competencies for Tomorrow's World, Vol.2*. Paris: OECD.

Organization for Economic Cooperation and Development [OECD] (2009a). *PISA 2006 Technical Report*. Paris: OECD.

Organization for Economic Cooperation and Development [OECD] (2009b). *PISA PISA Data Analysis Manual: SPSS, Second Edition*. Paris: OECD.

Organization for Economic Cooperation and Development [OECD] (2010a). *PISA 2010 draft context questionnaire framework*. Retrieved June 10, 2010, from https://mypisa.acer.edu.au/index.php.

Organization for Economic Cooperation and Development [OECD] (2010b). *PISA 2009 Results: Overcoming Social Background – Equity in Learning Opportunities and Outcomes (Volume II)*. OECD: Paris.

Organization for Economic Cooperation and Development [OECD] (2011). *Against the odds-disadvantaged students who succeed in school*. Paris: OECD.

Osborne, J., Simon, S., & Collins, S. (2003). Attitudes towards science: A review of the literature and its implications. *International Journal of Science Education*, 25, 1049-1079.

Pajares, F. (2008). Motivational role of self-efficacy beliefs in self-regulated learning. In D. H. Schunk & B. J. Zimmerman (Eds.), *Motivation and self-regulated learning: Theory, research, and applications* (pp. 111-139). New York: Lawrence Erlbaum.

Papanastasiou, E. C., & Ferdig, R. E. (2006). Computer us and mathematical literacy: An analysis of existing and potential relationships. *Journal of Computers in Mathematics and Science Teaching*, 25(4), 361-371.

Papanastasiou, E. C., Zembylas, M., & Vrasidas, C. (2003). Can computer use hurt science achievement? The USA result from PISA. *Journal of Science Education and Technology*, 12(3), 325-332.

Pintrich, P. R., & DeGroot, E. V. (1990). Motivational and self-regulated learning components of classroom academic performance. *Journal of Educational Psychology*, 82, 33-40.

Raudenbush, S. W. (1992). *Hierarchical linear models: Applications and data analysis methods*. Thousand Oaks: Sage Publications.

Raudenbush, S. W., & Bryk, A. S. (2002). *Hierarchical linear models: Applications and data analysis methods* (2nd ed). Thousand Oaks: Sage Publications.

Ready, D. D., Lee, V. E., & Welner, K. G. (2004). Educational equity and school structure: School size, overcrowding, and schools-within-schools. *Teachers College Record*, 106, 1989-2014.

Ruddock, G., Sturman, L., Schagen, I., Styles, B., Gnaldi, M., & Vappula, H. (2004). *Where England Stands in the Trends in International Mathematics and Science Study (TIMSS) 2003: National Report for England*. Retrieved 7 April, 2008, from web site: http://www.nfer.ac.uk/publications/other-publications/downloadable-reports/where-england-stands-in-the-trends-in-international-mathematics-and-science-study-timss-2003.-national-report-for-england.cfm

Ryan, R. M., & Deci, E. L. (2000). Self-determination theory and the facilitation of intrinsic motivation, social development, and well-being. *American Psychologist*, 55, 68-78.

Sameroff, A. J., Seifer, R., & Elias, P. K. (1982). Sociocultural variability in infant temperament ratings. *Child Development*, 53, 164-173.

Sirin, S. R. (2005). Socioeconomic status and academic achievement: A meta-analytic review of research. *Review of Educational Research*, 75(3), 417-453.

United Nations Educational, Scientific and Cultural Organisation [UNESCO] (1999). *Operational Manual for ISCED-1997 (International Standard Classification of Education)*. Paris: UNESCO.

Wang, J., Oliver, J. S., & Staver, J. R. (2008). Self-concept and science achievement: Investigating a reciprocal relation model across the gender classification in a crosscultural context. *Journal of Research in Science Teaching*, 45, 711-725.

Warm, T. A. (1989). Weighted Likelihood Estimation of Ability in Item Response Theory. *Psychometrika*, 54, 427-450.

West, A. (2006) School choice, equity and social justice: the case for more control. *British Journal of Educational Studies*, 54, 15-33.

White, K. R. (1982). The relation between socioeconomic status and academic achievement. *Psychological Bulletin*, 91, 461-481

Willms, J. D. (2006). *Learning divides: Ten policy questions about the performance and equity of schools and schooling systems*. Quebec: UNESCO Institute for Statistics.

Willms, J. D. (2010). School composition and contextual effects on student outcomes. *Teachers College Record*, 112, 1008-1037.

Wößmann, L. (2008). Efficiency and equity of European education and training policies. *Int Tax Public Finance*, 15, 199-230.

Yoon, C. (2009). Self-regulated learning and instructional factors in the scientific inquiry of scientifically gifted Korean middle school students. *Gifted Child Quarterly*, 53, 203-216.

附錄 1

學生問卷——父母最高學歷

ST06   你母親已完成最高的學歷是什麼？

(請只在一圓圈內填上「●」)

a) 高中畢業   ①

b) 中五畢業   ②

c) 初中畢業   ③

d) 小學畢業   ④

e) 沒有小學畢業   ⑤

ST07   你母親是否具有下列學位？

(請在每項後面的一個圓圈內填上「●」)

	是	否
a) 學士學位或以上	①	②
b) 高等職業文憑或初等學士學位	①	②
c) 高等專業證書	①	②

ST09   你父親已完成最高的學歷是什麼？

(請只在一圓圈內填上「●」)

a) 高中畢業   ①

b) 中五畢業   ①

c) 初中畢業   ①

d) 小學畢業   ①

e) 沒有小學畢業   ①

ST10   你父親是否具有下列學位？

(請在每項後面的一個圓圈內填上「●」)

	是	否
a) 學士學位或以上	①	②
b) 高等職業文憑或初等學士學位	①	②
c) 高等專業證書	①	②

附錄 2

學生問卷——父母主要職業

ST05a　　你母親的主要職業是什麼？

　　　　　（例如：教師、護士、銷售經理）

　　　　　（如你母親現在沒有在工作，請填寫他前一份職業的名稱。）

　　　　　請填寫職業名稱

　　　　　_____

ST05b　　你母親的職業，主要做些什麼工作？

　　　　　（例如：在中學教書、照顧病人、管理一組售貨員）

　　　　　請用一句話來描述你母親在這個職業中所做的工作。

　　　　　_____

ST08a　　你父親的主要職業是什麼？

　　　　　（例如：教師、木匠、銷售經理）

　　　　　（如你父親現在沒有在工作，請填寫他前一份職業的名稱。）

　　　　　請填寫職業名稱

　　　　　_____

ST08b　　你父親的職業，主要做些什麼工作？

　　　　　（例如：在中學教書、建造房屋、管理一組售貨員）

　　　　　請用一句話來描述你父親在這個職業中所做的工作。

　　　　　_____

附錄 3

PISA 2006 **教育公平的** 9 **個國家 / 經濟體父母教育程度相應教育年期**

國家地區	ISCED					
	1	**2**	**3B or 3C**	**3A or 4**	**5B**	**5A or 6**
芬蘭	6.0	9.0	12.0	12.0	14.5	16.5
香港	6.0	9.0	11.0	13.0	14.0	16.0
加拿大	6.0	9.0	12.0	12.0	15.0	17.0
愛沙尼亞	4.0	9.0	12.0	12.0	15.0	16.0
日本	6.0	9.0	12.0	12.0	14.0	16.0
澳洲	6.0	10.0	11.0	12.0	14.0	15.0
韓國	6.0	9.0	12.0	12.0	14.0	16.0
澳門	6.0	9.0	11.0	12.0	15.0	16.0
瑞典	6.0	9.0	11.5	12.0	14.0	15.5

資料來源：修改出自 OECD (2009a: 411)。

附錄 4

ISCO-88 職業聲望表對應的 ISEI

SIEI 指標	職業項目
55	**1000 LEGISLATORS, SENIOR OFFICIALS & MANAGERS** 立法機構成員、高級官員、經理
70	1100 LEGISLATORS & SENIOR OFFICIALS 立法機構成員及高級官員
77	1110 LEGISLATORS [incl. Member of Parliament, Member of Local Council] 立法機構成員 [包括國會成員、地方議會成員]
77	1120 SENIOR [NATIONAL] GOVERNMENT OFFICIALS [incl. Minister, Ambassador] 高級國家政府官員 [包括部長、使節]
66	1130 [SENIOR LOCAL GOVERNMENT OFFICIALS] [Incl. Local Government Senior Officials, Mayor] 高級地方政府官員 [包括地方政府高級官員、市長]
58	1140 SENIOR OFFICIALS SPECIAL-INTEREST ORGANISATIONS 關注利益組織的主管人員
58	1141 Senior officials political-party organisations [incl. Politician] 政治組織主管人員 [包括政治家]
58	1142 Senior officials economic-interest organisations [incl. Union Leader, Director Employers' Organisation] 經濟利益組織主管人員 [包括工會領袖、職方會主席]
58	1143 Senior officials special-interest organisations [incl. Lodge Official, Official Red Cross] 關注利益組織的主管人員 [包括房屋官員、紅十字會人員]
68	1200 CORPORATE MANAGERS [LARGE ENTERPRISES] [大型企業] 經理
70	1210 [LARGE ENTERPRISES] DIRECTORS & CHIEF EXECUTIVES [incl. CEO, Large Business Owner 25+ employees] [大型企業] 總經理及行政總裁 [包括行政總裁、擁有 25 名雇員或以上的大型企業雇主]
67	1220 [LARGE ENTERPRISE OPERATION] DEPARTMENT MANAGERS [incl. Manager in establishment with 25+employees] [大型企業] 部門經理
67	1221 Production department managers agriculture & fishing 漁農業經理
67	1222 Production department managers manufacturing [incl. Factory Manager nfs] 製造業經理 [包括工廠經理]
67	1223 Production department managers construction 建造業經理
59	1224 Production department managers wholesale & retail trade [incl. Floor Manager] 批發及零售業經理
59	1225 Production department managers restaurants & hotels 酒店及餐廳經理
59	1226 Production department managers transp., storage & communic. [incl. Postmaster, Stationmaster] 運輸業、倉儲業及通訊業經理 [包括郵電亭局長、站長]
87	1227 Production department managers business services [incl. Banker, Bank Manager] 商業服務經理 [包括銀行家、銀行經理]

59 1228 Production department managers personal care, cleaning etc. 個人護理及清潔服務經理

67 1229 Production department managers nec [incl. Impresario, Film Producer, College Dean, School Principal] 其他未分類的經理級職位 [包括節目監製 / 主辦人、學院院長、學校校長]

61 1230 [LARGE ENTERPRISES] OTHER DEPARTMENT MANAGERS 大型企業其他部門經理

69 1231 Finance & administration department managers [incl. Company Secretary] 財務及行政部經理 [包括公司秘書]

69 1232 Personnel & industrial relations department managers 人事及產業關係經理

56 1233 Sales & marketing department managers 銷售及市場推展經理

69 1234 Advertising & public relations department managers 宣傳及公關經理

69 1235 Supply & distribution department managers 資源供應及分發部經理

69 1236 Computing services department managers 訊息服務經理

69 1237 Research & development department managers 研究發展經理

69 1239 Other department managers nec 其他未分類的經理級職位

58 1240 OFFICE MANAGERS [incl. Clerical Supervisor] 辦公室經理 [包括文書主管]

64 1250 MILITARY OFFICERS 軍官

70 1251 Higher military officers [Captain and above] 高級軍官 [上尉或以上職級]

60 1252 Lower grade commissioned officers [incl. Army Lieutenant] 較低官階的軍官 [包括陸軍少尉]

51 1300 [SMALL ENTERPRISE] GENERAL MANAGERS [小型企業] 經理

51 1310 [SMALL ENTERPRISE] GENERAL MANAGERS [incl. Businessman, Trader, Manager nfs] [小型企業] 經理 [包括一般商人、貿易商人、經理]

43 1311 [Small enterprise] General managers agriculture, forestry & fishing [incl. Farm Manager, Self-employed Farmer with personnel] [小型企業] 農業、漁業及林業經理 [包括農場經理、有雇用員工的自僱農夫]

56 1312 [Small enterprise] General managers manufacturing [小型企業] 製造業經理

51 1313 [Small enterprise] General managers construction [incl. Building Contractor] [小型企業] 建造業經理 [包括建築業承包商]

49 1314 [Small enterprise] General managers wholesale & retail trade [incl. Shop Owner/ Manager, Retail Owner/Manager, Merchant] [小型企業] 批發及零售業經理 [包括店鋪老闆 / 經理、零售業雇主 / 經理、商人]

44 1315 [Small enterprise] General managers restaurants & hotels [incl. Manager Camping Site, Bar Owner /Manager, Restaurateur] [小型企業] 餐廳經理 [包括宿營經理、酒吧老闆 / 經理、餐廳老闆]

51 1316 [Small enterprise] General managers transp., storage & communications [incl. Owner Small Transport Company] [小型企業] 運輸業、倉儲業及通訊業經理 [包括運輸公司老闆]

51 1317 [Small enterprise] General managers business services [incl. Manager Insurance Agency] [小型企業] 商業服務經理 [包括保險公司經理]

51 1318 [Small enterprise] General managers personal care, cleaning etc services [incl. Owner Laundry] [小型企業] 個人護理及清潔服務經理 [包括洗衣店老闆]

51 1319 [Small enterprise] General managers nec [incl. Manager Travel Agency, Manager Fitness Centre,Garage Owner] 其他未分類的 [小型企業] 經理級職位 [包括旅行社經理、健身中心經理、車房老闆]

70 **2000 PROFESSIONALS 專業人員**

69 2100 PHYSICAL, MATHEMATICAL & ENGINEERING SCIENCE PROFESSION-ALS 物理學、數學及工程科學專業人員

74 2110 PHYSICISTS, CHEMISTS & RELATED PROFESSIONALS 物理學家、化學家及有關專業人員

74 2111 Physicists & astronomers 物理學家及天文學家

74 2112 Meteorologists 氣象學家

74 2113 Chemists 化學家

74 2114 Geologists & geophysicists [incl. Geodesist] 地質學家及地球物理學家 [包括測地學家]

71 2120 MATHEMATICIANS, STATISTICIANS ETC PROFESSIONALS 數學家、統計師及有關專業人員

71 2121 Mathematicians etc professionals 數學家

71 2122 Statisticians [incl. Actuary] 統計師 [包括精算師]

71 2130 COMPUTING PROFESSIONALS 計算機專業人員

71 2131 Computer systems designers & analysts [incl. Software Engineer] 計算機系統設計員及分析員 [包括軟體工程師]

71 2132 Computer programmers 計算機程式設計員

71 2139 Computing professionals nec 其他未分類計算機專業人員

73 2140 ARCHITECTS, ENGINEERS ETC PROFESSIONALS 建築師、工程師及有關專業人員

69 2141 Architects town & traffic planners [incl. Landscape Architect] 建築師、城市設計師及交通設計師 [園林建築師]

69 2142 Civil engineers [incl. Construction Engineer] 土木工程師 [包括建築工程師]

68 2143 Electrical engineers 電機工程師

68 2144 Electronics & telecommunications engineers 電子及電子通訊工程師

67 2145 Mechanical engineers 機械工程師

71 2146 Chemical engineers 化學工程師

67 2147 Mining engineers, metallurgists etc professionals 採礦工程師、冶鐵工程師及有關專業人員

56 2148 Cartographers & surveyors 製圖師及測量師

69 2149 Architects engineers etc professionals nec [incl. Consultant] 其他未分類的建築師及工程師 [包括顧問]

80 2200 LIFE SCIENCE & HEALTH PROFESSIONALS 生物科學及醫療專業人員

78 2210 LIFE SCIENCE PROFESSIONALS 生物科學專業人員

77 2211 Biologists, botanists zoologists etc professionals 生物學家、植物學家、動物學家及有關專業人員

77 2212 Pharmacologists, pathologists etc professionals [incl. Biochemist] 藥理學家、病理學家及有關專業人員 [包括生物化學家]

79 2213 Agronomists etc professionals 農業學家及有關專業人員

85 2220 HEALTH PROFESSIONALS [EXCEPT NURSING] 醫療專業人員 [不包括護理人員]

88 2221 Medical doctors 醫生

85 2222 Dentists 牙醫

83 2223 Veterinarians 獸醫

74 2224 Pharmacists 藥劑師

85 2229 Health professionals except nursing nec 其他未分類的醫療專業人員 [不包括護理人員]

43 2230 NURSING & MIDWIFERY PROFESSIONALS [incl. Registered Nurses, Registered Midwives, Nurse nfs] 護理人員及助產士 [包括註冊護士、註冊助產士、一般護士]

69 2300 TEACHING PROFESSIONALS 教育專業人員

77 2310 HIGHER EDUCATION TEACHING PROFESSIONALS [incl. University Professor] 高等教育專業人員

69 2320 SECONDARY EDUCATION TEACHING PROFESSIONALS 中學教育專業人員

70 2321 [Secondary teachers, academic track] [incl. Middle School Teacher] 學科中學教師

66 2322 [Secondary teachers, vocational track] [incl. Vocational Instructor] 職業中學教師

66 2330 PRIMARY & PRE-PRIMARY EDUCATION TEACHING PROFESSIONALS 小學及學前教育專業人員

66 2331 Primary education teaching professionals 小學教育專業人員

43 2332 Pre-primary education teaching professionals [incl. Kindergarten Teacher] 學前教育專業人員 [包括幼稚園教師]

66 2340 SPECIAL EDUCATION TEACHING PROFESSIONALS [incl. Remedial Teacher, Teacher of the Blind] 特殊教育專業人員 [包括輔導老師、盲人學校導師]

66 2350 OTHER TEACHING PROFESSIONALS 其他教育專業人員

70 2351 Education methods specialists [incl. Curricula Developer] 教育方法及教具專家 [包括課程設計主任]

70 2352 School inspectors 學校督學

65 2359 Other teaching professionals nec 其他未分類的教育專業人員

68 2400 OTHER PROFESSIONALS [incl. Professional nfs, Administrative Professional] 其他專業人員 [包括一般專業人員、行政專業人員]

69 2410 BUSINESS PROFESSIONALS 商業專業人員

69 2411 Accountants [incl. Auditor] 會計師 [包括審計師]

69 2412 Personnel & careers professionals [incl. Job Analyst, Student Counsellor] 人事及就業專業人士 [包括求職顧問、學生輔導員]

69 2419 Business professionals nec [incl. Publicity Agent, Patent Agent, Home Economist, Market Researcher] 其他未分類的商業服務專業人員 [包括公關公司顧問 / 代理、專利事務所顧問 / 代理、家事顧問、市場研究員]

85　2420 LEGAL PROFESSIONALS 法律專業人員

85　2421 Lawyers 律師

90　2422 Judges 法官

82　2429 Legal professionals nec [incl. Notary, Notary Public] 其他未分類的法律專業人員 [包括公證人]

65　2430 ARCHIVISTS, LIBRARIANS ETC INFORMATION PROFESSIONALS 文物管理員、圖書館管理員及有關訊息專業人員

65　2431 Archivists & curators 文物管理員、博物館館長

65　2432 Librarians etc information professionals [incl. Documentalist, Health Records Technician] 圖書館管理員及有關訊息專業人員 [包括檔案保管員、健康系統技術員]

65　2440 SOCIAL SCIENCE ETC PROFESSIONALS 社會科學及有關專業人員

78　2441 Economists 經濟學家

71　2442 Sociologists, anthropologists etc professionals 社會學家、人類學家及有關專業人員

71　2443 Philosophers, historians & political scientists 哲學家、歷史學家、政治學研究員

65　2444 Philologists, translators & interpreters 語言學家、翻譯員、傳譯員

71　2445 Psychologists 心理學家

51　2446 Social work professionals [incl. Welfare Worker] 社會工作專業人員 [包括社會福利員]

61　2450 WRITERS & CREATIVE OR PERFORMING ARTISTS 作家、創作藝術家、表演藝術家

65　2451 Authors journalists & other writers [incl. Editor, Technical Writer] 作家、記者及其他寫作家 [包括編輯、技術撰寫員]

54　2452 Sculptors, painters etc artists 雕刻家、畫家及有關藝術家

64　2453 Composers, musicians & singers 作曲家、音樂家、歌唱家

64　2454 Choreographers & dancers 編舞家、舞蹈家

64　2455 Film, stage etc actors & directors 電影及舞臺導演及監製

53　2460 RELIGIOUS PROFESSIONALS [incl. Priest, Chaplain, Theologian, Professional Nun] 宗教專業人員 [包括神父、牧師、神學家、修女]

54　**3000 TECHNICIANS AND ASSOCIATE PROFESSIONALS 技術員及輔助專業人員**

50　3100 PHYSICAL & ENGINEERING SCIENCE ASSOCIATE PROFESSIONALS 物理學及工程科學輔助專業人員

49　3110 PHYSICAL & ENGINEERING SCIENCE TECHNICIANS 物理學及工程科學技術員

45　3111 Chemical & physical science technicians 化學及物理技術員

45　3112 Civil engineering technicians 土木工程技術員

46　3113 Electrical engineering technicians 電機工程技術員

46　3114 Electronics & telecommunications engineering technicians 電子及電子通訊技術員

54　3115 Mechanical engineering technicians 機械工程技術員

54　3116 Chemical engineering technicians 化學工程技術員

54 3117 Mining & metallurgical technicians 採礦及冶鐵技術員

51 3118 Draughtspersons [incl. Technical Illustrator] 製圖員 [包括技術插畫員]

53 3119 Physical & engineering science technicians nec [incl. Quantity Surveyor] 其他未
    分類的物理學及工程科學技術員 [包括工料測量員]

52 3120 COMPUTER ASSOCIATE PROFESSIONALS 計算機輔助專業人員

52 3121 Computer assistants [incl. Assistant Users' Services] 計算機助理人員 [包括為計
    算機使用者提供協助的人員]

52 3122 Computer equipment operators [incl. Computer Printer Equipment Operator] 計算
    機操作員 [包括計算機印表機操作員]

52 3123 Industrial robot controllers 工業機械人控制員

52 3130 OPTICAL & ELECTRONIC EQUIPMENT OPERATORS 光學及電子儀器操作員

48 3131 Photographers & electronic equipment operators [incl. Cameraman, Sound Mixer]
    攝影師、電子儀器操作員 [包括拍攝人員、混音人員]

57 3132 Broadcasting & telecommunications equipment operators 廣播站及電子通訊操
    作員

57 3133 Medical equipment operators [incl. X-ray Technician] 醫療設備操作員 [包括 X
    光技術員]

52 3139 Optical & electronic equipment operators nec [incl. Cinema Projectionist, Telegra-
    pher] 其他未分類光學及電子儀器操作員 [包括電影放映員、電報員]

57 3140 SHIP & AIRCRAFT CONTROLLERS & TECHNICIANS 船舶及航空控制員及
    技術員

52 3141 Ships engineers 船隻輪機長

52 3142 Ships deck officers & pilots [incl. River Boat Captain] 船艙監督及舵手 [包括船
    長]

69 3143 Aircraft pilots etc associate professionals 飛機駕駛員及有關輔助專業人員

69 3144 Air traffic controllers 航空交通控制員

50 3145 Air traffic safety technicians 航空交通安全技術員

50 3150 SAFETY & QUALITY INSPECTORS 安全及質量監督員

50 3151 Building & fire inspectors 建築及防火監督員

50 3152 Safety, health & quality inspectors [incl. Occupational Safety Inspector, Inspector
    nfs] 安全、衛生及質量監督員 [頭班安全監督員、一般監督員]

48 3200 LIFE SCIENCE & HEALTH ASSOCIATE PROFESSIONALS 生物科學及醫療
    輔助專業人員

50 3210 LIFE SCIENCE TECHNICIANS ETC ASSOCIATE PROFESSIONALS 生物科
    學及有關輔助專業人員

50 3210 LIFE SCIENCE TECHNICIANS ETC ASSOCIATE PROFESSIONALS 生物科
    學及有關輔助專業人員 3211 Life science technicians [incl. Medical Laboratory Assis-
    tant, Medical Techniciannfs, Physical and Life Science Technician, Technician nfs,
    Taxidermist] 生物科學技術員 [包括醫療實驗室助理、一般醫療技術員、物理及生
    物科學技術員、一般技術員、動物標本複製員]

50 3212 Agronomy & forestry technicians 農學及林業技術員

50 3213 Farming & forestry advisers 農業及林業顧問

55　3220 MODERN HEALTH ASSOCIATE PROFESSIONALS EXCEPT NURSING 現代醫療助理專業人員 [不包括護理人員]

51　3221 Medical assistants 醫療助理

51　3222 Sanitarians 公共衛生學家

51　3223 Dieticians & nutritionists 營養師

60　3224 Optometrists & opticians [incl. Dispensing Optician] 驗光師、光學儀器商 [配藥驗光師]

51　3225 Dental assistants [incl. Oral Hygienist] 牙醫助理 [包括口腔衛生學家]

60　3226 Physiotherapists etc associate professionals [incl. Chiropractor, Masseur, Osteopath] 物理治療師及有關輔助專業人員 [包括脊椎治療師、按摩師、骨療師]

51　3227 Veterinary assistants [incl. Veterinarian Vaccinater] 獸醫助理 [包括動物疫苗注射員]

51　3228 Pharmaceutical assistants 藥劑助理

51　3229 Modern health associate professionals except nursing nec [incl. Homeopath, Speech Therapist, Occupational Therapist] 其他未分類的現代醫療助理專業人員 [不包括護理人員；包括脊椎神經治療師、語言治療師、頭班治療師]

38　3230 NURSING & MIDWIFERY ASSOCIATE PROFESSIONALS 護理及助產輔助專業人員

38　3231 Nursing associate professionals [incl. Trainee Nurses] 護理輔助專業人員 [包括實習護士]

38　3232 Midwifery associate professionals [incl. Trainee Midwife] 助產輔助專業人員 [包括實習助產士]

49　3240 TRADITIONAL MEDICINE PRACTITIONERS & FAITH HEALERS 道統醫療人員及信仰治療師

51　3241 Traditional medicine practitioners [incl. Herbalist] 中醫師 [包括中藥醫師]

38　3242 Faith healers 信仰治療師

38　3300 TEACHING ASSOCIATE PROFESSIONALS 教育輔助專業人員

38　3310 PRIMARY EDUCATION TEACHING ASSOCIATE PROFESSIONALS [incl. Teacher's Aid] 小學教育輔助專業人員 [包括教學助理]

38　3320 PRE-PRIMARY EDUCATION TEACHING ASSOCIATE PROFESSIONALS [incl. Kindergarten Teacher's Aid] 學前教育輔助專業人員 [包括幼稚園教學助理]

38　3330 SPECIAL EDUCATION TEACHING ASSOCIATE PROFESSIONALS 特殊教育輔助專業人員

38　3340 OTHER TEACHING ASSOCIATE PROFESSIONALS 其他教育輔助專業人員

55　3400 OTHER ASSOCIATE PROFESSIONALS 其他輔助專業人員

55　3410 FINANCE & SALES ASSOCIATE PROFESSIONALS 金融及銷售輔助專業人員

61　3411 Securities & finance dealers & brokers 証券及財務經紀

54　3412 Insurance representatives [incl. Insurance Agent, Underwriter] 保險業從業員 [保險經紀、承銷人]

59　3413 [Real] estate agents [incl. Real Estate Broker] 物業經紀 [包括地產經紀]

56　3414 Travel consultants & organizers 旅遊顧問及代理

56　3415 Technical & commercial sales representatives [incl. Travelling Salesmen, Technical Salesmen] 工商業銷售代表 [包括旅行團推銷員、技術推銷員]

50　3416 Buyers 採買員

56　3417 Appraisers, valuers & auctioneers [incl. Claims Adjuster] 估價員、拍賣員 [包括索償仲裁員]

55　3419 Finance & sales associate professionals nec 其他未分類的金融及銷售輔助專業人員

55　3420 BUSINESS SERVICES AGENTS AND TRADE BROKERS 商業服務代理及買賣經紀

55　3421 Trade brokers 買賣經紀

55　3422 Clearing & forwarding agents 報關及運輸代理

55　3423 Employment agents & labour contractors 人力仲介及勞工承包商

55　3429 Business services agents & trade brokers nec [incl. Literary Agent, Sports Promoter, Salesmen Advertisements] 其他未分類的商業服務代理及買賣經紀 [包括作家經理人、運動產品推展員、廣告推展員]

54　3430 ADMINISTRATIVE ASSOCIATE PROFESSIONALS 行政輔助專業人員

54　3431 Administrative secretaries etc associate professionals 行政秘書及有關輔助專業人員

59　3432 Legal etc business associate professionals [incl. Bailiff, Law Clerk] 法律及其他商業輔助專業人員 [包括執達主任、法律文員]

51　3433 Bookkeepers 簿計

61　3434 Statistical, mathematical etc associate professionals 統計學、數學及有關輔助專業人員

54　3439 Administrative associate professionals nec [incl. Management Assistant] 其他未分類的行政輔助專業人員 [包括管理助理人員]

56　3440 CUSTOMS, TAX ETC GOVERNMENT ASSOCIATE PROFESSIONALS [Incl. Administrative Associate Professional, Executive Civil Servants nfs, Public Administrator] 海關、稅務等政府機構輔助專業人員 [包括行政輔助專業人員、一般行政公務員、公共行政人員]

56　3441 Customs & border inspectors 海關及邊境監督員

57　3442 Government tax & excise officials 政府稅務官員

56　3443 Government social benefits officials 政府社會福利官員

46　3444 Government licensing officials 政府牌照官員

56　3449 Customs tax etc government associate professionals nec [incl. Price Inspector, Electoral Official, Middle Rank Civil Servant] 其他未分類的海關、稅務等政府機構輔助專業人員 [包括物價監督員、選舉助理、中級公務員]

56　3450 POLICE INSPECTORS & DETECTIVES / [ARMY] 警務監督及警探 / [軍人]

55　3451 Police inspectors & detectives [incl. Police Investigator, Private Detective] 警務監督員及警探 [包括警方調查員、私人偵探]

56　3452 [Armed forces non-commissioned officers] [incl. Sergeant] 陸軍非委任長官 [包括中士]

43　3460 SOCIAL WORK ASSOCIATE PROFESSIONALS 社會工作輔助專業人員

52　3470 ARTISTIC, ENTERTAINMENT & SPORTS ASSOCIATE PROFESSIONALS 藝術、娛樂及體育運動輔助專業人員

53　3471 Decorators & commercial designers [incl. Window Dressor, Interior Decorator, Furniture Designer Book Illustrator, Tattooist] 室內設計師及商業設計人員 [包括店鋪櫥窗設計師、室內設計師、家具設計師、繪畫插圖員、紋身師]

64　3472 Radio, television & other announcers 電臺、電視及其他媒體報導員

50　3473 Street night-club etc musicians, singers & dancers [incl. Band Leader, Chorus Dancer, Night Club Singer] 街頭及夜總會的樂手、歌手及舞蹈員 [包括樂隊領袖、合唱團舞蹈員、夜總會歌手]

50　3474 Clowns, magicians, acrobats etc associate professionals [incl. Strip-Tease Artist, Juggler] 小丑、魔術師、特技演員及有關人員 [包括艷舞女郎、雜技演員]

54　3475 Athletes, sports persons etc associate professionals [incl. Trainer, Umpire] 運動員及其他輔助專業人員 [包括教練、裁判]

38　3480 RELIGIOUS ASSOCIATE PROFESSIONALS [incl. Evangelist, Lay Preacher, Salvationist] 宗教輔助專業人員 [包括傳道員、救世軍成員]

45　**4000 CLERKS** 文員

45　4100 OFFICE CLERKS [Incl. Clerk nfs, Government Office Clerk nfs] 辦公室文員 [包括一般文員、政府辦公室文員]

51　4110 SECRETARIES & KEYBOARD-OPERATING CLERKS 秘書及鍵盤操作文員

51　4111 Stenographers & typists 速記員、打字員

50　4112 Word-processor etc operators [incl. Teletypist] 文字處理及有關操作員 [包括電報打字員]

50　4113 Data entry operators [incl. Key Puncher] 數據輸入操作員 [鍵盤穿孔機操作員]

51　4114 Calculating-machine operators [incl. Bookkeeping Machine Operator] 電算機操作員 [包括簿記工具操作員]

53　4115 Secretaries 秘書

51　4120 NUMERICAL CLERKS 數據文員

51　4121 Accounting & bookkeeping clerks [incl. Payroll Clerk] 會計及簿記文員 [包括薪資文員]

51　4122 Statistical & finance clerks [incl. Credit Clerk] 統計及財務文員 [包括信貸文員]

36　4130 MATERIAL-RECORDING & TRANSPORT CLERKS 物料記錄及運輸事務文員

32　4131 Stock clerks [incl. Weighing Clerk, Storehouse Clerk] 存貨文員 [包括倉務文員]

43　4132 Production clerks [incl. Planning Clerks] 生產規劃文員 [計畫部文員]

45　4133 Transport clerks [incl. Dispatcher, Expeditor] 運輸事務文員 [包括收發部文員、裝貨員]

39　4140 LIBRARY, MAIL ETC CLERKS 圖書館、郵務及有關工作文員

39　4141 Library & filing clerks 圖書館及存案文員

39　4142 Mail carriers & sorting clerks 郵件處理及投遞文員

39　4143 Coding proof-reading etc clerks 數據編碼、校對及有關工作文員

39　4144 Scribes etc workers [incl. Form Filling Assistance Clerk] 謄寫文員 [包括填寫表格助理文員]

39　4190 OTHER OFFICE CLERKS [incl. Address Clerk, Timekeeper, Office Boy, Photocopy Machine Operator] 其他辦公室文員 [包括位址文員、計時員、辦公室助理、複印機操作員]

49　4200 CUSTOMER SERVICES CLERKS [incl. Customer Service Clerk nfs] 顧客服務文員

48　4210 CASHIERS, TELLERS ETC CLERKS 出納員、櫃臺員及有關工作文員

53　4211 Cashiers & ticket clerks [incl. Bank Cashier, Store Cashier, Toll Collector] 出納員及車掌 [包括銀行出納員、店鋪收銀員、隧道收費員]

46　4212 Tellers & other counter clerks [incl. Bank Teller, Post Office Clerk] 櫃臺員及其他櫃員 [包括銀行櫃臺員、郵電亭文員]

40　4213 Bookmakers & croupiers 賭注登記員及賭臺管理員

40　4214 Pawnbrokers & money-lenders 典當員及放款人

40　4215 Debt-collectors etc workers 債項及有關收款人員

52　4220 CLIENT INFORMATION CLERKS 處理客戶諮詢文員

52　4221 Travel agency etc clerks 旅行社文員

52　4222 Receptionists & information clerks [incl. Medical Receptionist] 接待員及服務臺文員 [包括診所接待員]

52　4223 Telephone switchboard operators [incl. Telephone Operator] 電話總機操作員 [包括電話接線生]

40　**5000 SERVICE WORKERS & SHOP & MARKET SALES WORKERS 服務生及售貨員**

38　5100 PERSONAL & PROTECTIVE SERVICES WORKERS 個人服務及保安服務從人員

34　5110 TRAVEL ATTENDANTS ETC 旅遊服務生

34　5111 Travel attendants & travel stewards [incl. Airplane Steward, Airplane Purser] 飛機 / 輪船服務生 [包括空中小姐、機艙事務員]

34　5112 Transport conductors [incl. Train Conductor] 交通督導員 [包括列車長]

34　5113 Travel, museum guides 導遊、博物館解說員

32　5120 HOUSEKEEPING & RESTAURANT SERVICES WORKERS 家務管理及酒樓服務人員

30　5121 Housekeepers etc workers [incl. Butler, Matron, Dormitory Warden, Estate Manager, Property Manager, Building Superintendant, Apartment Manager] 家務管理及有關從業人員 [包括管家、宿舍管理員、大廈管理員、物業管理員]

30　5122 Cooks 廚師

34　5123 Waiters, waitresses & bartenders 餐廳侍者、酒吧服務生

25　5130 PERSONAL CARE ETC WORK 個人護理及有關從業人員

25　5131 Child-care workers [incl. Nursemaid, Governess] 幼保人員 [包括照顧幼兒的保母、家庭女教師]

25　5132 Institution-based personal care workers [incl. Ambulance Man, Hospital Orderly] 醫療機構的個人服務從業人員 [包括救護車人員、病房雜工]

25　5133 Home based personal care workers [incl. Attendant] 家居個人服務從業人員 [包括隨從]

25　5139 [Other] care etc workers nec [incl. Animal Feeder] 其他未分類的個人服務從業人員 [包括動物飼養員]

30　5140 OTHER PERSONAL SERVICES WORKERS 其他個人服務從業人員

29　5141 Hairdressers, barbers, beauticians etc workers 理髮師、美容師及有關服務從業人員

19　5142 Companions & valets [incl. Personal Maid] 受雇服務人員、侍僕 [包括傭人]

54　5143 Undertakers & embalmers [incl. Funeral Director] 殯葬、遺體防腐及有關從業人員 [包括殯儀館負責人]

19　5149 Other personal services workers nec [incl. Escort, Dancing Partner, Prostitute] 其他未分類的個人服務從業人員 [包括個人護衛、舞伴、妓女]

43　5150 ASTROLOGERS, FORTUNE-TELLERS ETC WORKERS 占星家、算命及有關人員

43　5151 Astrologers etc workers 占星家

43　5152 Fortune-tellers, palmists etc workers 占卜家、算命、掌相家

47　5160 PROTECTIVE SERVICES WORKERS 保護服務從業人員

42　5161 Fire-fighters 消防員

50　5162 Police officers [Incl. Policeman, Constable, Marshall] 警務人員 [包括警察、警官]

40　5163 Prison guards 監獄警衛

40　5164 [Armed forces, soldiers] [incl. Enlisted Man] 陸軍、士兵 [包括服役士兵]

40　5169 Protective services workers nec [incl. Night Guard, Bodyguard, Coastguard] 其他未分類的保護服務從業人員 [包括夜間保安、保鏢、海岸巡邏員]

43　5200 [SALESPERSONS, MODELS & DEMONSTRATORS] 售貨員、模特兒及產品示範員

43　5210 FASHION & OTHER MODELS [incl. Mannequin, Artist's Model] 時裝及其他模特兒 [包括服裝模特兒、藝術模特兒]

43　5220 SHOP SALESPERSONS & DEMONSTRATORS [incl. Shop Assistant, Gas Station Attendant, Retail Assistant] 店鋪售貨員及產品示範員 [包括店務員、加油站服務生、零售商店店務員]

37　5230 STALL & MARKET SALESPERSONS 攤位及市集銷售員

23　**6000 SKILLED AGRICULTURAL & FISHERY WORKERS 漁農業熟練工人**

23　6100 MARKET-ORIENTED SKILLED AGRICULTURAL & FISHERY WORKERS [This category includes skilled farm workers and self-employed small farmers who have no employees.] 市場導向農業及漁業熟練工人 [包括熟練農夫、自僱農夫]

23　6110 MARKET GARDENERS & CROPGROWERS 園丁及農作物種植人員

23　6111 Field crop & vegetable growers [incl. Specialized Crop Farmers, Specialized Crop Farm Workers] 穀物及菜蔬種植人員

23　6112 Tree & shrub crop growers [incl. Skilled Rubber Worker, Coffee Farmer, Tea Grower, Fruit Tree Pruner] 樹木及灌木種植人員

23　6113 Gardeners, horticultural & nursery growers [incl. Bulb Grower, Market Gardener] 園丁、園藝及苗圃種植人員

23　6114 Mixed-crop growers [Incl. Share Cropper] 綜合穀物種植人員

23　6120 MARKET-ORIENTED ANIMAL PRODUCERS ETC WORKERS 市場導向畜牧飼養及有關從業人員

23　6121 Dairy & livestock producers [incl. Cattle Breeder, Dairy Farmer, Grazier, Shepher] 家畜飼養人員

23　6122 Poultry producers [incl. Chicken Farmer, Skilled Hatchery Worker] 家禽飼養人員

23　6123 Apiarists & sericulturists [incl. Beekeeper, Silkworm Raiser] 養蜂及養蠶人員

23　6124 Mixed-animal producers 綜合畜牧飼養人員

23　6129 Market-oriented animal producers etc workers nec [incl. Bird Breeder, Gamekeeper, Kennel Keeper, Dog Trainer, Animal Caretaker] 其他未分類的市場導向畜牧飼養及有關工人 [包括獵場看守員]

23　6130 MARKET-ORIENTED CROP & ANIMAL PRODUCERS 市場導向穀物及畜牧有關從業人員

23 6131 [Mixed farmers] 綜合農夫

27 6132 [Farm foremen/supervisor] 農場管工

28 6133 [Farmers nfs] 一般農夫

23 6134 [Skilled farm workers nfs] 一般熟練農場工人

22 6140 FORESTRY ETC WORKERS 林業及有關從業人員

22 6141 Forestry workers & loggers [incl. Forester, Rafter, Timber Cruiser] 林業工人及伐木工人 [包括森林學家、製木筏工人、林園巡邏員]

22 6142 Charcoal burners etc workers 煤炭及有關工人

28 6150 FISHERY WORKERS, HUNTERS & TRAPPERS 漁業工人、狩獵者、捕獸者

28 6151 Aquatic-life cultivation workers [incl. Oyster Farmer, Pearl Cultivator, Fish Hatcher] 海洋生物養殖人員

28 6152 Inland & coastal waters fishery workers [incl. Sponge Diver, Fisherman] 沿海漁業從業人員

28 6153 Deep-sea fishery workers [incl. Fisherman nfs, Trawler Crewman] 深海漁業從業人員

28 6154 Hunters & trappers [incl. Whaler] 狩獵者、捕獸者 [包括捕鯨者]

16 6200 SUBSISTENCE AGRICULTURAL & FISHERY WORKERS 非市場導向農業及漁業工人

16 6210 SUBSISTENCE AGRICULTURAL & FISHERY WORKERS 非市場導向農業及漁業工人

34 **7000 CRAFT ETC TRADES WORKERS 工藝及相關工人**

31 7100 EXTRACTION & BUILDING TRADES WORKERS 採礦及建築工人

30 7110 MINERS, SHOTFIRERS, STONE CUTTERS & CARVERS 礦工、爆破工人、石匠及石砌工人

30 7111 Miners & quarry workers [incl. Miner nfs] 礦工及採石工人

30 7112 Shotfirers & blasters 爆破工

27 7113 Stone splitters, cutters & carvers [incl. Tombstone Carver] 石匠、石雕及石砌工人 [包括墓碑雕刻工人]

30 7120 BUILDING FRAME ETC TRADES WORKERS 建築架構及有關行業工人

29 7121 Builders traditional materials 建築工人

29 7122 Bricklayers & stonemasons [incl. Paviour] 砌磚工人、砌石工人

26 7123 Concrete placers, concrete finishers etc workers [incl. Terrazzo Worker] 混凝土及有關工作工人 [包括水磨石子地工人]

29 7124 Carpenters & joiners 木匠、細工木匠

30 7129 Building frame etc trades workers nec [incl. Construction Worker nfs, Billboard Erector, Demolition Worker, Scaffolder] 其他未分類的建築架構及有關行業工人 [包括一般建築工人、豎立廣告牌工人、清拆工人、搭棚工人]

34 7130 BUILDING FINISHERS ETC TRADES WORKERS 建築粉飾及有關行業工人

19 7131 Roofers 蓋屋頂工人

30 7132 Floor layers & tile setters [incl. Parquetry Worker] 鋪地板工人、砌瓦磚工人 [包括嵌木地板工人]

31 7133 Plasterers [incl. Stucco Mason] 泥水工人

34 7134 Insulation workers 絕緣材料工人

26 7135 Glaziers 裝配玻璃工人

33 7136 Plumbers & pipe fitters [incl. Well Digger] 裝修水管工人 [包括挖井工人]

37 7137 Building etc electricians 建築物電力系統維修工人

29 7140 PAINTERS, BUILDING STRUCTURE CLEANERS ETC TRADES WORKERS 油漆工人、建築物清潔工及有關工作者

29　7141 Painters etc workers [incl. Construction Painter, Paperhanger] 油漆工人及有關工作者 [貼牆紙工人 / 裱糊工人]

32　7142 Varnishers etc painters [incl. Automobile Painter] 漆飾工人及有關油漆工人

29　7143 Building structure cleaners [incl. Chimney Sweep, Sandblaster, Boiler Engine Cleaner] 建築物清潔工人

34　7200 METAL, MACHINERY ETC TRADES WORKERS 金屬、機具處理機製造有關工作者

31　7210 METAL MOULDERS, WELDERS, SHEETMETAL WORKERS STRUCTURAL METAL 金屬模工、焊接工、鈑金工、金屬材料架設工及有關工作者

29　7211 Metal moulders & coremakers 砂模及砂心工

30　7212 Welders & flamecutters [incl. Brazier, Solderer] 焊接工及切割工

33　7213 Sheet-metal workers [incl. Panel Beater, Coppersmith, Tinsmith] 鈑金工

30　7214 Structural-metal preparers & erectors [incl. Ship Plater, Riveter, Shipwright] 金屬建材架構工 [修船 / 造船木工]

30　7215 Riggers & cable splicers 索具裝置工及鋼纜絞結工

30　7216 Underwater workers [incl. Frogman] 潛水工人 [蛙人]

35　7220 BLACKSMITHS, TOOL-MAKERS ETC TRADES WORKERS 鍛工、工具製造及有關工作者

33　7221 Blacksmiths, hammer-smiths & forging press workers [incl. Toolsmith] 鍛工

40　7222 Tool-makers etc workers [incl. Locksmith] 工具製造工人及有關工作者

34　7223 Machine-tool setters & setter-operators [Metal driller, Turner] 工具機安裝及試車工

24　7224 Metal wheel-grinders, polishers & tool sharpeners 金屬打磨及工具磨利工

34　7230 MACHINERY MECHANICS & FITTERS 機械裝修工

34　7231 Motor vehicle mechanics & fitters [incl. Bicycle Repairman] 機動車輛裝修工

42　7232 Aircraft engine mechanics & fitters 飛機裝修工

33　7233 [Industrial & agricultural] machinery mechanics & fitters [incl. Mechanic Heavy Equipment, Millwright] 機械裝修工

23　7234 [Unskilled garage worker] [incl. Oiler-Greaser] [車房工人][非技術性]

40　7240 ELECTRICAL & ELECTRONIC EQUIPMENT MECHANICS & FITTERS 電機及電子設備裝修工人

40　7241 Electrical mechanics & fitters [incl. Office Machine Repairman] 電機裝修工人

39　7242 Electronics fitters 電子設備裝修工人

41　7243 Electronics mechanics & servicers 電子設備工人

40　7244 Telegraph & telephone installers & servicers 電話及電報機裝修工人

38　7245 Electrical line installers, repairers & cable jointers 電信及電力線路架安裝工人

34　7300 PRECISION, HANDICRAFT, PRINTING ETC TRADES WORKERS 精密儀器、手工藝、印刷及有關工作者

38　7310 PRECISION WORKERS IN METAL ETC MATERIALS 金屬及有關材料及精密儀器工作者

38　7311 Precision-instrument makers & repairers [incl. Dental Mechanic, Watch Maker] 精密儀器製造工及修理工

38　7312 Musical-instrument makers & tuners 樂器製造及調音工

38　7313 Jewellery & precious-metal workers [incl. Diamant Cutter, Goldsmith] 珠寶及貴金屬製作工

28　7320 POTTERS, GLASS-MAKERS ETC TRADES WORKERS 陶瓷工、玻璃工及有關工作者

27　7321 Abrasive wheel formers, potters etc workers 砂輪成型及陶瓷製胚工

29　7322 Glass-makers, cutters, grinders & finishers 玻璃工、剪裁工、研磨工及潤飾工

29　7323 Glass engravers & etchers 玻璃鑲刻工及蝕刻工

29　7324 Glass ceramics etc decorative painters [incl. Decorative Painter, Signpainter] 玻璃、陶瓷及有關製品裝飾描繪工

29　7330 HANDICRAFT WORKERS IN WOOD,TEXTILE, LEATHER ETC 木材、織品、皮革及有關手工藝品工作者

29　7331 Handicraft workers in wood etc materials [incl. Candle Maker, Straw Hat Maker] 木材及其他材料手工藝品工作者

29　7332 Handicraft workers in textile leather etc materials [incl. Carpet Weaver] 織品、皮革有關材料手工藝品工作者

40　7340 PRINTING ETC TRADES WORKERS 印刷及有關工作者

40　7341 Compositors typesetters etc workers [incl. Phototypesetter, Linotyper] 排版工人

40　7342 Stereotypers & electrotypers 鑄版及電版工人

42　7343 Printing engravers & etchers 鋸版及蝕刻工

40　7344 Photographic etc workers [incl. Darkroom worker] 照相及有關工作者

37　7345 Bookbinders etc workers 釘裝及有關工作者

38　7346 Silk-screen, block & textile printers 絹版、木版及織物印刷工

33　7400 OTHER CRAFT ETC TRADES WORKERS 其他技術工人及有關工作者

30　7410 FOOD PROCESSING ETC TRADES WORKERS 食品處理及有關工作者

30　7411 Butchers, fishmongers etc food preparers 屠宰及肉品處理工

31　7412 Bakers, pastry-cooks & confectionery makers 餅師及糖果小吃製造師傅

30　7413 Dairy-products makers 奶品製造工人

30　7414 Fruit, vegetable etc preservers 蔬果及食品保存工人

30　7415 Food & beverage tasters & graders 食品、飲料品嘗師及分級人員

30　7416 Tobacco preparers & tobacco products makers 製煙工人

33　7420 WOOD TREATERS, CABINET-MAKERS ETC TRADES WORKERS 木材處理工、家具工及有關工作者

33　7421 Wood treaters [incl. Wood Grader, Wood Impregnator] 木材處理工

33　7422 Cabinet-makers etc workers [incl. Cartwright, Cooper] 木製家具及有關工作者

33　7423 Woodworking-machine setters & setter-operators [incl. Wood-Turner] 木工機器安裝工人

33　7424 Basketry weavers, brush makers etc workers [incl. Broom Maker] 製籃工、藤具製造工、製刷工及有關工作者

36　7430 TEXTILE, GARMENT ETC TRADES WORKERS 紡織及成衣製造工人

29　7431 Fibre preparers 前紡工

29　7432 Weavers, knitters etc workers 製造工及有關工作者

45　7433 Tailors, dressmakers & hatters [incl. Milliner] 裁縫，裁帽工人

36　7434 Furriers etc workers 毛衣成衣工人及有關工作者

36　7435 Textile, leather etc pattern-makers & cutters 織品、皮革及有關之打樣工及裁縫工

33　7436 Sewers, embroiderers etc workers 縫紉工、刺繡工人及有關工作者

28　7437 Upholsterers etc workers 裝飾品縫紉工人及有關工作者

31　7440 PELT, LEATHER & SHOEMAKING TRADES WORKERS 毛皮裝飾工、皮革工及製鞋工

31　7441 Pelt dressers, tanners & fellmongers 毛皮裝飾工及製革工

31　7442 Shoe-makers etc workers 製鞋工

42　7500 [SKILLED WORKERS NFS] [技術工人]

42　7510 [MANUAL FOREMEN NFS --NON-FARM--] [非農場工領班]

38　7520 [SKILLED WORKERS NFS] [incl. Craftsman, Artisan, Tradesman] [工匠、手藝匠、店主]

26　7530 [APPRENTICE SKILLED WORK NFS] [學徒技術工作]

31　**8000 PLANT & MACHINE OPERATORS & ASSEMBLERS 機器設備操作工及組裝工**

30 8100 STATIONARY-PLANT ETC OPERATORS 固定生產設備操作工

35 8110 MINING- & MINERAL-PROCESSING PLANT OPERATORS 採礦及礦物處理設備操作員

35 8111 Mining-plant operators 採礦設備操作員

35 8112 Mineral-ore- & stone-processing-plant operators 採石設備操作員

35 8113 Well drillers & borers etc workers 鑽探工人及有關工作者

30 8120 METAL-PROCESSING-PLANT OPERATORS 金屬處理設備操作員

31 8121 Ore & metal furnace operators 礦石及金屬熔爐操作員

30 8122 Metal melters, casters & rolling-mill operators 金屬熔解工人、鑄造工人及鋸軋設備操作員

28 8123 Metal-heat-treating-plant operators 熱金屬處理操作員

30 8124 Metal drawers & extruders 金屬抽製及擠壓工人

22 8130 GLASS, CERAMICS ETC PLANT OPERATORS 玻璃、陶瓷及有關設備操作員

22 8131 Glass & ceramics kiln etc machine operators 玻璃、陶瓷窯及有關設備操作員

22 8139 Glass, ceramics etc plant operators nec 其他未分類的玻璃、陶瓷窯及有關設備操作員

27 8140 WOOD-PROCESSING- & PAPERMAKING-PLANT OPERATORS 木材處理及造紙及有關設備操作員

27 8141 Wood-processing-plant operators [incl. Sawyer] 木材處理及有關設備操作員

27 8142 Paper-pulp plant operators 紙漿製造及有關設備操作員

27 8143 Papermaking-plant operators 造紙及有關設備操作員

35 8150 CHEMICAL-PROCESSING-PLANT OPERATORS 化學處理設備操作員

35 8151 Crushing- grinding- & chemical-mixing machinery operators 壓碎、研磨及混合設備操作員

35 8152 Chemical-heat-treating-plant operators 化學熱處理設備操作員

35 8153 Chemical-filtering- & separating-equipment operators 化學過濾及分離設備操作員

35 8154 Chemical-still & reactor operators 化學蒸餾設備及回應器操作員

35 8155 Petroleum- & natural-gas-refining-plant operators 石油及天然氣精煉設備操作員

35 8159 Chemical-processing-plant operators nec 其他未分類之化學處理設備操作員

32 8160 POWER-PRODUCTION ETC PLANT OPERATORS 發電機及有關設備操作員

33 8161 Power-production plant operators 發電設備操作員

27 8162 Steam-engine & boiler operators [incl. Stoker, Ship Engine Room Ratings] 蒸汽引擎及鍋爐設備操作員

33 8163 Incinerator water-treatment etc plant operators [incl. Sewege Plant Operator] 焚化爐、污水處理及其他設備操作員

26 8170 AUTOMATED-ASSEMBLY-LINE & INDUSTRIAL-ROBOT OPERATORS 自動化鑲線及工業用機器人操作員

26 8171 Automated-assembly-line operators 自動化鑲線操作員

26 8172 Industrial-robot operators 工業用機器人操作員

32 8200 MACHINE OPERATORS & ASSEMBLERS

36 8210 METAL- & MINERAL-PRODUCTS MACHINE OPERATORS 金屬及礦物產品操作員

36 8211 Machine-tool operators [incl. Machine Operator nfs] 機械工具操作員

30 8212 Cement & other mineral products machine operators 混凝土及其他礦物產品機械操作員

30 8220 CHEMICAL-PRODUCTS MACHINE OPERATORS 化學產品機械操作員

30 8221 Pharmaceutical- & toiletry-products machine operators 藥品及化妝品機械操作員

30 8222 Ammunition- & explosive-products machine operators 炸藥產品機械操作員

30 8223 Metal finishing- plating- & coating-machine operators [incl. Electroplater, Fettler] 金屬加工、電鍍及浸鍍機械操作員
30 8224 Photographic-products machine operators 攝影產品機械操作員
30 8229 Chemical-products machine operators nec 其他未分類之化學產品機械操作員
30 8230 RUBBER- & PLASTIC-PRODUCTS MACHINE OPERATORS 橡膠及塑膠產品機械操作員
30 8231 Rubber-products machine operators 橡膠產品機械操作員
30 8232 Plastic-products machine operators 塑膠產品機械操作員
29 8240 WOOD-PRODUCTS MACHINE OPERATORS 木製產品機械操作員
38 8250 PRINTING-, BINDING- & PAPER-PRODUCTS MACHINE OPERATORS 印刷、裝訂及紙製產品機械操作員
38 8251 Printing-machine operators 印刷機械操作員
38 8252 Bookbinding-machine operators 裝訂機械操作員
38 8253 Paper-products machine operators 紙製產品機械操作員
30 8260 TEXTILE-, FUR- & LEATHER-PRODUCTS MACHINE OPERATORS 紡織品、毛皮及皮革製品機械操作員
29 8261 Fibre-preparing-, spinning- & winding machine operators 纖維、紡紗、並紗及捻紗機械操作員
29 8262 Weaving- & knitting-machine operators 織造機械操作員
32 8263 Sewing-machine operators 縫紉機械操作員
24 8264 Bleaching-, dyeing- & cleaning-machine operators [incl. Launderer] 漂染及處理機械操作員
32 8265 Fur- & leather-preparing-machine operators 毛皮及皮革機械操作員
32 8266 Shoemaking- etc machine operators 製鞋及有關機械操作員
32 8269 Textile-, fur- & leather-products machine operators nec 其他未分類之紡織、毛皮及皮革製品機械操作員
29 8270 FOOD ETC PRODUCTS MACHINE OPERATORS 食品及有關產品機械操作員
29 8271 Meat- & fish-processing-machine operators 肉類及魚類處理機械操作員
29 8272 Dairy-products machine operators 奶類製品機械操作員
29 8273 Grain- & spice-milling-machine operators 穀物及調味料輾磨機械操作員
29 8274 Baked-goods cereal & chocolate-products machine operators 製餅機及巧克力製品機械操作員
29 8275 Fruit-, vegetable- & nut-processing-machine operators 蔬果及堅果處理機械操作員
29 8276 Sugar production machine operators 食糖機械操作員
29 8277 Tea-, coffee- & cocoa-processing-machine operators 茶、咖啡及可可處理機械操作員
29 8278 Brewers- wine & other beverage machine operators 酒及其他飲料製造機械操作員
29 8279 Tobacco production machine operators 製煙機械操作員
31 8280 ASSEMBLERS 裝工
30 8281 Mechanical-machinery assemblers [incl. Car Assembly Line Worker] 機械裝工
34 8282 Electrical-equipment assemblers 電機設備裝工
34 8283 Electronic-equipment assemblers 電子設備裝工
30 8284 Metal-, rubber- & plastic-products assemblers 金屬、橡膠及塑膠製品裝工
30 8285 Wood etc products assemblers 木製品及有關產品裝工
30 8286 Paperboard, textile etc products assemblers 紙板、紡織及有關製品裝工
26 8290 OTHER MACHINE OPERATORS & ASSEMBLERS 其他機器操作員及裝工
32 8300 DRIVERS & MOBILE-PLANT OPERATORS 駕駛員及移運設備操作員
36 8310 LOCOMOTIVE-ENGINE DRIVERS ETC WORKERS 鐵路車輛駕駛員及有關人員

41　8311 Locomotive-engine drivers 鐵路車輛駕駛員

32　8312 Railway brakers signallers & shunters 鐵路制動工人、信號工及轉轍工

34　8320 MOTOR-VEHICLE DRIVERS [incl. Driver nfs] 汽車駕駛員

30　8321 Motor-cycle drivers 機車車駕駛員

30　8322 Car, taxi & van drivers [incl. Taxi Owner nfs] 汽車、計程車及小巴駕駛員

30　8323 Bus & tram drivers 公車及電車駕駛員

34　8324 Heavy truck & lorry drivers 重型貨車駕駛員

26　8330 AGRICULTURAL & OTHER MOBILE PLANT OPERATORS 農業及其他移動
設備操作員

26　8331 Motorised farm & forestry plant operators [incl. Tractor Driver, Combine Harvest-
er Operator] 農業及林業移動設備操作員

26　8332 Earth-moving- etc plant operators [incl. Bulldozer Driver, Dredge Operator, Road
Roller Driver] 推土機及有關設備操作員

28　8333 Crane, hoist etc plant operators 吊車、起重機及有關設備操作員

28　8334 Lifting-truck operators 升降車操作員

32　8340 SHIPS DECK CREWS ETC WORKERS [incl. Boatman, Deck Hand, Sailor, Ship
Deck Ratings] 船舶、水手及有關從業人員

24　8400 SEMI-SKILLED WORKERS NFS [Incl. Production Process Worker nfs, Factory
Worker nfs] 半技術工人 [包括生產過程工人、工廠工人]

20　**9000 ELEMENTARY OCCUPATIONS 非技術性工作**

25　9100 SALES & SERVICES ELEMENTARY OCCUPATIONS 小販及非技術性工作者

29　9110 STREET VENDORS ETC WORKERS 小販及兜售員

29　9111 Street food vendors 食物小販

28　9112 Street vendors non-food products [incl. Hawker, Pedlar, Newsvendor, Rag Picker,
Scavenger] 非售賣食品之小販

29　9113 Door-to-door & telephone salespersons [incl. Solicitor, Canvasser] 上門推銷員及
電話推銷員

28　9120 STREET SERVICES ELEMENTARY OCCUPATIONS [incl. Billposter, Shoe-
shiner, Carwindows Washer] 街頭非技術性工作者

16　9130 DOMESTIC ETC HELPERS CLEANERS & LAUNDERERS 家庭佣工、清潔
工人及洗衣店從業人員

16　9131 Domestic helpers & cleaners [incl. Housemaid, Housekeeper nfs] 家庭佣工及清
潔工人

16　9132 Helpers & cleaners in establishments [Kitchen Hand, Chambermaid] 大廈及建築
物工人及清潔工人

16　9133 Hand-launderers & pressers 手洗衣服工人及熨工

23　9140 BUILDING CARETAKERS, WINDOW ETC CLEANERS 大廈保安員、洗車洗
窗工人

23　9141 Building caretakers [incl. Janitor, Sexton, Verger] 大廈保安員 [守衛、校工、教
堂司事、教堂管理人]

23　9142 Vehicle, window etc cleaners 洗車洗窗工人

27　9150 MESSENGERS, PORTERS, DOORKEEPERS ETC WORKERS 快遞員、行李
搬運員、守衛及有關人員

25　9151 Messengers, package & luggage porters & deliverers [incl. Elevator Attendant, Bell-
boy, Messenger] 快遞員及行李搬運員

27　9152 Doorkeepers, watch-persons etc workers [incl. Amusement Park Attendant, Ticket
Collector, Usher, Watchman nfs, Park Attendant] 守衛、保安及其他人員

27　9153 Vending-machine money collectors, meter readers etc workers 自動販賣機收款員、
抄表員及有關人員

23 9160 GARBAGE COLLECTORS ETC LABOURERS 垃圾收集工人及其他體力勞動工人
23 9161 Garbage collectors [incl. Dustwoman] 垃圾收集工人
23 9162 Sweepers etc labourers [incl. Odd-Job Worker] 掃街工人
16 9200 AGRICULTURAL, FISHERY ETC LABOURERS 農業、漁業工人及其他相關行業勞動工人
16 9210 AGRICULTURAL, FISHERY ETC LABOURERS 農業、漁業工人及其他相關行業勞動工人
16 9211 Farm-hands & labourers [incl. Cowherd, Farm Helper, Fruit Picker] 農場工人
16 9212 Forestry labourers 林業工人
16 9213 Fishery, hunting & trapping labourers 漁業、狩獵勞工
23 9300 LABOURERS IN MINING, CONSTRUCTION, MANUFACTURING & TRANSPORT [incl. Unskilled Worker fs] 礦業、建築業、製衣業及運輸業之非技術性勞工
21 9310 MINING & CONSTRUCTION LABOURERS 採礦及建築工人
21 9311 Mining & quarrying labourers 礦工及採石工
21 9312 Construction & maintenance labourers: roads dams etc [incl. Navvy, Shoveller, Railway Trackworker] 建築及維修工人：道路、堤壩等
21 9313 Building construction labourers [incl. Handyman, Hod Carrier] 建築工地工人 [短雇工、磚瓦搬運工]
20 9320 MANUFACTURING LABOURERS 製造業工人
20 9321 Assembling labourers [incl. Sorter, Bottle Sorter, Winder, Checker nfs, Gradernfs] 收集的工人 [包括分類者、瓶子分類者]
24 9322 Handpackers & other manufacturing labourers [incl. Crater, Labeller] 手工包裝及其他製衣業勞工
29 9330 TRANSPORT LABOURERS & FREIGHT HANDLERS 運輸及貨運業勞工
22 9331 Hand or pedal vehicle drivers [incl. Rickshaw Driver] 人力驅動車輪的駕駛員
22 9332 Drivers of animal-drawn vehicles & machinery 畜力車及畜力機器駕駛員
30 9333 Freight handlers [incl. Docker, Loader, Longshoreman, Remover, Stevedore] 裝卸貨物工人 [包括裝卸工人、碼頭工人、搬運工人]
     9501 Housewife 家庭主婦
     9502 Student 學生
     9503 Social beneficiary (unemployed, retired, sickness, etc.) 社會受益者 (失業、退休、病等)
     9504 Don't know 不知道
     9505 Vague (a good job, a quiet job, a well paid job, an office job, etc.) 意思含糊 (一個好工作、一個安靜的工作、一個報酬得很好的工作、一個辦公室工作等)
     9997 N/A 歿
     9998 Invalid 無效
     9999 Missing 缺失

資料來源：修改自 Ganzeboom H. B. & Treiman, D. J. (1996: 221-237)。

附錄 5

OECD 整體 ESCS 與科學素養表現 (可能值 2-5) 關係散點圖

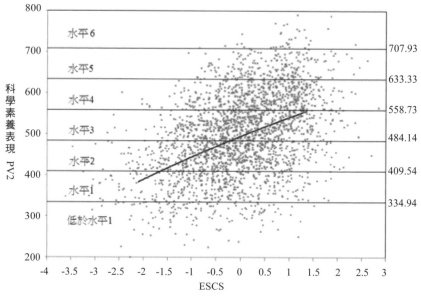

OECD 整體 ESCS 與科學素養表現 (可能值 2) 關係散點圖

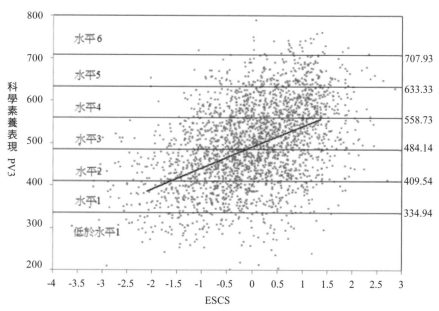

OECD 整體 ESCS 與科學素養表現 (可能值 3) 關係散點圖

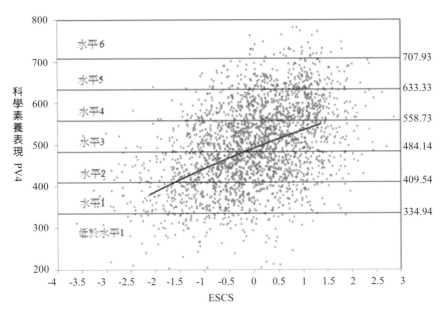

OECD 整體 ESCS 與科學素養表現 (可能值 4) 關係散點圖

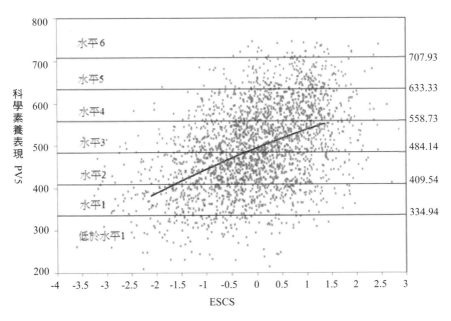

註：研究者隨機抽取了 PISA 2006 的 30 個 OECD 成員國的 2,458 名學生作為樣本。

OECD 整體 ESCS 與科學素養表現 (可能值 5) 關係散點圖

附錄 6

澳門學生 ESCS 與科學素養表現 (可能值 2-5) 關係散點圖

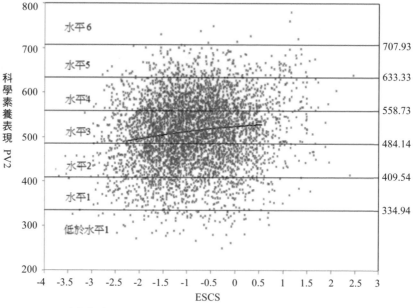

澳門學生 ESCS 與科學素養表現 (可能值 2) 關係散點圖

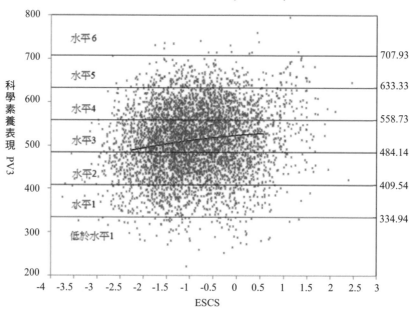

澳門學生 ESCS 與科學素養表現 (可能值 3) 關係散點圖

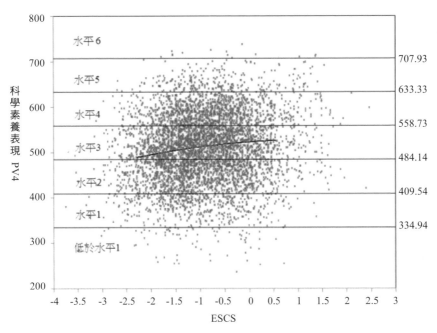

澳門學生 ESCS 與科學素養表現 (可能值 4) 關係散點圖

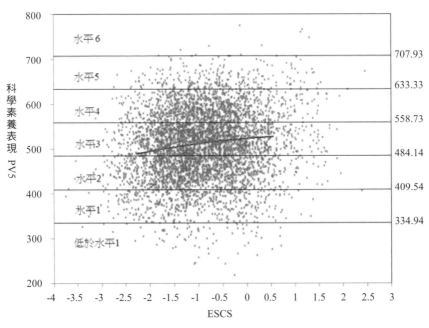

澳門學生 ESCS 與科學素養表現 (可能值 5) 關係散點圖

附錄 7

芬蘭學校 ESCS 與科學素養表現依存關係圖

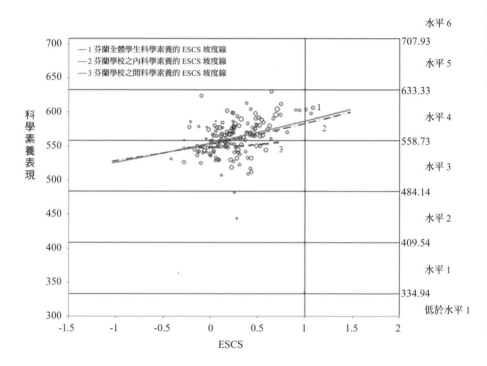

附錄 8

SEM 模式 2 至 5 之適配度指標

模式 2 的適配度指標

適配指標	估計值	是否符合標準
χ^2 (df=7)	5.95 (p>0.05)	是
GFI	1.00	是
AGFI	1.00	是
RMSEA	0.00	是
SRMR	0.01	是
NFI	1.00	是
RFI	1.00	是
IFI	1.00	是
TLI/NNFI	1.00	是
CFI	1.00	是
CN 值	19927.48	是

模式 3 的適配度指標

適配指標	估計值	是否符合標準
χ^2 (df=7)	5.77 (p>0.05)	是
GFI	1.00	是
AGFI	1.00	是
RMSEA	0.00	是
SRMR	0.01	是
NFI	1.00	是
RFI	1.00	是
IFI	1.00	是
TLI/NNFI	1.00	是
CFI	1.00	是
CN 值	20531.66	是

模式 4 的適配度指標

適配指標	估計值	是否符合標準
χ^2 (df=7)	5.01 (p>0.05)	是
GFI	1.00	是
AGFI	1.00	是
RMSEA	0.00	是
SRMR	0.01	是
NFI	1.00	是
RFI	1.00	是
IFI	1.00	是
TLI/NNFI	1.00	是
CFI	1.00	是
CN 值	23652.45	是

模式 5 的適配度指標

適配指標	估計值	是否符合標準
χ^2 (df=7)	8.00 (p>0.05)	是
GFI	1.00	是
AGFI	1.00	是
RMSEA	0.00	是
SRMR	0.01	是
NFI	1.00	是
RFI	1.00	是
IFI	1.00	是
TLI/NNFI	1.00	是
CFI	1.00	是
CN 值	14822.83	是

附錄 9

SEM 模式 2 至 5 之路徑圖及標準化係數

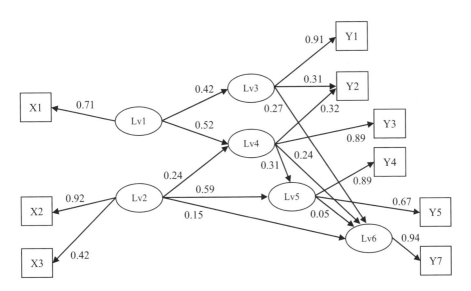

模式 2 之路徑圖及標準化係數 (PV2SCIE)

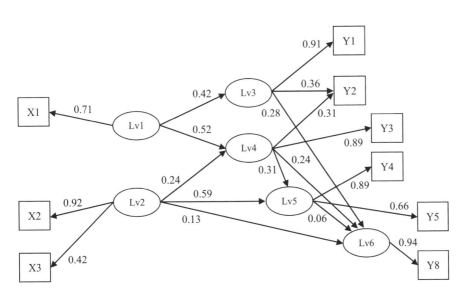

模式 3 之路徑圖及標準化係數 (PV3SCIE)

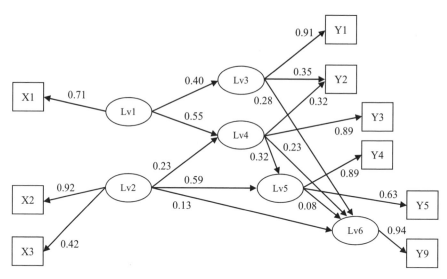

模式 4 之路徑圖及標準化係數 (PV4SCIE)

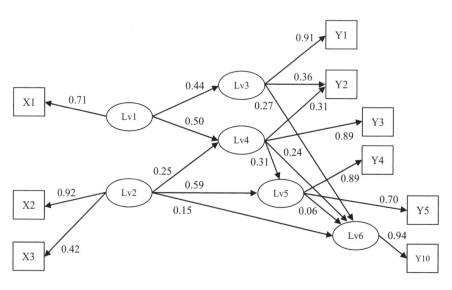

模式 5 之路徑圖及標準化係數 (PV5SCIE)

附錄 10

SEM 模式 2 至 5 潛在變項之信度與平均變異數抽取量

模式 2 潛在變項之信度與平均變異數抽取量

潛在變項	觀察變項	R^2	組合信度	平均變異數抽取量
Lv1	X1	0.50	0.50	0.50
Lv2	X2	0.85	0.65	0.51
	X3	0.17		
Lv3	Y1	0.83	0.62	0.50
	Y2	0.25		
Lv4	Y2	0.25	0.61	0.49
	Y3	0.80		
Lv5	Y4	0.79	0.76	0.62
	Y5	0.44		
Lv6	Y6	0.89	0.89	0.89

模式 3 潛在變項之信度與平均變異數抽取量

潛在變項	觀察變項	R^2	組合信度	平均變異數抽取量
Lv1	X1	0.50	0.50	0.50
Lv2	X2	0.85	0.65	0.51
	X3	0.17		
Lv3	Y1	0.83	0.64	0.52
	Y2	0.28		
Lv4	Y2	0.28	0.61	0.49
	Y3	0.80		
Lv5	Y4	0.79	0.76	0.61
	Y5	0.44		
Lv6	Y6	0.89	0.89	0.89

模式 4 潛在變項之信度與平均變異數抽取量

潛在變項	觀察變項	R^2	組合信度	平均變異數抽取量
Lv1	X1	0.50	0.50	0.50
Lv2	X2	0.85	0.65	0.51
	X3	0.17		
Lv3	Y1	0.83	0.64	0.51
	Y2	0.27		
Lv4	Y2	0.27	0.61	0.49
	Y3	0.80		
Lv5	Y4	0.79	0.74	0.59
	Y5	0.40		
Lv6	Y6	0.89	0.89	0.89

模式 5 潛在變項之信度與平均變異數抽取量

潛在變項	觀察變項	R^2	組合信度	平均變異數抽取量
Lv1	X1	0.50	0.50	0.50
Lv2	X2	0.85	0.65	0.51
	X3	0.17		
Lv3	Y1	0.83	0.64	0.52
	Y2	0.28		
Lv4	Y2	0.28	0.61	0.49
	Y3	0.80		
Lv5	Y4	0.79	0.78	0.64
	Y5	0.49		
Lv6	Y6	0.89	0.89	0.89

附錄 11

SEM 模式 1 至 5 的標準化殘差矩陣

模式 1 的標準化殘差矩陣

	Y1	Y2	Y3	Y4	Y5	Y6	X2	X3	X1
Y1	---								
Y2	-0.95	-0.88							
Y3	1.47	0.88	-1.42						
Y4	-1.27	-1.42	0.70	-1.36					
Y5	-1.24	-0.98	-0.48	-0.82	-1.37				
Y6	-0.77	-0.31	1.39	-1.28	-0.15	-0.47			
X2	-0.52	-0.67	0.05	-0.49	0.60	0.09	0.39		
X3	-0.52	-1.72	-0.69	-1.50	-1.30	-0.53	0.88	0.06	
X1	-1.32	-1.96	0.53	-1.43	-1.37	-0.27	0.14	-1.24	-1.84

模式 2 的標準化殘差矩陣

	Y1	Y2	Y3	Y4	Y5	Y6	X2	X3	X1
Y1	---								
Y2	-0.92	-0.81							
Y3	1.57	1.14	-1.40						
Y4	-1.28	-1.50	0.97	-1.61					
Y5	-1.40	-1.31	-0.75	-1.12	-1.38				
Y6	-0.67	-0.32	1.31	-1.50	0.18	-0.29			
X2	-0.62	-0.81	-0.10	-0.69	0.87	0.33	0.73		
X3	-0.56	-1.77	-0.80	-1.58	-1.53	-0.46	0.96	-0.17	
X1	-1.40	-2.12	0.62	-1.48	-1.60	0.08	0.13	-1.28	-1.98

模式 3 的標準化殘差矩陣

	Y1	Y2	Y3	Y4	Y5	Y6	X2	X3	X1
Y1	---								
Y2	-0.92	-0.83							
Y3	1.53	1.06	-1.42						
Y4	-1.26	-1.46	0.89	-1.55					
Y5	-1.36	-1.24	-0.75	-1.06	-1.34				
Y6	-0.72	-0.39	1.38	-1.47	0.11	-0.37			
X2	-0.59	-0.75	-0.11	-0.62	0.85	0.28	0.67		
X3	-0.55	-1.75	-0.83	-1.61	-1.52	-0.56	1.01	0.00	
X1	-1.38	-2.08	0.56	-1.45	-1.55	-0.08	0.19	-1.27	-1.95

模式 4 的標準化殘差矩陣

	Y1	Y2	Y3	Y4	Y5	Y6	X2	X3	X1
Y1	---								
Y2	-0.98	-0.96							
Y3	1.35	0.58	-1.39						
Y4	-1.26	-1.30	0.36	-1.03					
Y5	-1.04	-0.56	-0.08	-0.43	-1.40				
Y6	-0.63	-0.17	1.35	-0.99	-0.53	-0.40			
X2	-0.39	-0.49	0.31	-0.30	0.25	-0.20	0.01		
X3	-0.48	-1.66	-0.54	-1.38	-0.98	-0.58	0.77	0.38	
X1	-1.20	-1.73	0.46	-1.37	-1.05	-0.27	0.14	-1.18	-1.64

模式 5 的標準化殘差矩陣

	Y1	Y2	Y3	Y4	Y5	Y6	X2	X3	X1
Y1	---								
Y2	-0.83	-0.66							
Y3	1.77	1.67	-1.13						
Y4	-1.25	-1.60	1.53	-2.09					
Y5	-1.71	-1.96	-1.45	-1.73	-1.35				
Y6	-0.86	-0.69	1.17	-2.05	0.82	-0.38			
X2	-0.79	-1.02	-0.56	-1.03	1.43	0.80	1.36		
X3	-0.61	-1.84	-1.14	-1.86	-1.98	-0.55	1.30	-0.22	
X1	-1.54	-2.40	0.77	-1.50	-2.08	0.08	0.26	-1.35	-2.25

附錄 12

參與 PISA 2006 澳門學校的科學 (或理科) 每週時數

級別	沒有時間	每週少於 2 小時	每週 2 小時或以上，但少於 4 小時	每週 4 小時或以上，但少於 6 小時	每週 6 小時以上	無效	沒有作答	總計
初一	80	130	104	46	21	3	7	391
%	20.5	33.2	26.6	11.8	5.4	0.8	1.8	100
初二	44	249	411	195	97	8	4	1,008
%	4.4	24.7	40.8	19.3	9.6	0.8	0.4	100
初三	40	182	567	485	306	5	5	1,591
%	2.5	11.4	35.6	30.5	19.2	0.3	0.3	100
高一	408	144	264	306	602	3	8	1,738
%	23.5	8.3	15.2	17.6	34.6	0.2	0.5	100
高二	7	3	2	8	11	0	1	32
%	21.9	9.4	6.3	25.0	34.4	0.0	3.1	100

附錄 13

2000 至 2012 年澳門施政報告有關德育的內容

年度	施政報告內容
2000	愛國主義和公民意識應在整個教育領域內得到足夠的重視和切實的推行。
2001	政府、學校、家庭和社會都不能疏忽青少年的品德教育和公民教育。
2003	大力促進品德教育和公民教育，讓學生自主地建立起應有的是非觀念、操守原則和倫理精神。
2005	大力培養青少年的愛國愛澳情操，加強「一國兩制」和基本法，以及中國歷史文化的教育，增進他們的國家民族身分認同。
2006	扭轉學生無心向學的風氣。
2007	加速中小學品德與公民教育的規範化。繼續透過師資方面的支援，以及德育課程的強化，培養青少年正確的道德觀念；同時，讓他們深入了解社會，提高道德判斷力。
2008	訂定了幼兒教育和小學品德與公民教育的課程框架或基本學力要求。
2009	加強青少年的思想道德教育；出版《品德與公民》教材，推動民族優秀文化傳統的教育；完善學校德育工作的制度和方式。
2010	培養青少年的愛國愛澳情懷；加強學校傳染病和藥物濫用的預防工作。
2011	提升學校「德育工作小組」人員的德育工作能力。
2012	我們致力營造良好的成長環境，倡導正確的價值觀和道德規範，讓青年學習更多、思考更多，引導他們步向健康而積極的人生；需要透過家庭、學校、社會等多渠道，尤其是父母以身作則、言傳身教，從小培養學生厚德盡善、遵紀守法的品格。

資料來源：整理自澳門特別行政區 (2000-2011)。